新しい市場のつくりかた

明日のための「余談の多い」経営学

三宅秀道

東洋経済新報社

まえがき

日本の企業が独創的な商品をつくれなくなった、と近年しきりに言われます。ニュースを見ても、名門と言われる自動車メーカーや家電メーカーがまた大赤字を出したとか、そんなトピックが目につきます。

それは日本製品の高機能志向が急拡大した途上国の需要にうまくマッチしなかったからだとか、あまりにも急激な円高の影響である、などといった理由づけがされます。確かにそれは一理も二理もあります。

しかし一方で、たとえば、インターネットを利用した新しいサービスや商品が出てくるのはアメリカからという事例が多く、日本からはこの分野のめぼしい新商品がなかなか登場してきません。これは、別に途上国や円高のせいにしては説明できない現象です。このことは、ネット関連分野以外でも似た状態になっているように思います。

問題は多くの日本企業が、それもいわば「功成り名を遂げた」種類の、過去に成功体験を持つ企業組織ほど、新しい市場のつくりかたを考えていないことにある、と私は考えています。これをまとめたのが本書です。

私は経営学の研究者です。一番大きなくくりでの専門分野は製品開発論です。その中でも中小・ベンチャー企業の製品開発事例に注目してきました。この一五年で一〇〇〇社近くを歩いて調べてきました。そこで得た知見から自分の考えを広げていくうちに、名だたる大企業の方々ともご縁が広がって、こちらでもさまざまな事例を研究することができました。

自分で言うのもなんですが、いろいろな方のお世話になったおかげで、研究者の調査研究対象としては異例なほどに、それぞれユニークで多様なたくさんの事例に出会えました。しかも、それぞれの事例については、何年にもわたって足繁く通っては話を聞き、議論もさせていただいて、目と耳も肥え、独自の問題意識も持つようになりました。

本書には、その問題意識に基づいて、私なりに立てた問いと答えをたくさん詰め込みました。読者にとって、良いヒントになる、役に立つ本になればと願うのですが、以下のような現象に心当たりがある読み手にとっては、ドンピシャであろうと思います。

たとえば今、本書を手にしているあなたが属している企業組織では、商品がモノであれサービスであれ、その開発とマーケティング、それぞれのプロセスの間に壁があって、そのせいで、なんとなく商品が的を外しているように見えてはいないでしょうか。

二つはもともと統合されていてしかるべき「価値のデザイン」の一環なのに、口ではそれを標榜しつつも、それらを統合できないでいる。それぞれが機能の話とコミュニケーションの話として別々に扱われて、しかもそのあげくの果てに、単なる技術論と印象論に陥って言葉もうまく通じません。

お互いが相手のことをよくわからず、向こうの持ち場のことは手の付けようがないので、ひとまず自分たちだけでやれそうなことはかなりやり尽くしたが、正直なところ手詰まりである。実は調査をしていてそういう悩みの話をあちこちの企業で聞きました。

しかし、それでは包括的な変革ができないので、とうてい状況打開もできず、新しい市場を創造するような事業は興せません。このような行き詰まりの状況は、どうすれば打開できるのでしょうか。

まず商品について、なぜそれに価値があるのか、価値論からそもそもの話を考えれば、両者の統合が見えてきます。すると、価値の創造、それがひいては新市場の創造ですが、その鍵が新しい生活習慣や価値観、つまり文化の開発であることもわかってくる。そこを掘り下げたのが本書です。

本書の構成を説明します。第1章では、「さよなら技術神話」と題して、これまで商品開発の話があまりにも技術偏重であったのではないか、技術だけでなく、むしろ文化についてこそ考えることが必要ではないか、という問題提起をします。そして、本書の考える市場創造のプロセスについても基本的な枠組みを提示します。

第2章では、その新市場創造の手法として、新しい文化を開発する、その行為について基礎的な概念から説明していきます。第3章では、その第一歩として、商品が解決する問題そのものの開発から手がける、その行為を定義します。そして第4章では、日本における学童用水泳帽の文化開発事例を紹介して、説明を深めます。

そのうえで第5章では、文化開発的手法に対して不適な組織風土が、ある種の日本企業に根差してしまっているのではないか、という不穏な問題意識を提示します。そうであるならば、それに対応するために商品開発についてどのように見直すべきか。第6章では設計情報転写論の枠組みを紹介し、それを利用して具体的な商品開発の事例から新しい商品開発組織のあり方について、一つのモデルを提起します。

第7章では、改めて「価値のエコシステム」という概念から、ガスコンロと私鉄沿線開発という二つの価値のデザインプロセスの事例を解説します。社会をデザインする企業家の役割については、阪急電鉄の小林一三《いちぞう》のケースから考えます。

第8章では、工業化に続く商品のファッション化とブランド化の趨勢の中で商品開発はいかにあるべきか、文化史から学びます。そのために、現代日本の事例として高級オートバイのハーレーダビッドソンジャパンのケースを取り上げます。どうすれば商品をステータスシンボルにできるのか、から考えます。

第9章では、事業組織外の社会から新しい価値創造のための資源を取り入れるための、産官学連携の可能性を論じます。登場するのは、北海道で生まれた障害者医療機器と、それを応用したオフィス機器メーカーの連携事例です。そして第10章では、商品開発組織としての地域コミュニティの可能性を、東京は品川区の産業集積の町工場のものづくり企業の人々のつくった防犯機器の事例を通して考察します。

終章では、改めてこれからの商品開発組織はどうあるべきかを論じます。

私はこの本を、読んで全く難しいところがないように努めて書きました。それは、私がいろいろなことを教えていただいた産業の現場の方たちの多くが、町工場のおじさんや商店街のおばさんたちで、その方たちが、とても深いことでも易しく面白く語られるのです。私もそれにならって、できるだけ小難しい言い方は避けようと努めました。

そして、できるだけ平易に書いた内容も、浅くはならないように、面白くあるように努めました。ふだん私の授業を受けている、気立ては良いがこれまであまり勉強熱心でなかった学生にも、経営について考えることの面白さを伝えようと、日々鍛えられている成果を注ぎ込んでみました。

そのために、本書には多くの「余談」が入っています。これらの多くは、私が調査・取材をする経緯で耳に入ってきたものです。まず私はこうした余談が大好きで、それを聞きたくて研究をしている面さえあるのですが、それに加えてこうした余談は、とても話をわかりやすくしてくれます。そのために、本書では積極的にたくさんの余談を挟んだ次第です。

本書を料理にたとえるなら、「B級グルメ」のようであればと思います。高級な料理でなく、トンカツや焼きそばのようなメニューでも、とても美味しいお店があるように、ビジネスや経営学の本でも、小難しいアルファベットを使わなくても、ちゃんと役に立つ、血となり肉となる話ができると思います。本書はＢ級ねらいの本です。

本書が、新しい価値の創造について考える読者の皆さんのお役に立つことを祈っています。

二〇一二年九月

三宅秀道

新しい市場のつくりかた　目次

第2章 新しい「文化」を開発する —— 30

第3章 「問題」そのものを開発する —— 64

第8章 ステータスと仲間をつくれ

第9章 ビジネスの外側に目を向けよ

第10章 地域コミュニティにおける商品開発——296

終章 希望はどちらにあるか——334

カバーデザイン　渡邊民人（TYPE FACE）
本文デザイン・ＤＴＰ　松好那名（matt's work）

新しい市場のつくりかた

第1章 さよなら技術神話

■ジャイロとクルーザー

先日、三菱重工業の名古屋の航空・宇宙部門の方と会う機会がありました。「ああ、そこはまさにゼロ戦をつくったところじゃないか」と、思わず産業史的興味がこみ上げましたが、その方から興味深い話を聞きました。

その部門で、人工衛星姿勢制御用の超高性能のジャイロ(1)を開発したものの、あまりにも高性能だったため、どこへ持って行ってもなかなか他の使い道が見つからなかったといいます。困っていたところへ、イタリアのフェレッティ社から引き合いが来て、同社製造の超豪華クルーザーの横揺れ防止に、そのジャイロが使われたそうです。

しかも、そのジャイロが使われるのは、クルーザーの航行中ではなく、港で停泊中に船上でパーティをする、そのパーティでワイングラスに注いだワインがこぼれないようにするためでした。それほどの高性能のジャイロが、船が泊まっているときにこそ必要だということで、三菱重工の方も驚いたといいます。もしかするとゼロ戦の遺伝子が豪華クルーザーにあると思うだけで、ロマンチックでもあります。

このエピソードは非常に示唆的です。ある用途に合わせて、より優れた技術を開発する、そのことにどんどん注力して、競合相手に勝利し、シェアを奪う。それ自体は誠にめでたいことです。同社のジャイロも、これまでは三菱重工社内で開発する航空・宇宙機器に搭載され、その競争力を高めてきたのだと思います。

しかし、いずれは「これ以上に優れた技術を開発するコストと、それによって上げられそうな成果が引き合わない」ときが来ます。それでは、その引き合わなくなった時点で技術開発を止めるか。そうすると、コモディティ化の問題が発生し、より人件費の安い後発工業国に事業移転をするしかなくなってしまいます。

このことを、スポーツ選手にたとえてみます。営々とトレーニングを積み重ねて、着々と競技記録を塗り替えてきたオリンピックのメダリストが、それほどまでに努力をしてきたからこそ、これ以上努力をしてもどうしようもないという境地で行き詰まってしまう。ある一つの種目で勝利しても得られる栄誉は変わらないのに、記録が上がるにつれて膨れ上がるコストをま

---

(1) 回転運動を利用して飛行機や船の機体を安定させる装置。三菱重工ニュース「船舶用横揺れ防止機器 初輸出」二〇〇四年三月四日 (http://www.mhi.co.jp/news/sec1/040304.html)。

かなえなくなります。

アスリートなら、輝かしい記録と思い出を胸に、リタイアして指導者の道を選択するという道もあるでしょう。しかし、企業組織はそうはいきません。それまでの開発コストを回収しなくては会社が潰れてしまいます。どうすればよいのでしょうか。

ある競技を究めたベテラン選手が、そのときまでに培ってきた力と技を活かして、自分の力量から見てまだ競争水準の低い別の競技にチャレンジするような、そんな手立てが考えられます。ちょっと話は古くなりますが、ちょうどスピードスケートの橋本聖子選手が自転車競技にも進出したようにです。

幸い橋本選手にとっては、スケート競技で培った強い脚力が強みとして活きる、適した種目として自転車競技が存在しました。三菱重工にとっても、コストをかけて開発したジャイロが活用される、豪華クルーザーという用途があり、それを手がけるフェレッティ社というビジネスパートナーとめぐり逢うことができました。

しかしそれは、ちょっときつい言い方をしますと、三菱重工は運が良かったねという話になってしまいます。もしフェレッティ社の事業が存在しなければ、あるいは広いビジネスの世界でお互いの会社が存在を察知することができなければ、せっかくの超高性能ジャイロは開発コストを回収できず、同社のお荷物になったかもしれません。そしてまた、クルーザー分野の用途にめぐり逢った現時点であっても、できればもっと他の用途にも転用できたほうが望ましいでしょう。

しかし、もし世界中探しても、そんな用途がもう存在しないとすれば？　あるいはもし仮に、クルーザーという種類の船で豪華なパーティを楽しむ習慣が、世界中のどこにもなかったとすれば？　イタリアの富豪たちが、そりゃあ船の中なんだから揺れるのは当たり前で、ワインが飲みたければ陸の上で呑みな、と思ってしまっていたとすれば？　そのせいで三菱重工のその部門が事業が立ち行かなくなってしまったら？

もしそんな状況にあって、あなたが三菱重工のジャイロ部門のマネージャーなら、どうしますか？　それでももっとコストをかけて、もっと高度な技術を開発して、もっと高性能のジャイロをつくって、それで、どうなるというのでしょう？　どんな荒波が襲ってきても、クルーザーの中でワイングラスの中の水面が少しも波立たないような高度な技術も、もとよりそれを活用する使い道にめぐり逢えなかったら、お金にならないのに、それでも、技術を磨くことが大事と思い続けますか？

実は日本の産業界には、こうした「技術神話」が、強固に存在しているように私には見えるのです。そして本書では、その神話を打破して、違う手立てを講じましょうと、読者の皆さんに訴えたいのです。

本章でまず言いたいのは、売れる商品をデザインするためには、「日本の産業はすごい技術が支えている」というような技術神話を、いったん忘れていただきたい、ということです。たとえかつてはそれが正しかったとしても、今となってはもう、それは一刻も早く捨て去らなくてはなりません。

実は私も、以前は技術神話を信じていました。それも現在では、無益有害な思い込みでしかないと思っています。事業経営にとって、技術という要素が重要でない、というわけではありません。その使いこなし方が良くない、ワンパターンになっているということです。

「なるほどそうだ」と思った方は、この本を面白がって読んでくださるでしょう。「なんでそうなるんだよ」と思った方も、この本を読めば、納得してくださると思います。

念のために言い添えると、この本ではいわゆる有形物、実体のある「もの」の開発事例も、あるいはサービス商品の開発事例も多く取り上げていきます。文中で便宜的に「ものづくり」という言葉を使いますが、これは製品開発の研究分野では有形物としてのモノ、無形物としてのサービス、どちらも含む「人工物の製造」という意味での用法が慣例です。もちろん、サービス業にも関係がある、というよりむしろ、サービス業にこそ、よく応用できる内容となっています。

■ミシュランのガイドブックはなぜあるのか

もしクルーザーというものがまだ世界に存在しないのなら、そういう種類の船をつくるところから始めましょう。その中で悠々とワインを飲むのも楽しいですよ、と富豪たちを啓蒙しましょう。そして、その船がゆったり停泊できて、その船上でパーティをしたくなるような、眺めの良いリゾート地の港を探して、富豪たちに教えてあげましょう。

そんな新しいライフスタイルを創案して、世界に広めるコストのほうが、ジャイロ技術を改良するコストより安いなら、そちらを選ぶべきです。本書で解説する「文化開発」という手段を、技術開発よりも選ぶほうが良い場合には、その道を進むことを考えましょう。それによってこそ、新しい市場がつくられるのですから。

おそらく読者の方は、私がちょっと突飛なことを言っていると思われるかもしれません。そんな方に思い出していただきたい事例があります。フランスのタイヤメーカーのミシュラン社が、レストランやホテルのガイドブックを出しているのは、もともとは自動車旅行の文化習慣を広めるためだったということをご存じでしょうか。

今ではすっかり自動車産業もその一部としてのタイヤ産業も盤石になり、また、ガイドブック自体もステータスを確立したために、二つの関連性が意識されることはあまりありません。しかし、一九〇〇（明治三三）年に最初にミシュランのガイドブックが発行されたときは、まだ社会で自動車とその使い道は、なんだかはっきりしないものだったのです。

そこへミシュランが、まずフランスのあちこちの地方の美味しいレストランを格付けして紹介することで、そのレストラン（当時は多くがホテルも兼ねていたそうです）に行ってみたくなる人を増やそうとした。そのことで自動車を、ひいてはタイヤを売ろうとしたのです。

これは迂遠な手立てに見えるかもしれません。しかし、揺籃期の小さな自動車産業にとっては、そうした需要拡大策が有効でしたし、現在でもミシュランのガイドブックが発売された国ではミシュランのタイヤの売上が三％伸びるともいいます。決して、単なる企業メセナや社会貢献のつもりで始められたわけではありません。もちろん、同社の知名度やステータスを高める役にも立っていますが、それも自社の主力商品であるタイヤを売ろうという大戦略があっての事業です。

もし三菱重工が、ジャイロを売るために豪華クルーザーの需要を拡大しようとして、世界のリゾート地の港の利用ガイドを発行しても、構図としては同じですし、現在その手立てを採用しても不思議はないと思います。そして、いつかはそうやって維持され、発展する活路を確保したジャイロの技術が、海上メガフロート都市構築に活かされるかもしれません。

それは一〇〇年後かもしれません。その頃、海上都市に住んでいる人々は、「ねえ、この都市を安定させているジャイロの技術は、昔は豪華クルーザーに使われていたものだったんだって。その前は人工衛星に使っていたらしいよ。ミツビシのリゾート港ガイドブックも関係があるんだ」と、蘊蓄を披露しているかもしれません。

■資本主義と戦争と恋愛

三菱重工の方からジャイロとクルーザーの話を聞いたときに、私が思い出したのは、二〇世紀初頭に活躍した、ドイツの経済史家、ヴェルナー・ゾンバルトのことでした。同時代のマックス・ヴェーバーと比較すると、今では彼の唱えた説は日本の学界であまり顧みられていませんが、私は今こそゾンバルトの経済観が参考になる時代が来たと思っています。

彼の著作について、ここでごく簡単に、本書に関連する切り口を私なりの整理で紹介しておきます。彼の主要著作には、『恋愛と贅沢と資本主義』（一九一二年）と『戦争と資本主義』（一九一三年）があります。一年違いで立て続けに出版されたこの二冊は、ゾンバルトが「近代資本主義はどのようにして生まれたのか」を歴史的に解明しようとして、それぞれ需要の側面（デマンドサイド）と供給の側面（サプライサイド）に注目したものです。

ごく大ざっぱにまとめますと、『恋愛と贅沢と……』は、資本主義を成立させた要因として、絶対王政時代のヨーロッパの宮廷の贅沢三昧に注目します。貴族たちの間での不倫ゲームが盛んになり、高級娼婦たちが顧客に貢がせてさまざまな贅沢品で身を飾り、彼女た

ヴェルナー・ゾンバルト（1863～1941）ドイツの経済学者・社会学者。歴史と経済理論の総合を研究し、多くの著作を残した

ちの間の競争が正夫人たちにまで普及して、精巧な陶磁器や絹織物や鏡などの贅沢品をつくる専門の職人たちが宮殿の周りに集まり、やがて商工業者たちが大都市を形成していきます。

現代の日本に通じるアナロジーを模索するならば、アイドルが握手会参加権を添付してCDを販売することで関連産業まで大繁盛し、やがては秋葉原にビルが建つ、というようなところでしょうか。決して際物ではなく、ゾンバルトはとても綿密に史料を調べ、堅実な議論をしています。

『戦争と……』では、ゾンバルトは前著と対照的に、ヨーロッパでの各国間の戦争が資本主義の成立に重要な役割を示したことを歴史的に検証します。三十年戦争などを経た各国の常備軍隊の整備が量産工業、特に鉄鋼業の発達の大きな原動力となり、兵器に利用されるさまざまな軍事技術が民間にも転用されていきました。さらには、近代軍隊組織の階層構造や規律訓練が、近代的な事業組織の成立にも貢献することになります。

こうして見ると、確かに戦争は社会的惨禍として経済に打撃を与える面もあるものの、それでも戦後の経済や社会の形に大きく影響することは否定できません。工業生産や技術開発はもちろんのこと、組織運営ノウハウに関してもです。考えてみれば、経営学の中にどれだけ多くの軍事に起源を持つ用語が含まれていることでしょう。

近い過去においても、インターネットやGPSがもともとは軍事技術として開発された事例があります。人材開発でも、日本でこそ事例は少ないですが、アメリカでは兵役を経て、フォードの経営者から国防長官に転じてベトナム戦争に臨んだロバート・マクナマラがいます。彼はフォードでの問題解決の手法を国防総省に持ち込んだと評されています。

ゾンバルトは二年の間に続けざまに出版した二冊の本でそれぞれ違ったテーマについて書いたわけですが、それを続けざまに読んだ私の脳内では、否応なしに二冊の主張が結びつけられるところがあります。価値の需要側と供給側、それぞれがキャッチボールをするようにして、それぞれのキャパシティが相互に開発し合っていくのが人類の経済の歴史ではないかとさえ思えるのです（図1－1）。

■ゾンバルトのキャッチボール

供給者の側がジャイロにせよ、兵器にせよ、何かの機能を果たせるモノをつくる、そのキャパシティを技術開発や設備投資を通じて高めていく、というプロセスは、多くの経営書が「どうやったら、それをうまく成し遂げられるか」を長く考えてきて、いろいろな手練手管が凝らされてきました。それについては多くの優れた実践や研究、分析があります。

しかし、お考えください。そうやってどんどん供給者が価値あるモノ（もちろんサービスでもよいのですが）をつくり続けたところで、それがずっと価値を維持し続けるものでしょうか？　たとえば戦争時の兵器も、敵国との軍拡競争になっているときは、より優れた兵器をよ

▶図1－1　ゾンバルトのキャッチボール

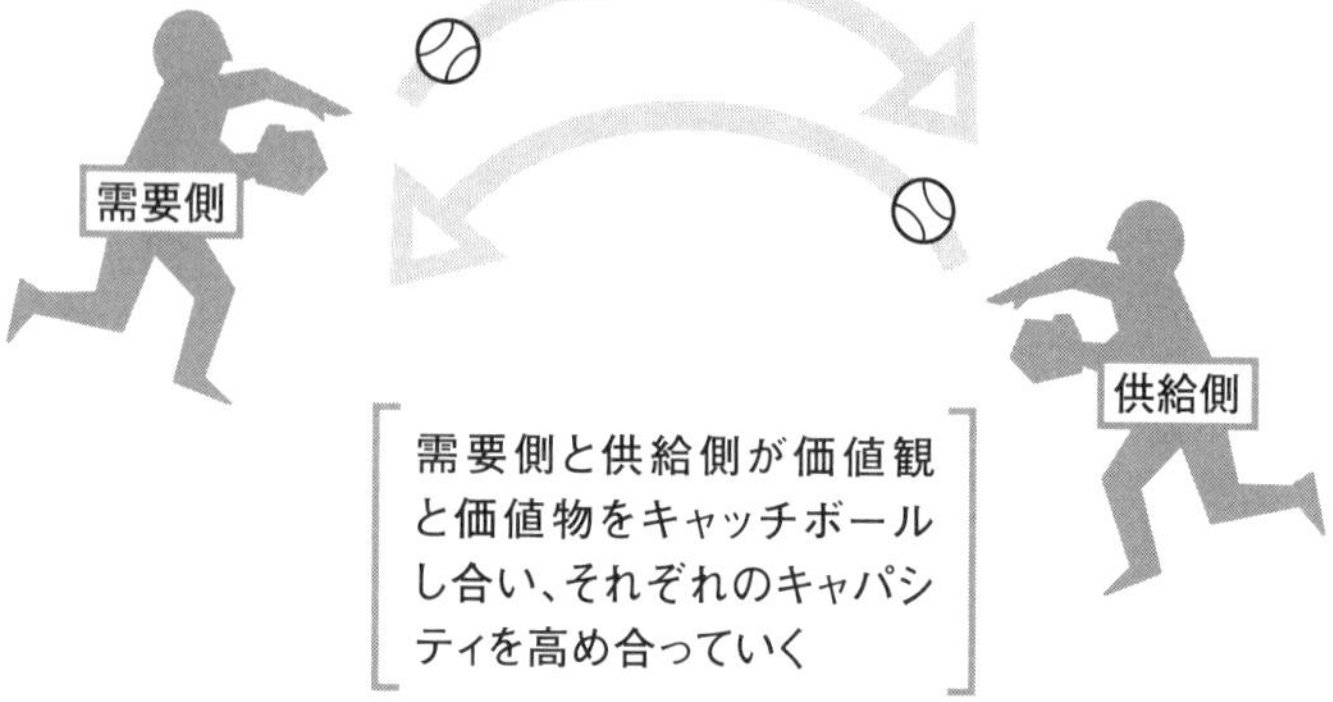
需要側
供給側
需要側と供給側が価値観と価値物をキャッチボールし合い、それぞれのキャパシティを高め合っていく

り大量に製造することが、なによりの生存条件になる。そのときには疑問の余地なく、供給力を強めていればよいかもしれません。

しかし、それは文字どおり有事の際の特殊な状況にすぎません。いつかは戦争も終わる。そのときになったら、兵器は無用の長物になり、それを製造するために開発された技術も、一銭の価値もなくなってしまうならば、それこそ経済が回らなくなります。

あるいは兵器でなくても、平時に使われているどんな工業製品も、当初想定されていた需要や用途から見ると、過剰品質・過剰供給という状態にいつか陥ります。コモディティ化して誰からも商品として旨味がなくなってしまうのです。

しかし裏返すと、それは以前は手が届かなかったような希少だったある技術の果実が、安価に手に入りやすくなったということです。そこにビジネスチャンスを見出して、そのコモディティ化して安く値崩れした資源を買い叩いて、ふんだんに用いて何か価値ある商品を開発することが、ビジネス上有利になったという状態でもあります。目端の利くビジネスマンなら、そこに着目しないわけがないし、すべきです。そして、この構造は戦時と平時、軍需と民需の間の技術転用の事例がわかりやすいのですが、もちろん、そればかりではありません。

そこで問われるのが、社会の側の「あるものを使う能力」、つまり、需要側のキャパシティということになるはずです。戦闘機や人工衛星に使われるために開発されたジャイロが、他にも何か面白い使い道はないものか。そのときに幸いにも、世界には豪華クルーザーに乗ってワインパーティをする富豪たちがすでにいて、そのジャイロを組み込んだ船に乗ることに楽しみを感じ、そこから効用を引き出し、それにお金を払う、その能力を備えている需要者がいたから良かったのです。

そこで単に「ああ、そんな奇特な人がいてよかったね、お金持ちって酔狂だね」で納得するわけにはいきません。つまり、ここに社会の需要力、需要側のキャパシティの問題が、深刻にも存在しているのです。幸いにしてジャイロ技術が豪華クルーザーに利用される機会を得たのは、三菱重工とフェレッティ社の双方の視野に接点があったからで、それはたまたまかもしれません。もしかしたら、クルーザーと同じくらい、あるいはクルーザー以上に、ジャイロを高く買って利用してくれる用途がどこかにあるのかもしれません。

そんなときに力を入れるべきは、技術をより高度に磨き上げることでしょうか？　それよりも、既存の技術の用途を世界中から探してくる、いまだに存在しなければ自らが開発するということではないでしょうか？

■技術決定論の限界

どんな技術も、なんらかの用途に結びついて価値を産まないうちは、単に「ある対象をこんなにコントロールできるようになりました」という技術者の単なるプライドにすぎません。それを本当に有価値にするのは、「それを使ってこんなふうにすれば、こんなに役に立つ」という用途の設計、開発です。つまり、それは世界に今までになかった、新しい文化やライフスタイルを開発するということです。

もちろん生産財もその例外ではありません。結局はそれが加工され、消費財としてどこかの誰かの暮らしをよりしあわせにする、そのあてがあればこそ、生産財やそれを支える技術にも、価値が見込めるのはいうまでもありません。

冷戦が終わって、インターネットの通信技術が民需に転用され、民間でも気楽に使えるようになりました。しかし、それを利用してどのように価値を生み出すか、その用途がうまく開発されなければ、ただの高容量の電話線とあまり変わらず、事業化しても採算が取れないので、インターネットはここまで普及できなかったかもしれません。

しかし幸いにして、世界のシヴィリアンたちは、ペンタゴン（国防総省）内部ではおそらくその用途には適用されていなかったであろう、情報コンテンツをインターネットを利用して盛んに通信し、それにお金を払ったわけです。たとえば、エロチックな、お子様には見せられない、成人向けの動画コンテンツとかですね。最初にインターネットを開発したペンタゴンの誰がこうなることを想像したでしょうか。

そうした連想をしつつ、ゾンバルトの二冊を読み比べると、技術開発と用途開発は、事業経営を樹木のガーデニングにたとえると、植物がまず根を張って葉を茂らせ、やがて花を咲かせて実を結ぶように、両方がバランス良くなくてはいけないものでしょう。ある花を咲かせるために、多大のコストを導入して、太く根を張ったとしても、ずっとそちらばかりやっていては、やがては均衡が崩れて商売が回らなくなります。

それでもなお、技術は大事であり、技術を高めろ、とばかり言っていてよいのでしょうか？それは、ある限られた視野の中での、それこそ成功体験への埋没ではないでしょうか？

日本の多くの企業は、供給側の強化ばかりに腕を磨いて行き届いているのに、それを受け止める需要側の開発が力が弱く追いつかないので、キャッチボールが成り立ちにくくなっているのではないでしょうか。後の章で詳しく述べますが、名だたる企業で活躍されている多くの方々からの不安の声を聞いているうちに、私はそうとしか思えなくなりました。

しかし、そのアンバランスの構造そのものは、少なくとも三〇年、四〇年くらいのタイムスパンでないと見えにくい、大きな構図のものだと思います。一人の職業人の仕事人生に匹敵するくらいの、それほどの長期的視点ということになると、成功体験の存在が長期歴史的視野を持つことを妨げることがあります。むしろ社会的ステータスもあるような大組織の上層部こそ、基本的には順風満帆で、大きな挫折もどん底の体験もない年代が揃っているかもしれません。

経営学界やビジネス論壇での、さまざまな産業や業界の論じられ方には、ある種の限界があります。どんな産業や業界にも、それぞれ固有の事情に詳しい専門家がいて、話に出てくる著名な登場企業や企業家の間の競合と相克、経営パフォーマンスの優劣、栄枯盛衰の将来展望などを丁々発止と論じます。私もなるほどと拝読し、参考にし、時に面白く読み込みます。

しかし、その論じ方自体がはらんでいる問題は、論じられる業界そのものは確固として安泰であるという前提に無意識に依存しがちであるということです。だから、業界内部の競合各社の蝸牛角上の競合を華々しく論じながら、その業界そのものがマクロ的に勃興し、時に衰退する、それを観察できるだけの長期的視野にはなかなか立ちません。

そのことの弊害は、産業や業界、市場といった存在の始まり、「発生」のプロセスをきちんと観察することがしにくいということです。新しい市場がつくられるときというのは、たいていはまだ無名の企業が、上場など考えられもしない境遇で行って、傍からもなかなかその意義がわかりにくい。けれども、社会の片隅で確実に新しいライフスタイルをつくっている。その最初はささやかな風景にしか見えないのです。

■愛妻家本田宗一郎の革新

あまりにも有名なエピソードを例に挙げます。戦争直後の浜松で、町工場の名物親父社長が、闇市に買い出しに行く奥さんのために、旧軍の遺した通信機用のエンジンを自転車につけてあげた。おかげで奥さんは、頑張って自転車をこがなくても楽に買い出しに行けるようになった。それを見たご近所の人たちも欲しがったので、人を雇ってもう少し手広く商売にした。この奥さんが本田さちさんで、ご主人が宗一郎さんです。世界のホンダも、最初はここから始まったわけです。

この話の面白さは、「バタバタ」と呼ばれたこの原動機付き自転車の最初のモデルが、通信機用の小型エンジンや湯たんぽの燃料タンクを使っていたという、既存の技術の寄せ集めと転用であって、さほどの技術革新というほどのことではないということです。しかしこれがユニークなのは、「女性でも扱える小型人工動力輸送機関」として、日本の家庭生活を変革するインパクトを持ち、それがちょうど当時の日本社会が望んでいた新しいライフスタイルだったということです。つまり、文化の新開発、革新だったのです。

新しい市場をつくるのには、まずこうした新しい文化、生活習慣、ライフスタイルの登場が必要なのです。つまり、暮らしの「文化的な差別化」です。しかる後に、競合他社が参入してきて「業界」ができてくると、性能やコストの競争になり、製品技術や生産技術上の差別化が争点になります。

新聞の経済面やビジネス雑誌が記事にするのは、この局面、技術と規模の競争に入ってからですから、あたかもものづくりの競争というのは、「技術的な差別化」のことばかりであるように見えてしまいます。そして、こうやって業界がそこそこ金額的にも大きくなってから、アナリストや研究者が調査研究の対象にするので、専門家としての観察枠組みも、つい技術系話にとらわれやすくなるのです。

当の会社の社史でさえも、ついつい「今につながるわが社の技術力蓄積の前史」として、「そのとき宗一郎は工場に三日三晩籠もり、Vベルトによる後輪駆動方式という画期的なエンジンレイアウトの工夫を……」という「技術的苦労話」として表現してしまいます。技術的改善というのは社業の中で営々と積み重ねられていき、関係者の数も多数で、いかにも歴史的流れの中で記述しやすいからでしょう。そしてまた、私も含めて、読者の中にもこういうストーリーが好きな方は多いでしょう。ぐっと来ますし、テレビの名シーンにもなります。「そのとき本田が言った」とか。

しかし、技術の話の大半というのは、いわば「市場の成長拡大」にまつわる話であって、そ

▶図1－2　企画とは何か

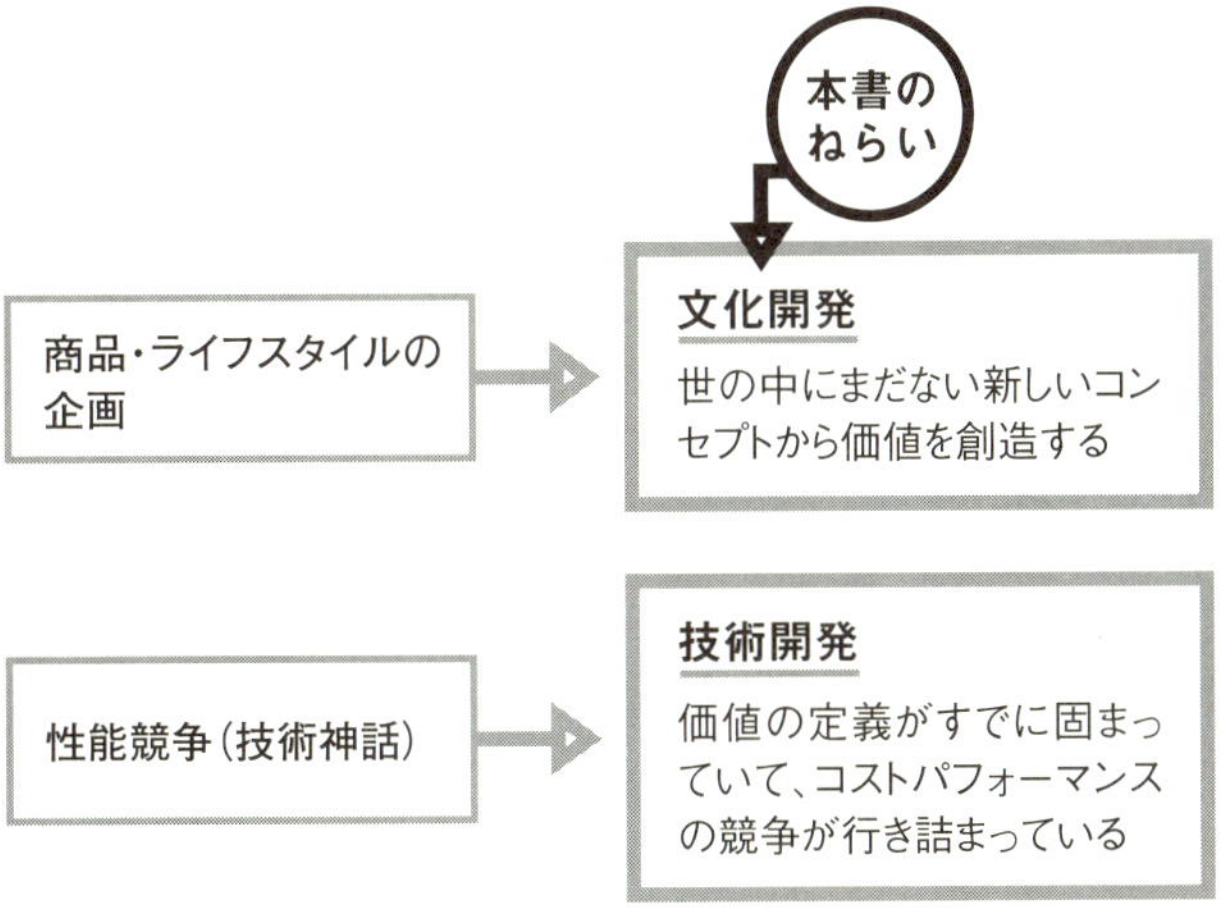
本書の
ねらい
商品・ライフスタイルの
企画
文化開発
世の中にまだない新しいコン
セプトから価値を創造する
性能競争（技術神話）
技術開発
価値の定義がすでに固まっ
ていて、コストパフォーマンス
の競争が行き詰まっている

うなる前の段階をしっかりと見なければいけません。本当に市場が創造される最初の最初は、生活をこんなふうに変化させたい、という文化の話であり、企業の職分でいうと技術開発ではなく、企画にまつわる話になります。

しかも企画というのは、長くその市場や商品のあり方に影響を及ぼす、それを定義する行為であるのに、技術開発に比べると直接関係する人員も少なく、期間も短い傾向があります。そして企画が成功し、それによる新しい生活習慣や文化が社会に普及すればするほど、いわば日常に溶け込んでしまい、意識化されにくくなってしまいます。

つまり、市場を生き物にたとえるならば、技術の話というのは、その生き物の育成論です。どのように鍛え、いかように競争の上での生存を可能にするか、これに対して文化の話は、その発生論であります。いかにありものの技術を持ってきてでも、今までなかった新しいライフスタイルを構想し、普及させるか。始まりの始まりの議論です。

市場という生き物の「一生」の間、営々と続く技術や性能競争など、「成長」の話題に比べると、その受精、出産、「発生」というのは、はるかに短い期間の出来事にすぎませんし、頻度もずっと低いといえます。なにしろ一生の始まりに一回あるだけですから。

しかし、市場の「発生」を試みないことには、世の中にある市場はみんな成熟した、年老いた老壮年期の市場ばかりということにならないでしょうか。そのおじさん市場ばかりが、「俺たちはこうして大きくなった」と技術の話ばかりしているのが、私が最初に述べた「技術神話」ではないでしょうか。

この本では、これから市場の「発生」、つまり、新しい市場のつくりかたの話を展開します。本書で紹介する事例のかなりは、歴史から面白い事例を見つけてきたり、私が自分の足で探して歩き、インタビューをして集めたものです。ですから、すでにある「成功モデル」の枠組みに対して演繹的に事例を当てはめたものではなく、これらの事例から帰納的にモデルをつくろうと努めました。次節以降では、そのモデルの説明をしていきます。

■なぜエジソンにウォシュレットがつくれなかったのか

何年か前ですが、FA宣言をして読売ジャイアンツからニューヨーク・ヤンキースに行った松井秀喜選手が、やっと向こうのマンションのトイレにウォシュレットをつけてご満悦、という記事がスポーツ紙に載っていました。

まさか松井選手がボーナスまで買えなくて我慢していたとか、そういうことはないでしょう。どうも、向こうではまだウォシュレットがポピュラーでなく、据え付け工事をしてくれる業者もなかなかいない、とかそういう理由だったようです。松井選手良かったねえ、向こうでも活躍してほしいねえ、と思ったものでした。

ここでいきなりですが、読者の皆さまに考えていただきたい問いがあります。

「なぜトーマス・エジソンには、ウォシュレットがつくれなかったのだろう?」

以下では、市場創造までの四つのハードルについて説明します。まず一言でいうと、新しい市場をつくるのは、新しい暮らし方、つまり文化であって新しい技術ではありません。ところが多くの企業、特に製造業企業がそれを誤解していて、新市場の創造をうまくできないでいます。非常にもったいないと思います。

まず、「価値はどういうプロセスで創造されるのか?」ということについて、しっかり考えましょう。改めてうかがいます。なぜエジソンには、ウォシュレットがつくれなかったのでしょうか?

ウォシュレットについて思い出してください。読者のご自宅のトイレにもついていたりするでしょうか。あれは煎じ詰めれば、温水器とポンプがついたシャワーです。温水器の熱源としてはガス給湯器などを使うこともできなくはないでしょうが、ポンプの稼働も考えると、熱源と動力源の両方を電気でまかなうほうが便利でしょう。

ということは、技術的には二〇世紀の初めくらい、つまりエジソンの活躍した時代には、つくろうと思えばつくれたはずなのです。

しかし実際には、一九八〇年代初頭に、日本でやっとポピュラーになり始めました。技術的にそれが可能になった時点から数えれば、ずいぶん遅かったことになります。

ある商品が社会で価値を持って普及するには、どういう条件が整っていなければならないのか？　このウォシュレットの例でいうと、確かに、まずはそれが技術的に可能であるという前提が満たされていなくてはならないのですが、それは後知恵でしかありません。

しばしば日本の製造業企業にある錯覚は、「今すでにあるもの」を改良して競争することがあまりに日常的なので、この技術的条件の整備ばかりが価値の前提になるという思い込みがあります。しかし、エジソンの時代からウォシュレットの技術的条件は整っていてもそれが実現され、普及されるということはなかった。技術の問題ではなかったからです。

というのは、そもそもトイレで用を足した後にお尻を温水で洗いたいのに、今は洗えない、という問題が設定されていなければならない。それを叶えるモノを使うと良いことがあるという価値観、それを実践するライフスタイルが構想されていなければならない。暮らしのうえでの問題として設定されていなければならない。その問題が問題として設定されていなければ、問題意識から構築する、それが問題の開発です。

そういう価値観が誰かの脳裏にあるからこそ、それをつくる気になる。技術的に可能か否かの前に、それが問題として設定されているかいないかというハードルを越えていなければなりません。誰かが最初に、「こんな暮らしが良いのになあ」と思わないと話は始まりません。

現代の私たちはもう、ウォシュレットという現物を知っていて、その使い心地も知っています。しかし、それは後知恵にすぎません。いわば答えを知っている私たちは、なぜこれが思いつかなかったのか、と昔の人の想像力を侮る気分に陥りがちですが、それは「コロンブスの卵」的な傲慢です。

ウォシュレットが一般家庭に普及し始めてからまだ三〇年ほどですから、読者の多くは、それ以前を覚えていらっしゃるでしょう。あの時代にウォシュレットを見て学ぶのではなく、その存在を知る前から自発的に「トイレでお尻を洗いたい」と思っていた方は、どれほどいらっしゃるでしょう？　昔はお尻をトイレで洗わないことが当たり前で、ウォシュレットが当たり前だとは思わなかったですよね。

それならば、今の私たちが当たり前と思っていることも、後世の人から見れば、とてつもない面倒な苦労と思われる行為かもしれません。しかし、それを苦労と思うようになるまではそれを苦労と思わない、と書くとまるでトートロジー（同語反復）ですね。どのようにすれば私たちは、ある時点までは苦労と思っていなかった当たり前を、当たり前と思えなくなるのでしょうか？　これについては、第2章で触れます。

では、問題として設定されていて、その解決手段の実現が技術的に可能ならば、商品というのは社会に普及するのか。それだけではまだ足りないのです。他にもまだ越えなければならないハードルがあります。その解決手段を使用・消費する環境が整っていなければなりません。端的にいうと、社会で水洗便所が普及していなければ、ポンプと温水器も何もつなぎようがありません。さらにもう一つ、そもそも各家庭に給電がなされていないと、電動式ウォシュレットは動きません。

細かい現場的な表現をすると、トイレの便座の横にコンセントがないと、延長コードでも引かないと機械に電力を供給できません。しかし、トイレは水を多く使いますから、漏電や感電のリスクを考えると、できればコードを床に這わせたくない。掃除のときにも邪魔になる。それで実際に、日本で普及するときには、東洋陶器（ＴＯＴＯ）は各ハウスメーカーを説得して、トイレの便座の横にコンセントを付けるようにしてもらったそうです。そうするとすぐに便座の横から電気を引っ張ってこられるので、取付け工事も簡単です。

これは社会的環境が整うということ、使用のためのインフラストラクチャが整備されるということです。そうでないと、社会的普及の見通しが立たないので、ウォシュレットをうかつに量産できないということになります。

逆にいうと、これくらいのことなら、もしエジソン自身が「痔主」だったら、自分用に自宅の豪邸を改造して特注する、くらいまではできそうです。ということは、新しい文化は贅沢品の形を取って、まず大金持ちとか、セレブとか、そういう層から普及します。これは後の章で触れますが、先に紹介したゾンバルトが、まさに『恋愛と贅沢と資本主義』で言おうとしたことですね。

そして最後に、「ああ、お尻を洗うと清潔だし気持ちがいいんだ、それは良いことなんだ、自分もそうしたい」という、欲求や価値観が社会に普及していかないといけない。これはつまり、社会的なソフトの普及です。宣伝広告の出番です。日本ではそれをコピーライターの仲畑貴志さんが、「お尻だって洗ってほしい」という名コピーで表現し、タレントの戸川純さんがCMで表現して視聴者を納得させたものでした。当時をご記憶の方も多いでしょう。こうやって、人々の暮らし方が変わり、社会に新しい文化が広まっていくのです。

■統合されるべき市場創造のプロセス

それでは、改めて整理してみましょう。新しい市場をつくるまでには四つのハードルがあります。

ウォシュレットの場合なら、誰かが「トイレで用を足した後にお尻を洗いたい」という問題を設定します。これは単にその「お尻を洗うためには？」を課題にする、というだけでなく、そもそもお尻はどうあるべきか？　を問題と捉える意識を新たに構築する、という意味で、本書では「問題開発」のフェーズと呼ぶことにします。

そして、その問題の解決手段が物理的実体として、温水器とポンプとシャワーが適切に結合された製品として、どこかの工場や研究所でまず形づくられる。これをまずモノそれ自体、「技術開発」のフェーズとします。

その製品が社会的に利用されるために、上下水道、家庭への配電網とか、インフラが整備される。「環境開発」のフェーズです。

そして、さらに教育・宣伝を繰り広げることで、社会に「私たちのお尻も洗ってほしい」という欲求が普及し、社会的な生活慣習になる。「社会」の「理念」的ハードルを越えます。これを「認知開発」のフェーズとします。

四つのフェーズを経て、やっと社会で新しい文化が実現し、ライフスタイルが変化していきます。これ全体が「文化開発」のプロセスであり、そこに新しい市場も創造されます。

ここで、市場創造までの四つのハードルを図にしてみます。ただし、この図1－3に示されたハードルの順番は、きわめて理念的な説明にすぎません。最もシンプルなモデルを白紙から考えるとすれば、このような順番がわかりやすいというだけで、世間の事例の多くはこんなにきれいで単線的なプロセスは経験しない場合も多いでしょう。

▶図1－3　市場創造の4フェーズ

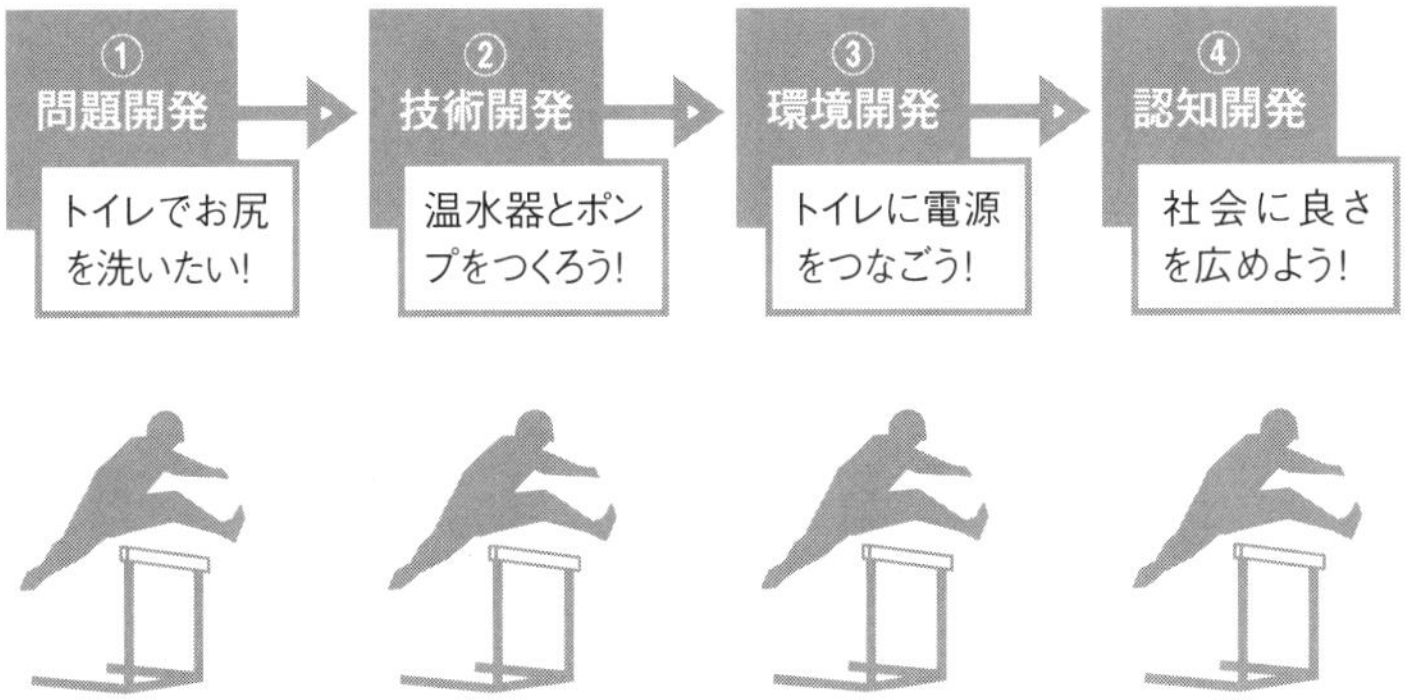
①
問題開発
トイレでお尻を洗いたい!
②
技術開発
温水器とポンプをつくろう!
③
環境開発
トイレに電源をつなごう!
④
認知開発
社会に良さを広めよう!

というのは、ウォシュレットの場合のように、（温水器とポンプという）「すでに社会に存在していた技術を使う」場合には、②の「技術開発」というハードルは今さら越えなくていい、という表現ができます。ただし、これはウォシュレットのメーカーから見た言い方であって、社会から見れば、①の問題開発より先に②の技術開発のハードルを越えていた、というほうが正しいでしょう。

また、もし仮に一般的なトイレがバスや洗面所と同じ部屋にあったとしたら、ウォシュレットができる以前から、そこにはコンセントがあることになります。その場合には、社会から見れば、③の環境開発が①の問題開発よりも先んじているといえますし、メーカーからいえば、③のハードルは自分で越えなくても、もうよかった、ということになります。

他にもハードルの順番が変わる可能性は考えられます。たとえば、日本でウォシュレットが普及してから、どこか外国の人が日本観光に来てそれを体験し、ああ、自分の国にも日本のようにウォシュレットが普及していればいいのに、と思ってその見聞を社会に広め、満天下にウォシュレットに対する憧れが充ち満ちている、ということもあるかもしれません。しかし、これまでメーカーがその声に耳を傾けていなかったけれど、やっと手を着けた、という場合には、④の認知開発のハードルをもう越えていた、ということになります。

つまり、この四つのハードルは、必ずしも商品をつくる側の組織が全部自力で越えなくてはならないとは限りませんが、社会的には、どこかの誰かがいつかは越えていなければならないのです。

上記の四つのハードル、これら一連のプロセスをマネジメントすることで、初めてその組織は社会に新しい価値を提供し、新しい市場を創造することが可能になる。どうでしょうか。読者が属している組織では、自社商品について、このくらい視野を広げて、価値の創造について考えているでしょうか？

今までそれなりの数の企業の商品開発事例を取材してきて、多くの事例で最大の問題と感じるのは、実はこの点です。つまり、新しい市場を創造しようとするならば、単に製品技術・生産技術を改善して、商品そのものをグレードアップさせるのみならず、それが解決しようとする問題、それを使用する社会環境、それをうまく使用できるような消費者の認知、それらの開発が統合されるべきなのは、ウォシュレットの例からも見て取れることです。

しかし実際には、四つのハードルを越えるプロセスの統合は、多くの組織内では「別の部署がやること」という割り振りになってしまっていて、その構造に手をつけることは非常に難しくなってしまっています。そして、難しく、ほぼ不可能になってしまっていることこそが、まさに新しい市場を創造するような商品開発にとっては不可欠なことなのです。

この統合のための最初の鍵は、何よりまず、「新しい問題の開発」です。それこそが新しい文化の開発の出発点です。しかし、多くの組織は得てして既存の問題意識に基づいて既存の製品の性能を改善することで手一杯になっていて、今取り組んでいる既存の問題以外を課題として意識することも希薄になってはいなかったでしょうか？　そうであるならば、その取組みの対象自体を根こそぎ見直さなければなりません。

しかし、新しい文化の開発をするには、どうすればよいのでしょうか？　それは、そもそもどういう行為なのでしょうか？　次章ではその概念の整理をします。

第2章 新しい「文化」を開発する

「しあわせ」のイメージ

新しい文化を開発するとは、どういうことでしょうか。一言で表現するならば、まず自分が持っている「しあわせ」のイメージを、これまでより多様に豊かにして、なんとかしてそれを実現する、ということなのです。

こうしてしあわせ云々というと、いかにも大上段の人生論をぶち上げるようですが、そういう大きなしあわせも、あるいは夏の宵の縁側で食べるスイカのような、生活の中の快適なシーンを実現する、そんなささやかなしあわせも、どれも含む話ですので、そのつもりでお考えくださ い。

本書はビジネス上の課題や市場創造について論じる本ですが、そうだからこそ、この本ではしあわせについての「そもそも論」をまず展開しなければなりません。市場で流通するどんな商品の価値も、それは誰かのしあわせを実現するということが前提になっているからです。

どんな商品も、突き詰めれば、それを買い、使う人にとって、その人のしあわせの実現に貢献することができなければ、価値がありません。大げさな言い様のようですが、私たちはふだん意識しないまでも、自分が持っているしあわせのイメージにフィットするモノやサービスを選んでは、自分の人生に組み込んでいます。むしろこのことは当たり前すぎて、改めて考えてみるようなことがめったにないのですが。

「あなたは、しあわせになりたいですか？　それとも、しあわせになりたくないですか？」と聞いて、なりたくないと答える人はいるものでしょうか。そもそもそれは、同語反復的な問いであって、「もっとそうなりたい状態」のことを、まさにしあわせと呼ぶのではないでしょうか。そのはずなのに私たちは、どういうライフスタイルを選択するか、どんな暮らしをすればもっとしあわせになるか、試せる余地がたくさんあるのに、その可能性をあまり考え、試してはいないのではないかと思うのです。

ここで本書における技術開発と文化開発それぞれの概念と、しあわせの関係について説明しておきます。今しあわせだと思っている状態が、もっとコストパフォーマンス良く実現できるようになることが技術開発です。一方、今まではしあわせと思っていなかった状態をしあわせと思うようになり、それが実現できるようになることを文化開発とします。

これまでに挙げた例を使うならば、たとえば従来もある種の人々にとっては豪華クルーザーに乗ることは楽しく、しあわせなことだったけれど、なおかつ、それがワインパーティを船上で開けるくらいに揺れないこともしあわせだと思うようになり、その思いが叶った、これはクルーザー文化の新開発です。

あるいは、これまでも普通に水洗トイレを使っていて、この暮らし方に不足は感じなかったけれど、加えて用を足した後に、お尻を洗ってもらえることもしあわせだと思うようになり、暮らしの中でそのように振る舞うようになる（裏を返せば、この変化以降は、たまたまお尻を洗ってもらえなければ、ふしあわせだと感じるようになるように感覚が変わっています）。これがトイレについてのしあわせのイメージが豊かになり、それが実現されてウォシュレットの文化が新開発される、ということです。

これに対して、既存のしあわせのイメージはそのままで、それをよりコストパフォーマンス良く実現するのが、技術開発です。これまでもクルーザーの上でワインパーティができたならしあわせだなあと思っていたが、それが不十分にしか叶わなかった、それがもっとコストパフォーマンス良く実現可能になったら、それは技術的改善ですが、しあわせのイメージ自体が広がったわけではありません。もちろん、文化開発が技術開発を含むこともあります。

■人それぞれのしあわせの哲学

今よりもよりしあわせな状態を実現するとはどういうことでしょうか。これは必ずしも、モノやサービスなどの商品をより豊富に、多様に消費すれば物質的に満たされている、という量的改善の方向ばかりではありません。たとえば私たちは、場合によっては、何か消費したい欲求があっても、あえてそれを我慢することを選ぶことがあります。昨今は何やらそれを「断捨離」と呼ぶブームなどもあるようですが。

しかしそれも実は、しあわせでありたいがために、そのビジョンを実現しようとするという意味で、快楽主義的な生き方ではないのでしょうか。それも結局は、何かについてストイックな自分でありたいという欲求に貪欲なんだといえないでしょうか。禁欲さえも、実はそれが気持ちいいからやっているのではないのでしょうか?

誰しも自分の人生、なんらかの方向で、より望ましい状態に近づくように、ベストを尽くしたいと思っているものではないでしょうか。人によっては、あるいは分野によっては、そんなに頑張らず、まあぼちぼちでいいやと思っているかもしれませんが、そのぼちぼち具合も、ちょうど良い感じに望ましい「ぼちぼち具合」を願っているならば、ベストを懸命に追求しようとしているということになるでしょう。

とにかく人間、こうありたい、かくあらまほしき、という状態になろうといろいろ苦労している。あるいは、「今のまんまでいいや」と悟っていたとしても、それも「今のまんまでいい自分でいたい」という、そのイメージを実現しようと懸命なのではないでしょうか。言葉遊びのようですが、手が届かないならば手に入れたいしあわせがあり、手に入ったならば手放したくないしあわせが、誰にでもあるでしょう。

ところが、私たちが望むしあわせは、すべてが実現するわけではありません。私たちが、「もっとこうなったらしあわせなのになあ」と夢見るけれども、それが叶うか、なかなか叶わないか、それを決める条件には、いくつか種類があります。

たとえば、健康や病気にまつわるしあわせとその制約について考えます。ある疾病について治療する技術を人類はまだ持っていない、そんな技術的条件もあります。あるいはまた、その疾病を治療する技術は存在することはするのだが、それはあまりにも高価で手が出せないという場合は、経済的条件が不利ということになります。

二つの条件からの制約が複合することもあります。たとえば、その疾病の新治療薬が開発されても、それが一錠一億円したら自分には手が届かない、ということもありえます。この場合、もっと技術開発がなされないのが問題だと捉えれば、ここにあるのは技術的な制約ですが、自分がもっと貯金していればよかったのにと思うならば、経済的制約にしあわせを阻まれたということになるでしょう。

社会的条件も、しあわせを阻む制約になる場合があるでしょう。たとえば白血病患者が、ドナーを見つけることができれば骨髄を移植できる、そのための検査などの医療技術は開発されていて、治療費も負担できるとしても、それだけでは移植は可能になりません。免疫反応のタイプが合うドナーを登録し、マッチングするための骨髄バンクなどの社会制度が未整備で移植ができないというような場合は、技術的制約でも経済的制約でもなく、社会的条件に制約が存在することになります。

技術的、経済的、社会的、三種類の条件からの制約を挙げましたが、それらの大前提に、実は文化的条件が整備されているかどうかという問題があります。端的に言えば、自分でそれをしあわせだとイメージできないしあわせは、叶いようがないということです。たとえばある生活の状態について、自分の中の価値観が、それを知らないか、あるいは知っていてもそれをしあわせと感じないとしたら、そのしあわせの実現をめざすことさえできません。

患者がそもそも骨髄移植という手段について知らなければ、どうしようもありませんが、知っていたとしても、他者の骨髄を自分の身体に移植することをよしと思えない、そういう価値観を持っている場合は、それによって自分の白血病が治療されても、それをしあわせと思えない。ならば、その患者には、白血病の治癒はしあわせではないということでしょう。

この場合、技術的にも経済的にも社会的にも、これに対応することはできません。まさに文化的制約がネックになっているとしか言いようがありません（ここでは一応は、骨髄移植を是とする立場に立った表現で説明をしましたが、本書で私には移植を否とする立場の価値観を批判するつもりはありません。しあわせについての価値観は、人それぞれと思っています）。

私たちはしあわせをめざすことに日々こんなにも懸命なのに、どうしても超えられない限界が、この文化的制約にあるのです。自分がこの世の中で実現可能な状態の可能性を全部知っていて、それらを比較して自分にとっての一番のしあわせな状態を選び取れているのならばともかく、そうではないのがなんとも切ない気がします。

それが証拠に、生きていて時々、新しい暮らし方、しあわせに触れて、ああなんで自分はこれまでこのしあわせを知らなかったのだろうと、それまでの自分の認識不足を今さらながらに悔やむことが、時々あるではないですか。あるいはまた、自分の物の見方、価値観が変わって、なんで今まではこれをしあわせと思えなかったのだろうか、そう思うときが、時にはないでしょうか。こう思うのは私だけではないと思うのですが。

工学や医学や経済学が、技術的制約や経済的制約を克服する助けはしてきましたが、それらとは違う制約があって、そのせいで手が届いていなかったしあわせ、というのがあります。しあわせになりたいのは、こんなにもみんながそうなんだけれども、まだそのしあわせを具体的に構想できない、それをしあわせだと感じることができない、だからふいにしている、しあわせの機会損失があるのです。それが文化的制約です。

しかも文化的制約には、技術的制約や経済的制約よりも、その存在自体を意識しづらいという難しさがあります。ある価値観に照らして価値を論ずるのではなく、まさに価値観自体を論じる難しさです。人間がメガネを通して外界を見ているとき、メガネ自体を意識して見ることは、自分を相対化し、高次元の視点から見直すことでもあります。自分が知っている対象を意識することはたやすいですが、何かいまだ知らない対象を知らない自分を、意識して観察でき

▶図２−１　しあわせの制約条件

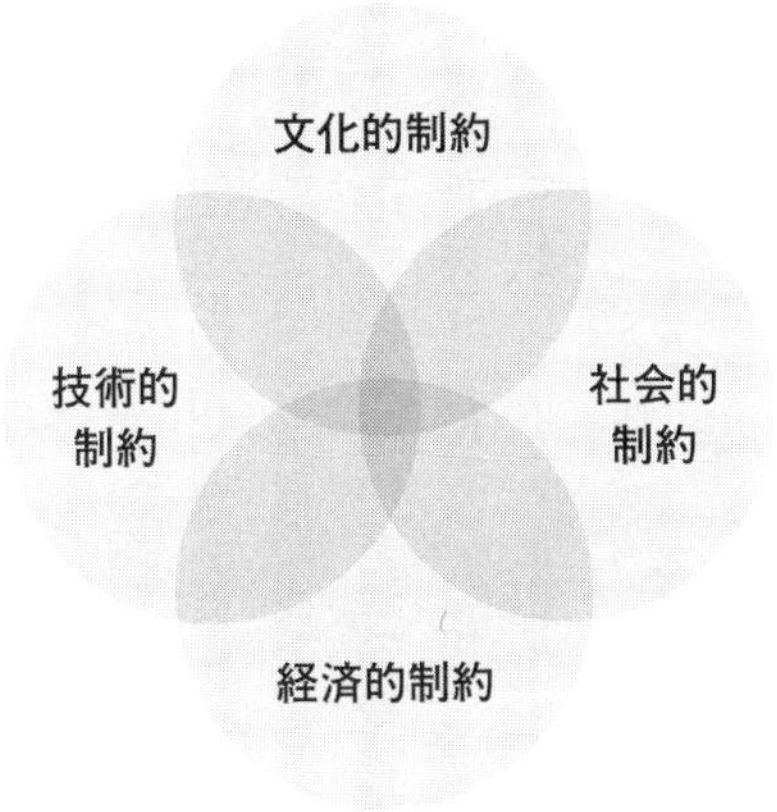

るでしょうか？

たとえば、ウォシュレットを実際に体験する以前に、自分がお尻を洗ってもらえていないというふしあわせを感じていた人が、どれだけいたというのでしょう？

しあわせの制約条件を図２−１に示してみました。ある商品がある社会でしあわせをもたらせるかどうかを、四つの制約を克服できるかどうかで考えます。

またウォシュレットの事例で整理をしてみます。まず温水器やポンプなど、ウォシュレットの機能を実現するための技術がその社会で利用可能になっていなければならない。つまり、技術的制約を満たしていなければなりません。

そしてもちろん、ウォシュレットを使うためには、水洗トイレがなくてはならないし、そのための水道インフラが整備されていなくてはならないし、送配電インフラも整備されていなくてはならない。便座取付け工事をする業者がいて、ウォシュレットを買ってからもメインテナンスが安心して行われるというのは社会的制約といえるでしょう。

経済的制約は、文字どおり使用する側に購買・維持するだけの経済力があるか、ということです。高価で一般消費者の手が届かない、ということではやはり普及しません。

しかし、これら三つの制約を前提から左右することになるのが、文化的制約です。そもそも世間の人たちがトイレで用を足した後、「お尻だって洗ってほしい」と思わなければ、どれだけ技術的・社会的・経済的前提が満たされていたとしても、ウォシュレットは売れない。それでも売ろうと思ったら、世の中に新しい価値観、習慣を広める覚悟がなければなりません。

逆に、すでに世間に「お尻だって洗ってほしい」という価値観が充ち満ちていれば、技術開発投資もなされやすく、社会環境整備も進みやすく、量産効果が見込めると経済的にも制約を克服しやすいということがもちろんあります。やはり鍵は、文化的制約です。「それをしあわせと思う心」が世の中にあるかどうかなのです。

それでは、私たちのしあわせについてのイメージは、どのように決まるのでしょうか？

日本軍のライフスタイル開発

できるならばこんな暮らしをしたいものだ、という暮らしの理想像や、そこまでいかなくても、このくらいの暮らしはしたい、という暮らしについての、私たちの「当たり前」の感覚や、常識、価値判断の基準に何か科学的な根拠はあるのでしょうか。

私たちの持っている「しあわせな暮らし」のイメージは、なぜこんなに自由度が高いのでしょう。ミツバチが花の蜜を集めて六角形の巣穴に持ち帰るように、ビーバーが河にダムをつくって子を育てるように、人間も決まり切った手順で暮らしているならば、そもそも経営学も製品開発論もマーケティング論も組織論も何もいらないということになります。しかし、幸か不幸かそういうことにならないのは、私たちが無条件で従わざるをえないような本能が、私たちの遺伝子にプログラミングされていないからです。

たとえば、私たちには生存本能がありますが、それは私たちの衣食住を否応なしにある範囲内に限定するほどに強く縛っているわけではありません。六角形の部屋でないと生きていけない、ということはありません。また、生殖本能があるにしても、私たちはそれをほどほどにコントロールしています。つまり、本能より高次の価値判断基準があって、それに従っていますす。端的に言えば、多くの人は公の場では生殖本能に無闇と流されたりしないですよね。別に私たちのホモサピエンスとしての遺伝子に根差した、何か宿命的な縛りがあるわけではないということです。

私たちは取る行動を状況に応じてどうにか戦略的に取捨選択していて、本能のほどほどの抑制に、時には失敗して流されたりはしつつも、本能以外の何かの行動のパターンを後天的につくり、それに従っています。つまり、それが「文化」というものです。

人間は昔から文化を開発してきました。そしてそれらの多くは同時に、技術の開発でもありました。そのあたりの関係をわかりやすく示すために、まず最もプリミティブで、極端ではあるもののシンプルな事例を紹介します。以下は、第二次世界大戦中のある日本人の手記の引用です。

現地自活研究指導班の誕生

有富参謀、鈴木参謀と横穴の中で会談した。有富「もう糧秣はほとんどない。この危機を切り抜けるには密林中の植物を食べる以外はないと思うが、いかに」、自分「全くその通りと思います。それで、入山以来この地帯の食用植物の研究をやってきました」、有富「それではその研究結果を各部隊に教育してくれ」、自分「承知」、有富「主食になる物はないか」、自分「ジャングルの中にはない」、有富「ジャボクのような大きなシダの芯が食べられるそうだが、あれはだめか」、自分「丸八ヘゴの頂部の芯と葉柄の芯は美味で食べられるが量が少なく、澱粉質もあるかどうかさえ疑問です」、有富「澱粉があるかないかわかるか」、自分「ヨウチンがあればわかります」。

（中略）

蛙捕り

谷川に蛙はいるが速くてつかまらない。たまに捕えてみれば天下の珍味だ。これをたくさん捕える方法はないかと研究していたら、新しく連れてきた台湾工員の黄君が、蛙捕りの名人で、一日で二十匹近く捕えてくる。どうするか見ていれば、谷川の水がよどんで落ち葉が沈んでいるような所を探して静かに見ていると蛙が出て来る。それを静かに両手でおさえるのだが、彼特有の技術でまねはできなかった。蟹と蛙は何といっても最大のご馳走だった。

やせとがる裸身の兵の蛙はぐ（水明）

以上は小松真一さんの『虜人日記』という手記の引用です。[1] 著者が日本陸軍の軍属としてフィリピンでのジャングル戦を体験し、後に捕虜収容所で自らのメモをもとに記録をまとめたものです。著者が属していた軍隊は、米軍の攻勢に押されてジャングルに逃げ込み、戦闘どころか、生存のための物資の欠乏に困窮を強いられ、なんとか現地の資源で生存を許ろうとしました。

小松さんは精糖会社に勤めていた醸造技術者でしたが、東京農業大学で学んだ知識をフィリピン現地の資源に対応させながら、これまで食べたことがない資源を食べようとし、それを調

（1）小松真一『虜人日記』ちくま学芸文庫、二〇〇四年、一一七、一三四ページ。

達するための道具や組織も新しくつくり上げようと奮闘します。彼のいた部隊はそれらを駆使して、現地でノウハウを開発していくことになりました。

歴史的事実としては、彼らの惨憺たる苦闘がしばらく続いた後、日本軍は降伏し、小松さんたちは捕虜としてジャングルを出ることになりました。その時点で彼らは、ジャングルの狭間の高地でサツマイモの栽培を試みていました。ちょうど人類史が狩猟・採集から定住・農業社会への道を歩んだのと同じようなルートを、彼らはごく短期間で再踏破しそうになったわけです。

もし米軍との戦闘行為がなければ、彼らがある水準での自立性・持続性を持った集団として、生存可能な環境をつくり上げることができたでしょうか。ごく少人数あるいは単独でジャングルを何十年も生き延びた小野田寛郎さんや横井庄一さんのような方がいらしたのですから、集団ならばそれが社会として発達する可能性が、もっとあったかもしれません。

極限状況で人間は、自分たちが利用しうる資源、知識、技術を駆使し、場合によっては新たに開発しようとします。ホモサピエンスがサルから分かれて以来、ずっと私たちは、「サバイバルのノウハウ」を開発し続けてきました。他の動物と人間が違うのは、そのサバイバルのノウハウが遺伝子に本能としてプログラムされたものではなく、自分たちで開発し、世代間伝承を経て蓄積されていく知識だということです。

もしもの話ですが、あなたが乗っていたクルーザーが難破して、独りきりで南太平洋の無人島に流れ着いたと想像してみてください。思わぬ運命の急転にしばし呆然としていたものの、気を取り直してあなたは打ち上げられた浜辺で立ち上がり、この島で生きていこうと心に決めます。この島で少しでもよりしあわせでいたい、暮らしをよりコストパフォーマンス良くしたい、と思って、そのように暮らすために知恵を絞り、力を尽くそうと思っています。

小さな島を探検してみると、他に誰もいないし、何の人工物もありませんでした。ただ、島の真ん中には椰子の木の群生があります。椰子の木には実が生えています。

船から波間に投げ出され、漂っている間に服もはだけて流されてしまって、文字どおり裸一貫で島に流れ着いたので、あなたは何の道具も持っていません。泳ぎも得意ではないので、海に入って魚介類を捕ることもできません。

極限状況にあるこの島であなたには、暮らし方には選択の余地がほとんどありません。どうにかして椰子の木に登り実を採って食べ、葉を編んで服をつくり、椰子の木陰を住みかとするしかありません。なにしろ使える唯一の資源が椰子の実と葉でしかなく、他に何の道具もないので、別の使い道に応用することもできません。

あなたのライフスタイルを決める技術的可能性を最大限駆使して、最善を尽くして最適な暮らし方をするための材料が、すべてあなたの目の前にあります。生活の「目的」が「生存」それ自体で、暮らし方はその限られた制約の中で生存のために有効な手段として開発されます。生きる「技術」と生き方としての「文化」には、ほとんど可能性に幅がなく、ここでは、あなたができる暮らしがそのまま、あなたがする暮らしです。

椰子しかない無人島まで極端でなくても、人類の歴史の長い間、資源の制約と技術の制約がシビアに存在していて、いろんな暮らし方のオプションから好きな選択肢を選ぶ、ということはあまり考えられませんでした。世界の各地にはそれぞれの資源と技術の制約に基づいて、それぞれの社会で長い時間をかけて磨き上げられ、それなりに工夫された暮らし方のノウハウが発達しました。

つまり、資源や技術の制約がきつい時代には、人間ができる暮らし方というのは選択の幅が狭く、その中で少しでも飢えや渇きや暑さ寒さをしのごうとすれば、できる暮らしの中で最もコストパフォーマンスの良い暮らし方を模索せざるをえません。そして、みんながその「最適解」にたどりつき、そのライフスタイルを採用するようになります。何世代にもわたって試されてきた暮らし方がリスクもないと経験的にわかっているので、それが伝統として尊ばれるようになる。それが地域社会や部族コミュニティの文化になるのです。

今、日本社会各地にある食文化を例に挙げるならば、香川のうどん、長野の蕎麦などがそうでしょう。瀬戸内海気候で降水量が少ない讃岐平野では、二毛作で小麦の生産が盛んになり、製塩にも有利だったので、さぬきうどん文化が栄えたとか、平野が少ない信州の山間部で救荒作物として蕎麦が栽培されて郷土料理になったとか、事情を知るとなるほど合理的な工夫がなされてきて、少しでも豊かな暮らし方のデザインが模索されてきたことがわかります。

しかし、そうやってできあがった伝統的な暮らし方が、必ずしも合理的でも最適でもなくなる状況が時に発生します。資源や技術の制約条件が変化するときです。

制約条件がより厳しく変化した際には、ジャングルに逃げ込んだ日本軍のように、その場で利用できる資源に基づいた、新しい暮らし方を開発せざるをえなくなります。その逆に、技術や資源などの制約条件が緩和されたときには、潤沢になった資源を活かして、もっと人間がしあわせな暮らしを模索することが可能になります。つまり、「暮らし方」に選択の幅が生まれるのです。

■ライフネット生命が提唱するしあわせ

しかし、いろんな暮らし方が可能になったとしたら、私たちは新しい難問を抱え込むことになります。「どのような暮らし方がしあわせなのか?」を決めなければならなくなるということです。

そしてこの、私たちがしあわせだと思う暮らしの実現に、その商品がどのくらい貢献するかどうかで、私たちがどんな商品に魅力を感じるかは変わってきます。その「しあわせのイメージ」があってこそ、私たちがモノやサービスなどに価値を認めるか、それを自分でつくるなり買うなりして手に入れようとするかが決まるわけです。

商品を支えるしあわせのイメージについて、ここで一つ例を挙げて考えてみます。ちょうどこの原稿を書いている頃にマザーズに上場した、インターネット利用主体の生命保険会社、ライフネット生命保険社長の出口治明さんに、私の勤める大学に来ていただいて、学生への特別講義をお願いしたことがあります。

出口さんは、大手生命保険会社に在籍していた当時には業界団体の財務企画専門委員長としてご活躍された方ですから、もちろん経済・金融には大変詳しく、そういうお話もされたのですが、加えて歴史や文学にも造詣が深く、講義後の懇親の席でも文明論的なお話をされました。

そのときの多彩な話題を貫いているテーマは、人間にとってしあわせとは何か、豊かさとは何か、という問題意識でした。出口さんの著作も読んでみると、ますますそれが伝わってきますが、じかにお目にかかった機会に私も影響を受けて、興味を持ってフェイスブックでライフネット生命の公式ページに行き、さっそく「いいね！」ボタンを押してみたら、以降、時折ライフネット生命の記事がウォールに上がるようになりました。

面白いことに、それらの記事を見ていると、だんだん、家族っていいもんだなあと思わせるような話題が選ばれていることがわかりました。父の日にわが子からもらったプレゼントを紹介するとか、同社の社員がまた一人ママになった喜びの声とか、心の隙間に忍び込み、あわよくばもらい泣きさせようとしているんじゃないかと思うことがあるほどです。

業界の方にしてみれば当たり前のことでしょうが、確かに生命保険商品を買おうとする人は、家族を大事にしようとする人に違いない。家族が大事であればこそ、自分の身に万一のことがあったときに備えて、遺される家族の生活に配慮して、生命保険に入ろうとするわけです。

裏返せば、家族を大事にする人が世の中に一人もいなくなれば、自分が死んだ後の家族の生活なんて心配しなくなるわけですから、自分が死んだら、そのときはそのときだ。オレの遺族たちよ勝手になんとかしろ、となって誰も生命保険商品を買わなくなってしまいます。

つまり、生命保険という商品の成否は、それを買おうとする人にとって、自分亡き後の家族の生活の安心も、その人のしあわせのイメージに含まれているかどうか、にかかっているわけです。ふだんは単に予定利率換算や月々の支払額で損得を見比べているようでも、そもそもは、自分が世を去った後の家族の生活がつつがなく続くことに大きな意味がある、という価値観を持っていることが大前提です。それがなければ、初めから損も得もありません。

そうすると、生命保険商品を販売するためには、たとえば世の中には家族がいるにしても、そして今、目の前の家族のしあわせを願っているつもりでいるにはいても、うっかり自分の死後のことについては考えたこともなかったりする人もいるでしょう。そういう人にはそのうっかりを気づかせてあげなくてはなりません。商品を提供する企業の側が、これはお客さんの人生に良かれと思っている価値観は、購買する顧客にも共有されていなければ、金額などのデータを見たところで、何もピンと来ません。

そうでなくても、まだまだ自分は元気だから大丈夫さ、と健康のリスクを軽視していると、もっと契約されてよいはずなのにされなかったりするでしょう。あるいは、もっと手前の段階からアプローチするとすれば、一般的には結婚しなければ人間に家族ができないわけです。そこで生命保険の契約数を増やそうとするならば、遠大な計画ですが、大お見合いパーティを支援して、社会での婚姻数を増やそうとすることもあるかもしれません。そうすると、もしかしたら、ライフネット生命主催のイベントのお誘いなども遠からずフェイスブックのウォール経由で来るかもしれません（ちなみに、私は本書の執筆時点では独身です）。

経験がない身で憶測でものを言いますが、たとえば自分に家族があり、しかもまだ子どもが小さかったりすれば、目の前でその愛し子を見て「自然と」愛情がこみ上げて、わが子のための備えとして生命保険に入っておきたくて、矢も盾もたまらなくなるのかもしれません。自分の血を引く子孫の繁栄を欲する、そういう本能がなければ、人類は種として存続していなかったかもしれません。

しかしその手前で、たとえば子どもをつくるかつくらないか、結婚するかしないかは、「自然と」情がこみ上げて、人生のある局面でみんながせざるをえないような気持ちになるかどうかは、本能というより文化なのではないでしょうか。家族を持つこと、子どもをつくること、その行為自体をしあわせと思うかどうかは、実は、時代や社会によって、何を「当たり前」にしあわせと思うかが変わることによって、その感覚も変わるものです。

わかりやすくするために、極端な事例を挙げてみます。たとえば信仰する宗教によっては、家族を持つと人間は究極のしあわせにたどり着けないという考え方があり、それを信奉して独身を守っている共同体も世界のあちこちにあります。それは確かに現代の日本社会の一般的な多数派の価値観とは違いますが、しかし、その人たちの考えるしあわせがそうならば、他人がどうこう言えることではありません。

そこまで宗教的戒律として厳粛に実践していなくても、「今のところ、自分は独身主義だ」という心づもりで生きている人は、世の中にたくさんいるのではないでしょうか。まあ、周囲の多数派の価値観は「家族を持ってこそしあわせになる」という意見が多いと、円滑なコミュニケーションのために、「しないんじゃなくてできないんです、えへへ」とか、洒落のめしているかもしれません。もっとも、そういう「主義者」も明日、「運命の相手」に出会って、たちどころに転向する可能性だってあるわけですが。

ビジネスについて考える本にしてはちょっと異例かもしれませんが、商品の価値のルーツを真っ向から考えようとすると、どうしても話が宗教論に似通ってきます。何に価値を認めるか、という基準を突き詰めると、そこには科学とか技術とかを越えた人間の観念、まさに価値判断についての議論にならざるをえないからです。

生命保険の例でいえば、まず最初に、自分以外の他者のうちでも、自分の血を引く誰か、自分と遺伝子配列のかなりの部分を共有する他者のしあわせが自分にとっても価値がある、という信念を持っていなければ、その商品に価値は感じられないでしょう。

わざと事々しい表現を使いましたが、厳密にいえばこういうことですよね。しかし、私たちはそこまではふだんは意識せずに、親子の「情」は自然と湧いてくるものだと思っています。しかし人によっては、遺伝子配列の共有対象よりも、社会的大義とか正義感を共有できる対象に親愛感を抱く人もいて、血族に遺産を残すより多く社会福祉法人に寄付する人もいないわけではありません。

だから、たとえば出口さんがタイムマシンに乗って、二五〇〇年ほど前のネパールに行って、家族を捨てて旅に出ようとしているシャーキャ族のシッダールタ王子に会ったら、生命保険の契約にこぎ着けることができるでしょうか。まあまあ穏便にご家族を大切に、と彼を説得しようとしたとしても、これは出口さんとお釈迦様のどちらが正しい、という問題ではありません。あえていうなら、二人の言い分のどちらが魅力的な価値観で、それに共鳴できるか、ということです。そばで見てみたい論戦になりそうですが。

一度、「自分が死んだ後の家族の生活の経済的安定を高める」ことを目的として設定したならば、その手段としての生命保険商品を、目的に照らして客観的に評価して、優劣をつけることはできます。無駄なオプションが付くので高くなるとか、契約や業務処理にネットを利用しているのでコストが削減できて、その分保険料が安い、など。

しかし、そもそもの目的を設定するときに、「自分の死後の家族の生活の安定」と「自分自身の死後の霊的な解脱」という二つの選択肢があったとしたら、その目的間の優劣は、客観的に比較することができるものでしょうか？　まさに神学論争になるのではないでしょうか。

この場合、どちらの価値観が正しいのか、ということを問うても、それを審判できるより高次の価値基準は存在するでしょうか？　その「より高次」の価値基準が成り立ちうるとしたら、そのまたもっと高次の価値基準が、さらにまた高次の価値基準が、どこかにあって、それが科学的に決定できたりできるものでしょうか？　結局は、「これ以上はさかのぼれない最高次の基準」がそれぞれの人の脳裏にあるはずで、それは個人的で主観的な存在です。それを宗教と思うか思わないかは時代にもよるでしょう。

近代になって私たちは、特に日本社会では何か観念上の対象を権威として拝んだり崇めたりする経験が乏しくなり、そこから発生する規範意識も形式化したかもしれません。しかし、だからといって、私たちが何をしあわせと思い、それに貢献する存在に価値を認める、その最終基準が客観的・科学的に検証可能な存在に変わったわけではありません。今でもその基準の最後は主観です。

■ウォシュレットの贅沢

『新しい市場のつくりかた』という本になんでこんな話題が？　と思われる方もいるかもしれ

ませんが、実は私もいろいろ考えて、話はここからしか始まらないと思うので、どうかおつきあいください。というか、この問題をきちんと理解しないと、この先にっちもさっちもいかないのです。喝！

新しい市場をつくるという行為、そして、それを支える新しい商品について、学問的で科学的でかっちりしたことを書こうとすればするほど、逆説が生じます。その新商品を支える根拠としての価値観は、全然かっちりしていない、移ろいやすい観念であると考えざるをえないのです。

ある価値観、たとえば「自分の死後の家族の経済的安定は他人事ではないから、それに自分が準備しておくべき」とか、「トイレで用を足した後にお尻はちゃんと洗われるべき」とか、そのような価値観を前提にすれば、生命保険というサービスや、ウォシュレットというモノ、価値物に価値があるのは当然です。しかし、その前提のそれぞれの価値観をある人物が持っているというのは、全然当然ではないのです。

しあわせについてのイメージ、こんな暮らしがいいよな、という「当たり前の感覚」が変わるダイナミズムについて考えるために、ここで私自身の体験を紹介いたします。やたらこだわるようで恐縮ですが、またウォシュレットの話です。

記憶をひもとくと、私が最初に温水洗浄便座を目にしたのは、確か一九八四年（そのとき私は神戸のニュータウンに暮らす小学五年生でした）、一家で引越しをしたときに、痔で悩んでいた父が新居のトイレにそれを据え付けたのでした。「なんかすごいねえ、紙で拭くのと全然違うねえ」と家族総出で試しました。

私の周囲では、まだそれを購入する家庭は少なかったです。新居に遊びに来た友人がトイレを借りて、「何だろう、このスイッチは?」と押してみたら、顔から温水を浴びてトイレの床を水びたしにしたことを覚えています。

二〇年以上の時が経って、ひとまず戸籍年齢的には大人になった私は、製品開発論について調査研究する仕事に就きました。新職場は、東京の本郷三丁目の交差点に面したオフィスビルにあって、職場のトイレには最新モデルの温水シャワーがついていたうえに、便座と便座のフタが自動開閉式だったのでした。

個室のドアを開けて私が便座に接近すると、赤外線センサーがそれを感知して、ウィーンと自動的に便座が口を開けます。そして用を足して個室を出て行くと、やはりセンサーがそれを感知して自動的にふたが閉まります(個室の外で耳を澄ませて確かめました)。初めてその機能を見たときは、なんだか便座が人格を持っている気がして、そこに腰を下ろすのがちょっと怖い気がしたくらいです。

しばらく経って、久しぶりに母校の大学院の研究室に顔を出し、便意を催してトイレに行きました。個室に入りベルトを緩め、ジッパーを下ろして、さて便座に座ろうとすると、なんと(!)便座のフタがいまだに閉まっていました。母校の研究棟のトイレは、手動式の古いタイプの便座だったのです。それは知っていたはずなのに、なんだか少しイラッとしました。

えっ、自分で便座を上げなきゃいけないの？　個室に入る時点で「大」をするのは決まっているんだから、先を読んで上がっといてくれないの？　渋々自分でふたを上げて腰を下ろしたとき、ふと思ったのは、いつの間にか自分にとってのトイレの「当たり前」が変わっていたなあ、ということでした。

本郷のオフィスビルのトイレで最初に自動便座を見たときは少なからず違和感を覚えたはずなのに、今ではそれが自分の習慣の中に溶け込んで、無意識にそれを前提として行動するようになっている。ジッパーを下ろした後、なんら確かめもせず（！）振り向いて便座に背を向け、躊躇なくどっかりと座り込むように、仕草が変わっていたのです。

そしてまた、その変化を意識せずに肯定していました。手動式便座にイラッとしたというのは、そういうことでしょう。

■当たり前になる過去の贅沢

この経緯を、当時非常勤講師を引き受けていたある女子大学の講義で話してみて、学生たちに感想を聞きました。私立のミッション系の大学に通う彼女たちは、経済的にはそれなりに恵まれた家庭の子女が多かったと思います。

学生たちは、まず自動開閉式の便座のフタに対しては批判的でした。あまりにもそれは大それた贅沢である気がする。それに無批判に適応してしまうと、人はものぐさになりすぎるのではないでしょうか、何か大切な感覚が失われてしまうかもしれません。

そうですか？　では、ウォシュレット機能についてはどう思うものですか？　私がそう聞くと、学生たちの答えは対照的でした。「ウォシュレットについては全然贅沢と思いません。むしろあって当たり前、なくては困る当然の機能だと思います」。あれっ？

「皆さんはトイレの温水シャワーを必需の機能と評価して、便座の自動開閉は贅沢で不必要な虚需だというけれど、小学生当時の僕から見たら、シャワーだって贅沢でしたよ？　でも、それが当たり前だと思うように感覚が慣れました。自動開閉便座もそうなるんじゃないですか？

皆さんは単に、自分が小さい頃から、物心つく前から身辺にある温水シャワー機能は無意識に適応していて、当たり前に感じているけれども、自動開閉便座には慣れていないだけではないですか？　もし将来、皆さんのお子さんが小さい頃から自動開閉便座のトイレに慣れ親しんでいたら、皆さんが今温水シャワーを当たり前に受け取るように、それも当たり前だと評価するのではありませんか？

当たり前の機能とそうでない贅沢な機能、それを分ける客観的な基準があるのでしょうか？単に、自分の感覚が慣れているかいないか、生活習慣として親しんでいるかいないかの差だけじゃないのかな？」

私たちが皮膚や粘膜をシャワーで刺激されて感じる生理的感覚や、清潔感の快適さなどは、おそらくは人間の生物学的性質に由来するもので、もし仮にタイムマシンで縄文人を現代に連れてきてウォシュレットを使わせてみても、それはきっと心地良いだろうと思うのです。そういう生き物としての性質は、遠い過去から私たちの祖先の中にあったのに、そして、ポンプや温水器などの技術もかなり前からあったのに、ウォシュレットを価値として実現するための価値観ができるには、こんなにも時間がかかってしまいました。これはなぜでしょう?

私たちがどんな家庭に生まれてくるかを選べないように、実はどんな暮らしをしあわせと思うか、私たちのしあわせのイメージや価値観も、なかなか能動的に選べるものではなく、まるで動物への刷り込みのように、外部の他者から与えられる性質があります。私たちには、物心つく前から、なりたいものや食べたいものや買いたいものがありますが、それは私たちが主体的に選び取ったものではありません。

私たちは大きくなってから、ある程度は自分の価値観を自分で選び取り、コントロールできるようになる気がしますが、その「コントロールする自分」自身の価値観は、そうできるようになる以前に固まったもので、やはり過去を引きずっていて、何も自由ではありません。

小さい頃からの価値観を自覚してそれを乗り越え、書き換えようとすることもありますが、そうした試みも、不良少年が親や教師に反発するように、やはり過去の引きずりの一つのパターンにすぎないといえるでしょう。(2)

それでは、結局は人間の価値観は物心つく前の幼児期の体験に依存しているのであれば、親ならば子どもの価値観をコントロールし、デザインできるのでしょうか。しかし、それをしようとする親も、そのまた親の価値観に影響され、その親はまたその親に……と、どんどんさかのぼって、ちはやふる神代の昔までずうっと続く、歴史的な惰性がそれぞれの社会の価値観にはあります。

これはたとえば各地方の生活文化、なかでも郷土料理などを見ているとよくわかります。近代化以前に、その地方ではそれを食べるしかなかった、という時代なら、その地方独特の食材を美味しいと思い、それをいろいろ使いこなして食べこなす文化ばかりがそこで発達するのは当然です。しかし、技術的にも経済的にも多様な可能性が広がった後でも、相変わらずその食文化がそこでは健在であり、愛されていて、かといって他地域に広がるでもない、というのはよくあります。

せっかく昔はあった制約がなくなったのだから、これまでの食生活をゼロベースで見直して世界中から自分の好みにとって最適な料理をリサーチして選択し、リデザインしようという試

(2) 教員などやっていて、いわゆる「やんちゃな」若者のライフスタイルというのは、どうしてああもワンパターンの形をなぞるのか不思議でしたが、考えてみると、それだけ彼らの反発のスタイル自体が強力に他者に影響され、引きずられているのでしょう。

みはあまり聞きません。誰もそれを妨げているわけではないのに。

■しあわせだから、しあわせなだけ？

それなのに私たちには、何かしあわせを望む心の動きがあります。何かと何かを比較して、こちらのほうがまだもうちょっとはしあわせかなと思う、好き嫌いのような価値判断が働く基準があります(3)。しかし、それは科学的に究明された真理のようなものではなく、歴史的・社会的文脈でたまたま自分はそれをよりしあわせと思う、ということでしかありません。穴がたくさんあります。

結婚にたとえてみます。どこで誰とめぐり逢って結ばれるか、私たちの誰もそれを自分の理性で計画・決定できません。どういうタイプの相手を愛するかという価値観自体、自分でゼロからは決められません。見合い結婚であっても、まず誰と見合いするかは偶然の縁です。どんな社会のどんな家庭でどのように育つかという、自分では操作できない偶然に左右されて、あるタイプの誰かにひかれる自分になってしまいます。そのたまたまの偶然を運命の最高の出会いと思うとしたら、よほど自分の強運に自信がある方でしょうか。

ちまたのラブソングの文句にもありますが、それでも世界中から君を見つけたよ、というような理性的選択肢はあくまでレトリックです。私たちは考えられる選択肢のうちから吟味の末に、自分にとって一番しあわせなライフスタイルを審議し、決定したわけではありません。

夢もロマンもないことを申しますが、世の中のたいていの夫婦は、配偶者を選ぶときに、たまたま縁があって交流できた、数人からせいぜい数十人か多くても数百人の候補者の母集団の中から、確たる客観的基準もあるでなく、有意性のある統計分析を行うでもなく、主観的に、インスピレーションで意思決定しているにすぎないでしょう。

それと同じように、私たちの価値観、しあわせのイメージも、狭い範囲の観察対象から、たまたま縁があった中から、かなり受動的に選び、受け入れただけにすぎないといえるのではないでしょうか。私たちが生活しながら叶えたいと思うしあわせな状態とは、そんなに保証付きの良い状態だと言い切れるものでしょうか。

この現象は、企業における技術開発と比べると、非常に面白い対照があります。たとえば何らかの機械製品を開発しようというときに、製造業企業は当たり前のこととして手を尽くして技術情報を収集し、世界レベルで競争水準に達するために日常的に知識を開発しようと努め、そのための専門家人材を組織しています。そもそものために知識も体系化され、用語も統一され、専門家の教育訓練システムも整備されています。

それは技術開発が、つまりは「しあわせになるための」手段の開発であり、コストパフォー

（3）禅の用語では、この価値判断の基準のことを「分別」と呼びます。

マンスの優劣を比較しやすいからです。今、学界が入手している知識の範囲での最適解はどれか、決定しやすいということがあります。

ところが、「何がしあわせか」を考える。つまり、手段ではなく目的を考えると、その目的の設定自体の最適解とは何なのか、決めようがありません。技術は何かを制御しようとする目的の下での手段の優劣を比較できますが、最適な目的というのは抽象的にしか考えられません。最適な目的を考えられるとすると、それはもっと大きな目的の下での中間目標でしかなくなる、つまり、大目的を達成するための手段を表現することの一つ、ということになってしまい、語義矛盾です。

ある目的に合わせて現時点で可能な選択肢のうちから最適の手段がどのようなものか、という問いには、合理的に答えることができるでしょう。しかし、その目的そのものを合理的に決定するすべというのは、どこにあるというのでしょうか。どんな状態をしあわせと思うか、価値観のありようを評価するとは、そういう行為なのです。

私たちはふだん製品開発を、理知的で合理を追求する営みとして観察することが多いです。実際にも、少なくとも心がけのうえでは、それは合理的であろうとする行為でありますが、その前段階、企画という行為は、むしろ全く理知的ではなく、歴史的偶然に翻弄されるアクシデントと表現するにふさわしく、理詰めでしゃっきり成果が積み上げられたものでは全くないのです。

身もフタもないことをさらに申しますが、私たちにとって何かの暮らし方、それがしあわせなのは、それがしあわせな暮らし方だから、つまり、私たちがそれをしあわせと見なす価値観の中で生きてきたから、という以上の根拠があるものでしょうか。たまたまそれをしあわせと見なす社会の価値観の歴史、文化史に流されて生きてきたから、でしかないのではありませんか。

本書の読者の多くは日本語文化圏の出身だと想像しますが、スコットランドに代表されるキルトスカートを男性が身につけたりするでしょうか。あるいは、フィリピンやベトナムの伝統料理の一品であるバロット（アヒルの雛が孵化する直前の卵を茹でたもの）を食べたりするでしょうか。おそらくは本書の読者にはそういう人は少ないだろうと推察します。

しかし私たち日本文化圏の土着民はなぜ、（男性の場合は）キルトスカートを身につけずにズボンをふだんはくのでしょうか？　技術的にキルトスカートがつくれないわけでも、はけないわけでもないはずです。また、私たちはなぜバロットを食べないのでしょうか。日本で有精卵が手に入らないわけではないのに。逆に、私たちはなぜ生卵をご飯にかけて食べるのが平気なのに、日本に来た外国の人のかなりの部分は、それを見てたじろぐのでしょうか。あるいは、私たちの多くはなぜ、フランス人のように日常的にカタツムリを食べないのでしょう？

他に原料資源がないとか、生産技術がないとか、使用する設備がないとか、そういう理由があるならば、それはよくわかります。しかし、それらの理由は豊かになり、グローバリゼーションも進んだ今の時代には、説明にはなりません。

私たちの生活様式、文化、暮らし方は、何らかの形を、何か一つ採らざるをえません。そして、その暮らし方が少しでもしあわせであれと願いつつ、自分たちの暮らし方を組み立てようとしているにもかかわらず、私たちは白紙に絵を描くように、更地に家を建てるように、しあわせをデザインできているでしょうか。

とりあえず今、私たちが選べる暮らし方の選択肢というのは、非常に限られたものでしかありません。生活者としての私たちは、持てる知識や経済力などの資源も限られた、非力なバラバラの個人であり、その個人の力で乗り越えられる文化的、技術的、経済的、社会的制約は、残念ながらあまり多くないのです。その結果、今ある暮らし方をしているのは、今ある暮らし方に合わせて社会ができあがっているから、というトートロジー的な理由でしかないでしょう。

だからといって、やはり、しあわせを模索し続ける私たちの暮らし方は、過去の延長線上に惰性と慣性で続いていくわけではありません。

誰もしあわせについて「合理的」かつ「最適な」暮らし方の正解を知るには、あまりにも力不足です。私たちのうちで最も裕福な人でさえも、その正解を知るための必要に比べれば持っている資源は非常に少なく、知識も乏しく、たまたま縁あって、今の暮らし方を選んでいる。私たちの生活は、つまりは何が具体的な目的かもよくわからず、時には仮説を立てながらも、それも混乱しつつ生きていて、目的合理性もよくわからず、最適化もできないという状態にあるからだと思います。

であるならば、私たちの誰もが、新しい文化を開発して、さらなるしあわせを追求しようとするプロジェクトのフロンティアに立っているということです。どうとでも転がりうる偶有性の可能性が目の前に広がっています。それが後から正解になるかもしれません。

そこで最初に考えるべきは、「問題の開発」についてです。次章ではその説明を深めます。

第3章 「問題」そのものを開発する

二人の靴のセールスマン

二人の靴のセールスマンがいた。セールスマンたちは同じある南の島に派遣された。二人がそれぞれ本社に連絡をした。

一人のセールスマンは連絡した。「この島の靴の市場は非常に有望だ。なぜなら住民は誰も靴をはいていない」

もう一人のセールスマンは連絡した。「この島の靴のマーケットは絶望的にありえない。なぜなら住民は誰も靴をはいていない」

ビジネス系自己啓発本などでこの逸話が紹介されると、セールスマン二人で何が違うかというと、やる気が違う、と説明をします。そして、売れなくても頑張って売らなければね、楽天的にポジティブシンキングしよう、といった精神主義的な意味づけがされることが多いです。これはもともとは、深田祐介さんの『炎熱商人』という小説、総合商社の人たちがフィリピンのマーケットに食い込んでいくストーリーを書いた作品ですが、その中で紹介される寓話で、単にポジティブに努力せよ、という話ではないのです。

二人のセールスマンが見た南の島のありようというのは一緒です。しかし、一人はその島の人たちの今の暮らし方、ライフスタイルは靴を履かないライフスタイルではあるものの、ライフスタイルを変えることができれば靴が売れるのではないかと思いました。そうならば、一番最初から積極的に靴を売り込んだら独占市場になる、あるいは先行者優位であって、他者が追いつくまでは売り放題じゃないか。というように、その島のライフスタイルは変わりうるものだと考えれば、その島は市場として有望だという判断になります。

しかし、もう一人のセールスマンのように、その島の暮らし方は外からやってきて、私たち外国の企業がどういじろうとしても変わるものじゃない、と思ってしまうと、もともと靴を履く習慣のない人たちに靴を売ろうとしても、できるわけないじゃないか、となってしまいます。

つまり二人の違いというのは、単純にやる気があるとない、積極と消極などではありません。ある地域社会の人たちの生活様式、ライフスタイルというのは変えようと思えば、もしかしたら変えられるんじゃないかという見方と、そんなものは変えられっこない、という見方の違いと考えるべきです。では、どちらの見方が正しいのでしょう?

いったい世界で最初に靴を履いたのは、誰なのでしょう。考古学に詳しい人に聞けば、それが世界のどこで、いつ頃のことであったのか、具体的なことがわかるのかもしれませんが、それが世界のどこであったにしても、おそらくは、その歴史的な瞬間まではヒトたちは靴を履かないのが当たり前で、靴というモノのことも知らず、素足を不自由とも思っていなかったでしょう。

そこに誰か、おそらくは身体的にも虚弱で、足の裏が繊細な、そして痛みに弱い、なにかにつけ楽をしたがるタイプの、野比のび太的なキャラクターの少年が、葉っぱか獣の毛皮かはわかりませんが、それに草の蔓で鼻緒のごときモノを通して足の指に引っかけて、何かをでっち上げたのではないかと思うのです。それを見て周りの無理解な大人が「最近の子どもは、ひ弱になった」とか批判したり、いろいろあったのではないでしょうか。私の勝手な想像ではありますが。

そして今となっては、現代の私たちの多くは、つまり本書の読者のほとんどはおそらく、日常的に靴を履くことを当たり前と思っていらっしゃるでしょう。そのときに、靴文化を成り立たせている要素として、靴をつくる技術の開発・改善をまず重視されるのではないかと思います。それも無理はありませんが、ここでさらに未来を想像してみましょう。

ＳＦ的空想ではありますが、はるか未来ではもしかすると、私たち人類は反重力エネルギーを利用していつも地上に浮いて生活しているかもしれません。そうすると足を地面の異物から保護する必要性がないわけですから、靴を履く文化は廃れているかもしれません。

あるいは、その頃私たちの子孫はスペースコロニーに移住して、当然生活空間はみな屋内であり、もしかしたら快適性を重視してニュータイプ・ハイブリッド・イグサの薫り漂うスペースタタミμなどというようなシートの上で素足で過ごしているかもしれません。そのときに私たちの子孫は、母星地球の遺跡から考古学者が発掘したはるか古代、二一世紀のクツなるものを履く気になるものでしょうか?

もし履く気がなくなっているとすれば、それはなぜでしょう? 靴よりもっと便利なものが登場したとすれば、靴文化は廃れるかもしれません。しかし文化の盛衰とは、そういう要因ばかりで起きるものでしょうか。

あるいは最初のサーファーについて想像してみます。ものの本を見ると、サーフィンというのは西暦四〇〇年頃、古代ポリネシアで始まった文化らしいですが、ヨーロッパ人で最初にそれを見たのは一八世紀後半、太平洋の探検航海に出たジェームス・クックだといいます。そして、今では世界中の浜辺で老若男女、人種民族を問わずいろんな人がサーフィンをしている始末です。

ここで第1章で触れた「なぜエジソンにウォシュレットがつくれなかったのか?」という問いを思い出してください。そして、その問いを今度はこちらの分野で当てはめてみましょう。「なぜクックの時代まで、ヨーロッパ人にはサーフィンを思いつけなかったか?」(もちろん、ここではヨーロッパ人ばかりを責めてはいられず、私たち日本人の想像力不足も同じことですが)。

確かに気候風土的に、ポリネシアではサーフィン文化の発達に適した条件に恵まれていたかもしれません。しかしポリネシア以外に、コートダジュールでもカリフォルニアでもエーゲ海でもモルディブでも湘南海岸でも、昔から波は寄せ、風は吹いていたはずで、木の板もあったはずです。

それならばポリネシア以外の世界中の人たちは、「ああ、自分たちはサーフィンという文化を開発できていないなあ、それを問題として設定することができないでいるなあ」と自覚できたでしょうか? それはできなかった、そのことがまさに問題設定の問題なのです。

一度、「ははあ、ああいう板を使って波に乗る遊びというのは面白そうだな、あの板はどんなふうにつくって、どのように使えばいいのかな」という問題意識が持たれてからは、技術開発が課題になるでしょう。やれウレタンフォームを使えば軽くなるとか、フィンの形はこうしようとか。そうしたものづくりの問題の解き方は、サーフボードに限らず、いろんな工業製品に適用され、磨き上げられてきました。

「問題」とはそもそも何か

しかし、それがあまりにも目覚ましいので、見落とされていることがないでしょうか。それは、そもそも「板を使って波に乗れば面白いじゃないか」と思うこと、それを問題として意識すること、問題として設定することが、ある地域は最先進地域のポリネシアより一四〇〇年も遅れた、ということです。ポリネシア以外の地域は、一四〇〇年も遅れて、やっと先進地域の先行事例を見て模倣しただけですね。

つまり、ことサーフィン文化の開発に関しては、一四〇〇年間、ポリネシアはヨーロッパに先行していたわけです。確かに現代で、話題をたとえばサーフボード製造の技術開発に移すなら、いわゆる「先進工業地域」に立地する企業がタヒチやハワイなどの在ポリネシアのメーカーより優っているかもしれませんが、それはサーフィン用品関連市場が創造されて、かなりの時間が経ってからのことです。

新しい市場ができるとき、最初になされるのは、ヒトの新しい生活習慣や振る舞い、つまり新文化の開発です。新しい生活様式がなければ新しいモノやサービスも必要とされず、したがってその市場も創造されるはずがない。そして新文化の開発の最初には、まず問題の開発、新しい問題の設定があります。

まず新しい問題が設定されて、「こういうモノ（あるいはサービス）が必要だ」という価値判断や問題意識が普及して、新しい文化が開発される。しかる後にそれを改良する競争が始まる。技術開発が必要になるのは、新市場が創造されてからのことです。

世の中ですでに意識されている問題や課題として設定されている問題が解けないでいること、つまり技術開発の不足や至らざる点については、取り組んでいる人たちは「ああ、もっとこんなふうになればなあ、こんな感じにしたいなあ」と、日々ひしひしと感じています。

それなのに、それを問題として意識できていないことというのは、当たり前ですが、それについて無自覚、無意識なのですから、痛みを感じません。つまり、技術開発の不足は気づきやすいが、問題開発の不足は不足とさえ思わないのです。

こんなことでよいのでしょうか？　だから、なかなか新しい市場ができないのではないでしょうか？　とするならば、現代の私たちが、まだない新しい市場を創造したいならば、やはり文化の新開発の第一歩としての、問題開発に着目するべきではないでしょうか？

私たちはもっと、自分たちが気づけていない問題に思いを馳せるべきではないでしょうか？

しかし、問題について考えるとは、いったいどういうことでしょう？　問題とは何なのでしょう？　そもそも、私たちが気づく前からすでに問題とは問題として存在するのでしょうか？

たとえば古代、最初に靴を履こうと思った誰か以前には、誰も靴を履くということを思いつけなかったわけです。しかし、それを思いつきさえすれば、おそらく最初の頃の靴というのはきわめて簡単につくれる程度の技術水準でつくれたでしょう。そして、靴をつくってみれば、足の裏は痛くないわ、すべりにくくなるわ、遠くまで歩いても疲れにくくなるわで、良いことずくめだったのでしょう。だから周囲のみんなが、我も我もと真似するようになって、何千年後の現代の私たちも、今や素足では歩かなくなりました。

おかげで今日、ビジネス的にも、世界中で各種履き物とその関連商品の市場ができて、ナイキとかフェラガモとかＡＢＣマートとか、近年では、あのゴムサンダルのクロックスとか、老舗では下駄や草履をつくっている浅草の高橋慶造商店とか、あまたの企業の事業が成り立っているわけです。

これらの事業の存立を説明するときに、その市場の始まりを引き起こす最初の基盤とは、技術でしょうか、それとも問題意識そのものでしょうか？　革のなめし加工技術とか、靴の甲と底の縫合接着とか、産業が立ち上がってから、その後の発展の経過では、技術革新が焦点になるかもしれません。しかし始まりは、そもそも靴を履く習慣が生まれたという、問題開発こそが重要なのです。

では、その問題の開発はどのような契機で行われたのでしょうか。ここでまた、第1章でウォシュレットについて感じたような懐疑を禁じえないのです。どこかの誰かがそれを問題と見なすまで、「人々の足が適切に保護されていないことはいけないなあ」という問題が、その「最初に靴を履いた誰か」が現れるまで、それまでずっと見過ごされていたということでしょうか？　そうだとすると、私たちの祖先に何か不甲斐なさを感じなくもありません。もう少しなんとかならなかったのでしょうか？

まず、「問題」とはいったい何なのか？　読者の方々にじっくり考えて、「悟り」を開いていただきます。まず、写真３－１をご覧ください。

実はこの「物体」は、私がかねてからお世話になっている、東京都品川区のファイン株式会社の清水和恵さんが開発された、「レボＵコップ」というヒット商品です。できたら現物そのものをお目にかけて、手でいろいろ触って推測していただきたかったのですが、写真でもなかなかのトレーニングになります。

では、想像してみてください。この物体は、どうしてこんな形（構造）をしていて、そしてどのように働いて（機能して）、いったいどんな役割を果たすため（目的）のものでしょうか？

一見すると、コップの一種のようです。しかし、普通のコップとは明らかに違うところがいくつかあります。たとえば、コップの飲み口が水平に切られてはいません。斜めになっていますが、これでは使用に支障があるのではないでしょうか。なんでこうなっているのでしょう。

また、コップの持ち手のような部分は、取り外せるようになっているようです。しかし、

▶写真３－１
これはいったい何でしょう？

コップの持ち手なんて、取り外せなくてもよいのではないでしょうか。なんで別々になっているのでしょう。一体成型より加工賃が高くなりはしないでしょうか。

しかし、わざわざこうしているということは、何か理由があるのでしょうか？　そうです、このコップは、誰かがわざわざそのように設計して、そのように生産した人工物ですから、何かの合理性に基づいてこのようになっているはずです。それが皆さんに、現時点ではおわかりになるでしょうか？

■商品を遺留品のように推理する

私が大学の講義で、やはり学生たちにこのコップを見せるときは、「君たちには腕利きの刑事になってもらいます。殺人事件の現場に遺された遺留品のこのコップから、ふだんこれを使っている犯人はどのような人物か、推理をして、この捜査会議で捜査一課長の僕に報告してください」なんて言います。最近の学生刑事には、懐からスマートフォンを出していきなり製造元の企業名でグーグル検索をする、なんて荒技を使うのもおりますが。

写真では見えにくいかもしれませんが、実はコップの壁面には、一〇ミリリットル単位の目盛りが入っています。なんでそんなに細かいんでしょう。そしてまた実は、コップの底には、「耐熱温度摂氏一四〇度」と書いてあります。しかし、この樹脂製らしきコップが、一四〇度に耐える必要があるのでしょうか。

よくあるプラスチックのコップは、そこまでの耐熱性はないようですし、しかもそれをわざわざ明記しなければならないというのは、誰に対してのメッセージなのでしょう？　まず形を見ても、不思議なことだらけです。

いろいろ試行錯誤はしたものの、やがて学生たちのたどり着いた推理は、次のようなものでした。

「飲み口が斜めになっているのが不思議なんですけれど、ここが普通に平らになっていては、できないことができるんじゃないでしょうか。

もしそれが、薬とか、そういうものをきっちり測る必要があるコップならば、そして病院とか介護施設とかで使われるものなら、薬を飲む人が、寝ていても飲めるように飲み口がそうなっているんじゃないでしょうか。というのは、うちの祖母が入院したときに、横になったままお茶を飲みたいって言うので、あの『吸い飲み』っていうのを買いました。それと同じようなことが、その飲み口が凹んでいるほうを口に当てたら、あまり苦労なく液体が口に流れ込んでくるんじゃないでしょうか」

では、さっそくやってみましょう。一人、実験台に横になってもらいました。コップにお茶を注いでみます。飲めますか？　あれ、唇が濡れるところまでは簡単だけれど、横になったままではこれでは飲めない？　飲もうとすると底に残る？　どうすればよいのでしょうか。

「やってみたら思っていたのと逆でした。これ違いますよ、飲む人が垂直に立って使うんでしょう。飲み口が凸のほうから口にしたら、コップを傾けても、飲み口の反対側が鼻に引っかからないので、飲み物が全部、口の中に流れ込んできます」

普通のコップだってそれは可能じゃないですか？「それだと、首を後ろに曲げてあお向かなければいけないようです。でも、うちの祖母みたいに、それができない場合もありますよ。だから、寝ている病人とかじゃなくても、首を動かせない人とか、ケガをしたり障害を持ったりした人向けの特別なコップでしょう、これは」

実はこうしたやり取りが、三〇分くらいはああでもないこうでもないと続いたのですが、試行錯誤の末、学生諸君はなかなか良い推理をしてくれました。ここではそれをちょっと整理してあまりにもよくできたやり取りにしてしまいましたが、読者の方の仮説、推測の展開と比較して、いかがだったでしょうか。上記のようにして学生たちがたどり着いた推測は、確かにもともとこのコップをデザインしたファイン社のねらい、商品の設計意図をしっかりと見抜いていました。

あとから見れば、いろいろ見当違いの仮説も出るかもしれませんが、それだからこそ、「商品の機能や目的というのは、何でも見たまま一通りにしか決まらないものとは限らないのでは？」という疑問を感じていただきたかったのです。

■商品の価値は認識に依存する

先ほどコップの写真を見ていて、しばらく「これは何のためのものだろう？」と考えていた時間に、読者にとって、あのコップに何か特別な価値があったでしょうか。あの青くて丸くて上辺が斜めで赤い取っ手のごときものが付いている「未確認存在物体」は、いったい何だったのでしょうか？

このような構造のものがあのような機能を発揮して、どのような目的を達成するというのだよ、というロジックが、せめて一つの筋としてでも仮説が見えるまでは、あの物体に何かしら価値はあったでしょうか？　出来損ないのコップの価値しかなかったのではないでしょうか。

しかし、ひとたび、「この物体は、このような構造からそのような機能を発揮して、かのような目的を達成できるのです」という説明を受けると、あの物体はそれ以上の価値を持つように思えた、また、実際に価値を持ったのではないでしょうか。

そのときに私たちは、あの物体に指一本でも触れて加工して形を変え、それによって働きを変えさせたりしたでしょうか。そうではなく、見たり触ったり叩いたりはしたものの、それはあの物体の性質についての情報を得るだけで、物体の側が変化したわけではありません。

変化したのは、あの物体を見る私たちの脳内の認識です。つまり、何かの物体が価値を持っているか否かは、それを見る人の認識に依存するのです。煎じ詰めると、価値とは、認識上の

▶図３−１　同じ物体を見ても、それが解決する「問題」を問題と思う人、思わない人

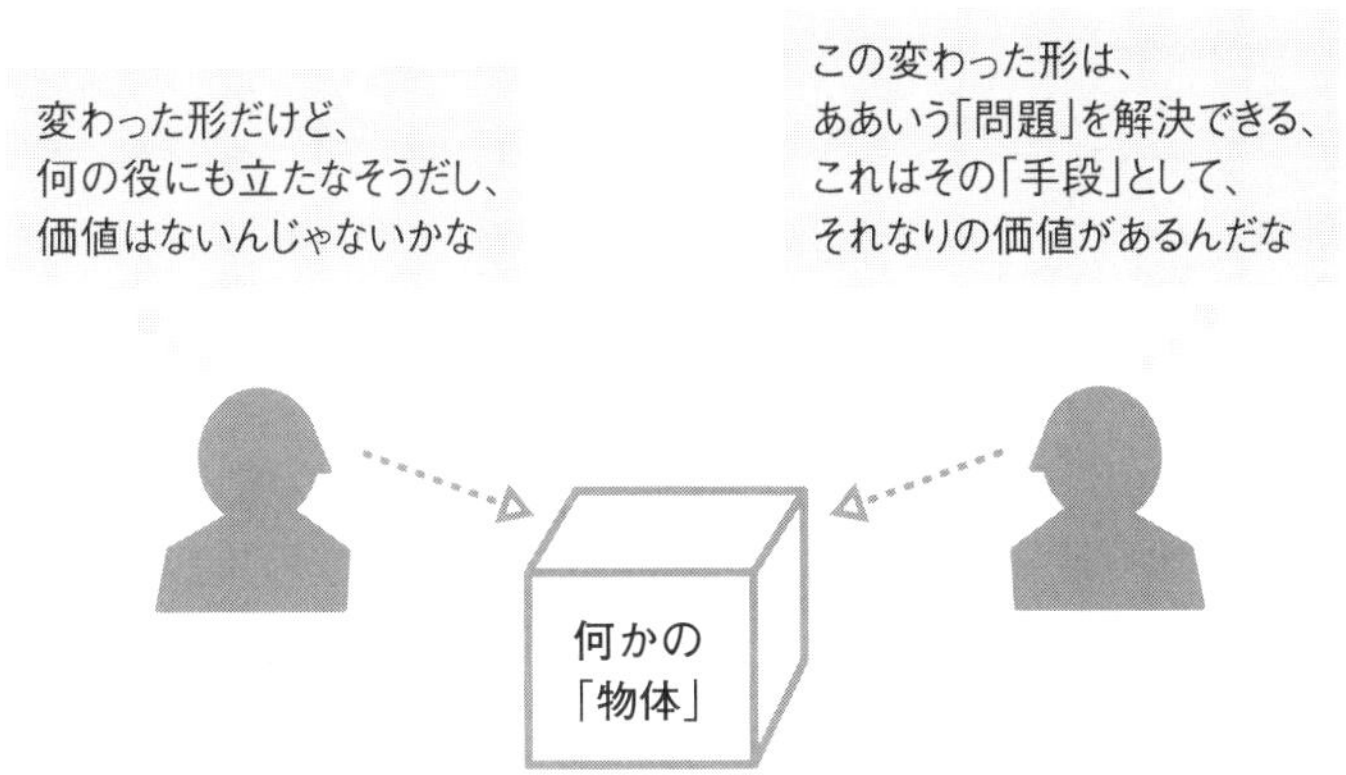
変わった形だけど、
何の役にも立たなそうだし、
価値はないんじゃないかな
この変わった形は、
ああいう「問題」を解決できる、
これはその「手段」として、
それなりの価値があるんだな
何かの
「物体」

現象なのです（図３－１）。

レボＵコップの事例から、ある「物体」が価値を持つためにはどのような条件が満たされなければならないか、面白いことがわかります。まず、その物体が解決できる「問題」を、やはり自分も「問題」だと思う人にとってしか、その物体は価値がないのです。

レボＵコップの場合は、ケガや病気、障害などの理由で「首を曲げることができない人」たちがいて、その人たちは普通のコップでは、鼻が当たるのでコップを傾けて液体を飲み干すことができません。ここまでは誰が観察してもそうである、客観的な事実です。

ここから先が主観の話になります。ある種の人たちは、普通のコップでは液体を飲み干すことができませんが、「でも、それが何だというのですか？」と思うとしたら、それは

別に問題ではありませんね。これまでと同じように、これからもずっと、その人たちはわざわざ後からスプーンでしゃくって口に運ぶ手間をかければ、それで済む話であります。

しかし、「いや、そんなことをその人たちにさせていてはいけないな。やっぱりそういう手間はないほうがいいよな」と思う、「これではいけない、もっと良い状態にするべきだ」という理想を抱いた瞬間、「首を曲げられない人たちは、普通のコップでは液体を飲み干すことができない」という客観的事実は、主観的「問題」としても認識される対象になります。つまり、問題とは理想と現実のギャップ、そのものなのです。

人間が「現実」を正しく観測することもあまり簡単ではありませんが、もしそれができたとしたら、それは客観的な事実ではあるでしょう。しかしその現実とは違う、そしてその現実よりも、もっと望ましい状態、つまり理想を抱いたとして、「その状態がもっと望ましい」というイメージは、客観的なものでしょうか。そうではなく、誰かが抱いた主観的観念や価値判断でしかありません。

そしてもし、「そうだね、確かに首を曲げられない人たちだって、手間をかけずに楽に液体を飲み干せるほうがいいよね」と誰かがその価値判断に共鳴したとしても、それで、その理想のイメージが客観的になるでしょうか？

結論を言えば、客観的にはなりません。仮に地球上の人類全員がその理想のイメージに共鳴したとしても、それでも、その観念は主観的で、ただその主観が多くの他者と共有されたということではないでしょうか？

つまり、商品に価値を持たせるのは、どこまでいっても、やはり主観なのです。

■価値とは存在ではなく、現象である

以前、ある国際学会で、私はレボUコップといくつかの介護用品の開発事例を引用して、日本の介護用品市場がどのように創造されていったか、という報告をしました（といっても、「介護」という言葉は日本オリジナルで、英語ではなかなかうまく当てはまる語彙がなく、悩んだ末にelderly care product〔高齢者看護製品〕と訳しましたが、この「介護」という語彙が日本発祥という点については、第4章で触れます）。

そのときも、やはりワークショップの参加者にこのコップを回覧して、一通りのデモンストレーションをした後、「さっきと今ではこの物体についての皆さんの認識は変わりましたよね。認識が変わったら、皆さんはこの物体に価値を感じるようになったでしょう？」と訴えました。

世界各国から経営学者だけでなく、歴史学者や人類学者、社会学者も集まっている席で、認知の変化がどうたらという観念的な話を、つたない英語でうまく表現することができるか、大いに不安だったのですが、〝Value is not existence, but phenomenon〟（価値とは存在ではなく、現象である）と言ってプレゼンテーションを締めましたら、幾分かは伝わったようでした。

印象的だったのは、学会後の懇親パーティの席での指摘でした。「ヒデミチが紹介したあれらの介護用品は、非常に面白いし、よくそんなことを問題だと思うところから商品開発を始められたと驚くけれど、そういうところがいかにも日本人らしいですね」と言ったのは、韓国人の文化人類学者でした。普通、人類学者は「いかにも〇〇人らしい」というような表現は民族に対するステレオタイプということで、あまり使わないものですが、このときはその感に堪えずという様子でした。その彼女が言いました。

「私が以前、日本に留学したときのホストファミリーは、非常に親切に接してくれて、あれこれと日本の生活習慣について教えてくれたけれど、そのときに思ったのは、日本の社会では生活の快適さとか、便利さに対する要求水準が韓国社会と比較して非常に高くて、それを実現するためのモノがいろいろ開発されているということでした。

それは経済水準の違いから来ると今まで思っていましたが、そればかりではなく、文化的要因ではないかと、あなたの報告を聞いて思います。韓国では、近代化が進んで昔ほどではなくなりましたが、儒教の倫理観の影響がこうした介護用品の開発に対するセンスを鈍くしたかもしれません。たとえばメガネのような自分の身体能力の劣弱を補う道具を使うことは、自分の身体をつくってくれた祖先への批判になるということで、あまり良い行為ではないという価値観が、以前にはありましたから」

この指摘を受けたとき、私はとっさに「身体髪膚これを父母に受く、あえて毀傷せざるは孝の始めなり」という文句を昔に漢文の教科書か何かで読んだっけ。でも、英語では何と言えばいいんだろう？　と思って口ごもりました。すると今度は、インド人の歴史学者が話してきました。

「介護用品の開発をするうえでの問題の設定には、やはり伝統的価値観の影響があるでしょう。たとえば身体障害者の障害の克服に対する積極性には、宗教によってはカルマ（業）という概念が関係するかもしれません。もし障害者の障害が、輪廻転生の前世での悪行の報いだと見なすなら、現世ではその障害がもたらす困難に耐えることが、来世での救いを導くと思うなら、介護用品は使わないほうがよいと思うかもしれませんね」

いかにも直訳調の表現なのは、私の翻訳のつたなさの反映ですが、こうした指摘は改めて、「ああ、やっぱり価値というのは文化的現象なんだなあ」と自分により強く確信をさせました。ふだん日本にいる自分の身の回りには、たくさんの同業者や経営学者たちがいて、そこでの議論はついつい、ものづくりを技術的なテーマでばかり語ってしまいます。

その議論の枠組みでは、モノについて「つくれるかつくれないか」、頑張ってつくったモノは何らかのことを「できるかできないか」ということばかり問題にしてしまう。したがって商品については、製品技術が実現する機能と、生産技術が実現するコストの二元方程式の問題として捉える傾向が強くなってしまいます。

確かに、ある商品がある状況で開発されるという実績には、そもそも技術的にそれが可能かどうかということは大前提にはなります。しかし、技術的にそれがつくれるかどうかということは、それでつくれたものに価値があるかどうかということとは直接的な関係はありません。技術は確かに機能を支えはしますが、「機能＝価値」ではありません。価値を支えるのは、違う要因です。

何かつくるのが難しいモノをつくれた、そのつくったモノで何ができるようになった、そういう技術の議論の手前で、「何ができるようになることをよしとするか」ということが問題なのです。価値観や生活にどのようなしあわせを求めるか、ライフスタイルのデザインの話、つまり文化の議論がなによりも先にあるはずです。

そして、念のために申し上げると、価値が文化的現象であるという事実は、モノばかりではなく、物理的実体ではないサービスにも当てはまります。サービスが解決する問題も、結局は共有される主観的観念だからです。何らかのモノやサービスなどの物体や存在に価値を認めるかどうかは、文化的要因によるのですから。価値とは、文化的な現象なのです。

■問題は発明の対象である

レボUコップという介護用品を例にとると、確かにそれをつくることができるかどうかという技術的課題は一応は存在します。しかしこの商品の場合は、製造に必要なのは社会的にありふれた樹脂成形技術ですから、特に価値を実現するうえでのボトルネックとはいえません。

他にも考えてみれば、そもそも日本社会にこの商品を必要とするような高齢者や障害者が多数存在しなければ、この商品の市場が存在しえないでしょう。高齢化社会が到来して、この商品を必要とする人が増えてきたということも、この商品にとって追い風となりました。さらには、その高齢者や障害者に購買力がなければ、やはり商品が流通しないのですから、日本社会の豊かさということも、商品が商品として成立するための土壌といえるでしょう。

技術的、社会的、経済的、それぞれの要因は、まさに商品のための土壌ではあります。しかし、土壌がずっとただの土壌で終わるか、そこから木々が繁ってやがて森となるかは、一番最初の段階、「それを問題として設定すること」、つまり問題の開発こそが、すべての始まりの「種」なのです。

そして、その問題の開発こそは、「どんな暮らしを理想の暮らしとして掲げるか」、つまり価値観、文化のデザインの問題です。仮に身体に障害を抱えている人を見ても、それをたとえば、「かわいそうだから楽にするツールをつくってあげられないか」と思うか、「どんな身体も先祖からもらったものだから不平を言わずに堪え忍ぶべきだ」とか「今は苦労をしても、それは結局は本人のためになるのだ」と思うかで、理想のイメージやしあわせの構想は変わってきます。

そして、その「暮らしはいかにあるべきか」という理想のイメージの違いや、その理想に近づくためにどのような経路をたどろうとしているか。その違い、それがまさに各社会の文化やライフスタイルの違いなのです。新しい商品で新しい市場をつくるという行為は、否応なしに、新しい文化をデザインすることと同義になります。

その商品がうまくつくれるか、うまく機能するか、それは確かに価値を実体化するうえでは重大な問題です。しかし、もしそのようなモノを実体化できるとしても、それに価値があるかどうかは、最初の問題意識をどう設定し、それがどのように共有されるかに、すべて依存します。そして、最初の問題意識の設定は、まさに文化そのもののデザインという作業にほかなりません。

ある商品がより便利とか、より効率的とか、それらの価値判断は、どれもまず最初に問題が設定されてから、それをよりうまく解決するための改善に伴う思考スタイルにすぎません。一般的にそれらは「問題発見」などと呼ばれますが、実はそれはすでにある理想をどのようにして、よりうまく経済的に達成するか、どのような目的を果たすか、現実と照らし合わせる照合作業にすぎないのです。

たとえば某有名自動車メーカーの工場では、年間に一〇〇万件も「問題が発見」されるといいます。しかしそれらは、「かくあるクルマを製造するに際して、より経済的に行うための障害となっているポイントをピックアップする」作業でしかありません。そこでは改めて何か「どのようなクルマが理想か、それによって実現できるどのようなライフスタイルが理想か」

という構想が生産現場ではなされているわけではないからです。

その工場で行われている「問題発見」は、すでにある「何をつくるにせよ、それをつくるに際してより効率的で失敗がないのは良いことだ」という価値観を現実に忠実に適用しようとして、その具体的な問題点、改善すべき対象を一〇〇万カ所見つけたにすぎません。もちろん、それもなかなかの苦労ですが、それは「生産の論理」にすぎません。ある何らかの暮らしを実現するコストを安くしようというのは、それは良いことに決まっていますが、逆に言えば、それは実現される暮らしがどのようなありようかは問わないで済むわけです。

「生活の論理」に立つならば、「じゃあ、どんな暮らしが良い暮らしなのだろう」という問題を設定しなければなりません。それは私たちが気づく前から客観的にそこに存在するという行為ではなく、私たちがそれを問題と思わなければ、その時点以前には問題でも何でもない対象を、問題と見なすようになる、という行為です。つまり問題意識そのものの新開発です。その行為を既存の問題意識に照らした具体的な問題点のピックアップと同じように、問題の発見と呼ぶのは誤解でしかありません。実はこの行為は、正しくは「問題の発明」なのです。

発明と発見はどう違うのでしょうか。たとえば「大洋で無人島を発見する」とは言いますが、「無人島を発明する」とは言いません。無人島はそれを見つける前からそこに存在し、仮に見つけなくても、その無人島が存在しないわけではないからです。人間がそれについて認識していようがいまいが、そこにある存在を初めて認識するのが発見です。

これに対して発明は、人間がそれをつくりあげるまでは存在しないモノを新たにつくりあげる行為です。エジソンが蓄音機を発明したとは言っても、発見したとは言いません。蓄音機の素材になる物質や、それが機能する原理は、人間が認識しなくても、それ以前から客観的にそのように存在したかもしれませんが、それはあくまで発明の材料にすぎません。蓄音機という存在が、エジソンがそれをつくりあげる前から存在していたわけではありません。エジソンが人為的につくらなければ、それは今でも世の中にない、つまり発明の対象なのです。

私たちは「ガリレオ・ガリレイが凸レンズと凹レンズを組み合わせて天体望遠鏡を『発見』した」とは言いません。光の屈折のような自然法則はガリレオが知る前から存在しますから、それは発見の対象であっても、それを利用して遠くからの光を拡大する装置もガリレオがつくる前から存在したわけではありませんから、これはやはり彼の創造性の成果としての「発明」なのです。

そして、私たちが「この状態は別のそうであるほうが望ましい、そうなるべき」と思う状態の構想、それ自体も発明の対象なのです。先に紹介したレボUコップを開発した、ファイン社の清水和恵さんという方がそれに気づくずっと前から、世の中にはたくさん「首が曲げられないので、コップの水を飲み干せない人」というのはいたのですから、その状態自体は発見の対象です。

しかし、それはあくまで現状であって、それとは違う観念としての理想の状態は誰かが構想して初めて存在するのであり、当然それと現状とのギャップとしての「問題」も、発明の対象ということになります。

私たちは問題そのものは発見の対象で、それを解決する手段こそが発明の対象と思ってしまっていることがままあります。しかし、それは錯覚なのです。実は、それを問題と思う意識自体が人間による発明なのです。つまり、問題とは発明されるべき対象です。いつかどこかの誰かがそれを問題として設定しなければ、いつまで経ってもその問題は世界のどこにも存在しないのですから。

問題そのものは、誰かがそれを問題として意識するまで、その問題は世界に存在していない、人間の創造性の成果であるからして、私たちはそれを「発明」と捉えるべきです。しかし、それをもし「発見」の対象と捉える錯誤を犯していると、もっと果敢に創造的に問題設定に取り組むべき状況で、腰が引けているかもしれません。

■正しさを探しに行くな

であるのに、問題は「発見の対象である」という錯覚にとらわれていると、ひたすら外界にばかり目を凝らして、自分が自分の価値観をどのように設定するか、自分の認識、その変化に思いを及ばせることがおろそかになります。つまり、自分の外側に「正しい問題」を「探しに行ってしまう」ことになります。生産管理に携わり、カイゼン活動に手を染めた経験があるような真面目な理系の方が陥りがちな罠ですが、それでは新しいライフスタイルのデザインや文化の構想どころではありません。

たとえば生産現場でしっかりと機械に向き合うとか、小売現場で消費者の様子をしっかり観察するとか、そういう仕事ぶりには一般的には熱心な印象があって、ポジティブな評価が与えられることが多いです。しかし、そこに安住していては、何を理想とし、したがって何を問題とするか、その価値観のグレードアップを誰が起こすのか？　という問題が棚上げになってしまいます。既存の問題設定を前提とした「正しい問題解決手段の模索」には、そちらのほうがあるべき態度であっても、解決される問題そのものの構想については、そうした従順さや謙虚さはかえって害になります。

小中学校の図書館に置いてあるような、偉大な科学者の伝記には、たとえばアレクサンダー・フレミングが日々の研究を一生懸命しているうちに、アオカビから抗生物質を発見したとか、そんな「観察力礼賛型エピソード」がいろいろと載っています。しかし、それはあくまで客観的に存在する自然界と向き合う自然科学の態度であって、科学的真理の探究に最適化されている行動様式にすぎません。そういう努力をされている方に敬意を表しつつ、本書では、それだけでは価値の創造が行き詰まってしまうということを指摘したいのです。

新しい問題を発明しようという人が向き合うべきは、「自然界」のような、私たちがそれを認識する前からすでにそこにある対象ではないのです。今はみんなが当たり前と思っているけれど、もっと良い状態にしたい、それを実現したい、というのは、「人工界」、つくりものであり、そこは最初は妄想の世界です。

もちろん妄想を実体化するプロセスでは、自然の物理法則に逆らえるわけではありませんが、もとのコンセプトは、私たちの外にある正しさではなく、自分の中から出てきた構想を事後的に正しくしようという行為なのです。もとよりそれは謙虚ではなく、悪く言えばかなり傲慢な営みかもしれません。しかし、それを覚悟しないと前に進めないのです。

自分の抱いた新しいビジョン、それを叶えたいと思うことが理想の構想であり、それと現実とのギャップとして新しい問題が発明されるべきときには、「自分の外にある正しさ」を探しに行く態度は、ただただ受け身になってしまいます。それでは現状から出発して、現時点での構想に向けた改善にとどまってしまいやすくなります。そのメンタリティだけからは、新しい市場は芽吹きません。

ある問題に照らして正しい解決手段というのはありますが、問題自体や問題そのものに「正しさ」という性質はあるはずがないのです。であるのに、問題自体の正しさがどこかにあるかのように、「正しい問題」を外部に探しに行ってしまうと、かえって迷ってしまいます。既存の問題意識に照らした具体的な問題点を探して、それを解決しようとするときの脳のモードは、問題発明に際しては切り替えられなければいけません。

実は上記のレボUコップを、これまた私が以前からいろいろとお世話になっている、ある介護用品メーカーの社長さんにお見せしたことがあります。その方は非常にアイデアフルな方として業界でも高名で、実際にたくさんのヒット商品を、しかもそのうちのかなりは介護用商品の分野でご自身で創案され、実際にヒットしています。

そして、その方はそもそもご家族に介護を必要とされる方がいらして、幼少期の「介護」という言葉ができるずっと前から、もう何十年もご家族を介護されてきたそうです。ですから、それこそ「潜在的ニーズ」は、家庭内で何十年も、おそらく何万回も目にされてきた方です。

その方に、お台場のビッグサイトで開催された「国際福祉機器展」のブースで久々にお目にかかった際に、挨拶もそこそこに「こんな面白い商品があるんですよ！」とだけ言って、レボUコップを何も説明を添えずにただお目にかけた瞬間に、「あっ、それが何かわかりましたよ、三宅さん！」と即座におっしゃいました。「ああ、そういうコップが欲しかったんですよ！なんでうちで思いつけなかったのか？」

「そういうコップが欲しかった」なら、その方はふだんいろいろな「アイデア商品」を試作する設備や機械を自社にお持ちですから、なんでこれまで自作されなかったのか、というのは揚げ足取りですね。「首を曲げられない人のコップに液体が残る」という「問題」を、Uコップという「問題解決手段」を目の前に見せられることで、本当に刹那のうちに、雷に打たれたように意識化されたのです。それはやはり何十年もの生活のうえで、「それを問題と感じる」素地ができてはいたのだと思います。しかし、それを実際に問題と設定することはありませんでした。

この社長さんが瞬間的に商品のねらい、解決しようとしている問題を推察できた、そのためには何が必要だったのでしょうか？　そして何十年も実際に解決手段をつくられるに至らなかったのは、何が不足していたのでしょうか？

こういう問いを立てるのは、別にこの社長さんを「どうしてこの問題に長年近くにいながら、気づかなかったのか？」と問い詰めるためではありません。また、「企画とはそれだけ微妙で難しい行為なんだよ」と神秘化するためでもありません。

■問題発明の可能性はそこかしこにある

実際にこの社長さんは、それはもうオリジナル商品の企画に確たる実績を多数お持ちで、そのクリエイティビティに何の疑問符もつかない、私が存じ上げている多くの経営者の方たちの中で、トップクラスの創造的な方です。また、これまで開発された商品のどれもが、「かゆいところに手が届く」ような、切実なユーザーの問題を鮮やかに解決される、消費者へのシンパシーと鋭い観察眼をお持ちで、なおかつ非常にヒューマニスティックな方です。ましてやご家族に対しては、目が行き届かないはずもありません。そして実際に、他の多くの商品では市場創造に成功されています。

ですから、おそらく逆に考えるべきなのです。「それほどの人でも着想に至らないほど、未知の問題を発見する、意識化するというのは困難だ」と考えるのではなく、「ある問題を発見してそれを解決する手段が商品になるような、生活上の新しい問題発明の可能性は世界に豊穣にある」ということなのでしょう。

そして、たまたまその人の人生で先に発見した問題を解決しようとして商品化に取り組んで挙げる成果だけでも、会社が事業展開に大わらわになるほど、豊かな実りの可能性が期待できる。だから、その社長さんが発見されていてもおかしくない未知の問題に手が回らないほど忙しかった、ということなのです。

いろんないわゆる「アイデア商品」の企画・開発者の方にお話を伺っていると、たいていは「身近なところにヒントがあった」と語られます。しかしそれでも、アイデアが浮かぶ人はいろいろ浮かぶし、浮かばない人は頑張って子細に身辺を観察しても、てんで浮かばない。私は両者の違いは、先に述べたようなある種の「傲慢さ」、自分の外に正しさがあると考えてそれを探しに行くのではなく、自分の内部から生まれた意識を後から「正しく」しようとする心意気が足りないのだと思っています。

新しい理想像を模索・実現しようとせず、今の理想をよりコストパフォーマンス良く解決しようとするならば、既存市場は成熟するばかりで、やがて企業も利潤の根拠を失うであろうとは、ヨーゼフ・シュンペーター[1]が説いたとおりです。そして彼は、イノベーションがその成熟を打破すると主張しましたが、現代日本はそれを自らの先入観に合わせて技術革新の意味でばかり捉えていて、文化やライフスタイルの革新をする力を持つことを軽視しているように見ています。

このあたりについては、第4章で詳しく述べますが、新しい問題を発明し、設定するときに望ましい手法と、その設定された問題を解決しようとして、その解決手段を開発し、磨きをかけるときに望ましい手法は全く違います。むしろ、真逆といってもよいでしょう。

それなのに、私が調査した多くの日本企業では、問題解決のための手法で問題発明もしようとしてしまっている面があります。その「症状」の現れが屈折して、「技術神話」につながっているように思います。技術はもちろん大事ですが、それを過信してはいけないし、まして「技術が大事だ」で価値について思考停止になってしまっていてはいけません。

技術で解決手段を磨こうにも、その解決手段はそもそもどんな問題の解決手段なのか、それについて考えなければいけないし、その探求自体は技術の話ではなく、文化の話です。しかし、しばしばその視点は置き去りにされてしまっています。そうするとまるで、日々当たり前

(1) オーストリアの経済学者（一八八三～一九五〇）。『経済発展の理論』『資本主義・社会主義・民主主義』でイノベーションの経済発展に占める役割を説いた。

の鍛錬をするように、既存の問題意識の延長線上でしか商品開発を考えられなくなってしまいます。

この章の最初で、「人間は別に本能的に靴をつくるわけではない」と言いました。たとえば、ミツバチがどれだけ精巧な六角形の巣をつくるにしても、あれは彼らの遺伝子の中にあらかじめプログラムされたデザインを再現しているにすぎません。ミツバチが「私たちの暮らしかくあるべし」と新しい理想を構想し、それに照らして問題を設定してそれを解決した結果ではありません。三角形や四角形の巣と比較検討の結果、耐震性重視で六角形の巣をつくっているわけではないのです。

そのわりにはミツバチの巣はよくできていて、構造上も丈夫で材料もシンプルで、工法も経済的で、彼らの生活に非常によくフィットしていますが、あれは彼らが意図的にそうしたのではありません。いろいろな偶然が重なった結果、彼らの生存に適した「たまたまよくできた巣」をつくるミツバチの遺伝子が淘汰の中で生き残りやすかった、それが何万世代も経てああなったわけです。

かなり大きな話になりましたが、ミツバチに比べれば幸か不幸か、私たち人類の本能はそれだけに従って生きていけるほど充実しているわけでもなく、良く言えばさほど束縛的でもなく、自由にいろいろやってみる余地が非常に大きいものです。暮らし方、ライフスタイルをどのようにデザインするか、さまざまな試行の余地があり、今の暮らし方が最善かどうかは、実はそんなに厳密に分析されているわけではありません。

最適なライフスタイルなどわからないままに、こんな暮らしが良さそうだから、そのために必要なモノやサービスはどのような形をしているべきか、いろいろと問題を設定しては解決し、設定しては解決し、というプロセスがもし止まってしまったとしたら、どうなるでしょう。世界には新たな市場が創出されず、最も高い技術力を誇る企業と最も低い人件費を誇る社会以外、生き残るすべがなくなるかもしれません。

だからこそ、新しい問題の設定に始まる新市場の創造にこそ、希望はあるのです。それを次章で一つのケースを通して説明していきます。

第4章

独自技術なんていらない

プールで水泳帽をかぶるわけ

本章では、私自身が技術神話からの洗脳が解けるきっかけになった事例を紹介します。その事例は、ある企業が商品開発のための独自技術など、全く保持していなくても、新しい市場を創造したというものです。

今回、本書にその事例を取り上げる許可をいただくために、この市場創造を手がけた経営者の方にご挨拶に行きました。その際に、改めて「本当に御社のこの事例にはさしたる独自技術が必要なかったのですよね」とお伺いしたら、「そうです、この事例では、わが社には特に独自の技術はありませんでした。そこで勝負するつもりは全然ありません」と、ずばりとおっしゃいました。

ビジネス系雑誌メディアなどにあふれている「成功した商品開発」の事例の多くは、当たり前のように、その新しい商品の「代わり映え」を支えるユニークな、優れた技術が、差別化を支えていた、という説明をよくします。しかしこの企業、東京都墨田区に居を構えるフットマーク株式会社の社長、磯部成文さんは、特別な独自技術に全く依存しなくても、新しい商品を開発できるという事実の生き証人なのです。

ちなみに、前章で紹介したレボUコップを見て、「なんでうちで思いつけなかったか！」とおっしゃったのは、この磯部さんです。実は、「介護」という言葉はもともとは磯部さんが「看護」と「介助」をヒントにして創案し、商標登録したのが普及したボキャブラリーなのです。

本章では、磯部さんの体験を紹介することで、技術開発を全く必要としない、新しい文化を開発することで市場を創造する、その方法を説明します。

私は、磯部さんにはこれまでいろいろな商品開発のお話を聞かせていただきましたが、磯部さんがよく言うのは、「技術もお金もない立場にいればこそ、知恵が出る」ということです。どのような知恵を出せば新しい市場がつくれるのか、鮮やかな事例、そして、おそらく本書をお読みの皆さんも、その商品を何度かは目にしたことがある、そんな事例です。

皆さんの多くは、プールで泳ぐときに水泳帽をかぶるのは当たり前だと思っているでしょう。もしかすると、ある年配以上の方は、小さい頃は水泳帽をかぶっていなかったけれども、いつの間にか日本人がプールに入るときに水泳帽をかぶるのが当たり前になったという変化を、お感じになったかもしれません。

現在のところ、プールに入るときに、男女とも水泳帽をかぶるのが一般的という風習は、実は世界でまだ日本にしかありません。外国ではほとんど存在していない風習なのです。しかし、これは実は一九七〇年頃から少しずつ日本に広まり出した、若い風習でしかありません。それ以前は、プールで水泳帽をかぶるのは、髪の長い女性か、水球の選手くらいのものだったのです。

では、どのようにして、いつの間にか私たちはプールで水泳帽をかぶることを当たり前と思うようになったのでしょうか。それは、ある企業の商品開発とその商品の社会的普及に向けられた事業努力の成果なのです。しかもこれは、当時はまだ従業員がたった数人だった、磯部商店という小規模家族企業によってなされました。

たとえば、スポーツニュース雑誌のバックナンバーを調べて、実際に記録写真などを過去にさかのぼってみると、一九八八年のソウル五輪の背泳ぎの決勝で鈴木大地選手が水泳帽をかぶって泳ぐ風景が、五輪の決勝の記録写真に水泳帽が映っている最古のものです。それより以前には、オリンピックでトップ選手が水泳帽をかぶっていた記録というのは、今のところ私は確認していません。一九六七年生まれの鈴木選手は、まさに「水泳帽第一世代」で、ちょうどこの世代の幼少期に小学校のプール教育に水泳帽が採用され始め、一九八八年のソウルで、二一歳の鈴木選手がついに世界の檜舞台に立ったのです。

つまり、これはあるときから靴を履くのが当たり前になったような価値観の変化が、日本のプールでも起こったということです。水泳帽というモノの普及を通じて、どれだけ生活者の感覚も大きく変わったことでしょうか。

私たちは、水泳帽の普及以前はそれを何の問題と思わなかったはずなのに、今では水泳帽を着用せずにプールに入ることは不潔に感じるようになっています。そして、これは決してプールの水循環システムのメインテナンスの必要に迫られてなどの技術的理由によるのではありません。そういう必要があるのならば、一九七〇年より以前から、水泳帽の着用がプール利用のルールとされていたはずです。ですからこれは、着用する習慣が普及してみれば、確かにそういうメリットもあった、という程度の後づけの合理化なのです。

水泳帽をかぶる習慣が変化させたのは、衛生感覚ばかりではありません。想像していただきたいのですが、特に小学生ぐらいの年頃の男子が、それまでは女性が身につけるものだった水泳帽をかぶるようになったのは、実は非常に大きな価値観の変化だったことは間違いありません。水球は決してメジャーなスポーツ種目ではありませんでしたから、以前は水泳帽といえば女性が身につけるもの、という感覚がありました。

そんなアイテムを男子が抵抗なく身につけるようになったということは、現在の日本人の感覚で考えるならば、極端に言えば、ある年から男子小学生たちがスカートをはく気になるようなものです。実際に日本の少年少女たちは、いつの間にかファッションにおけるジェンダーの壁を飛び越えて、男女とも水泳帽をかぶるのが当たり前になりました。

つまり、これは日本社会の文化がある企業の努力によって変わったということなのです。しかも、その企業は、当時はごく小規模な組織にすぎませんでした。それなのに、なぜこんな大きな変化を起こせたのでしょうか？　その鍵は、価値をデザインする手法にありました。

■文化英雄による教育

人類学に文化英雄という概念がありますが、経営学の分野でも、ちょうどこの概念が当てはまるような企業家が時に活躍します。人類学では、文化英雄とは神話の中で人類に役立つ、あるいは有意義な発明・発見をもたらした、人類の守り神のような存在のことを呼んでいます。人類に火の使い方を教えたギリシャのプロメテウスのように、あるいはアメリカインディアンにトウモロコシの食べ方を教えたキツネのように、この会社が日本人に水泳帽というものの便利な使い方を教えたからこそ、社会の文化風俗は変化したのです。

フットマーク（当時は磯部商店）は、もともとはゴム引布を使ったおむつカバーをつくる衣料品メーカーでした。紙おむつの登場で布おむつが前提のおむつカバー市場の縮小が予想された時点で、若き経営者だった磯部さんは、新しい分野に進出しようとしました。

その当時の文部省は、全国の小中学校にプールを設置し、大々的にプール教育を取り入れていくことを検討していました。そのことを新聞記事で知った磯部さんは、それまでプールで泳ぐ習慣がほとんどなかった多くの児童生徒たち、そして彼らを指導する体育の先生たちに、水泳帽が便利に使用されるであろう方法を考えました。まだ水泳帽を使ったプール教育の実績が社会にほとんどない時点で、社会に水泳帽の使い方を新しく教育することで、水泳帽の新しい市場を創造できると考えたのです。磯部さんはそれを「おむつからおつむへ」進出したと言っています。

当時、全国の小中学校の体育の先生が、手探りでプール教育を始めようとしていました。教育系大学の付属校などのごく一部では、細々とプール教育の指導方法が研究されていたようですが、それは外部に普及していませんでした。磯部さんは、水泳教育の専門家と一緒になって、このように水泳帽を使えば、プールでの児童たちの指導が容易になるというカリキュラムを作成しました。

たとえば、体育の先生たちは児童たちと一緒にプールに入るわけではなく、プールサイドから子どもたちを見下ろして識別しなければなりません。しかし、上からつむじが見えるだけの角度からでは、子どもたちの個体識別は非常に困難です。対策として、いくつかの色の水泳帽をクラスごとに分けてかぶらせたり、名前を書き込ませたりすることで、プールサイドから見た子どもたちの指導が可能になりました。

また、同じ年頃の子どもたちでも、陸上ではさほどの能力差がなくても、水中で泳ぐことについては非常な力量の差があるものです。そしてまた、一夏の間に上達を遂げることもままあります。それに応じてプールでは臨機応変に、よく泳げる子、あまり泳げない子、ほとんど泳げない子など、チーム編成を変えて指導しなければなりません。そのときには、水泳帽に貼るマジックテープの色を変えることで、先生たちから見て児童たちを振り分けやすいようにするなど、さまざまな工夫を散りばめたカリキュラムが作成されました。

また、磯部さんたちは、子どもたちのプール教育の成果を評価するために、陸上競技での「走力」という概念を参考にして、「泳力」という概念を打ち出しました。読者の皆さんは驚くかもしれませんが、今ではこれだけ一般的になった泳力という言葉自体は、実はまだ四〇年ちょっとの歴史しかありません。

つまり、水泳帽メーカーである磯部商店が、単に水泳帽というものを提供するだけではなく、それをどのように使えば便利かというノウハウ、それを使った成果をどのように評価するかという価値の尺度までソフトを整備して社会に提供することで、それまではその商品を使う風習がなかった人たちに新しい風習を教え込んだのです。つまり、同社が売ったのは、モノであってモノでなく、水泳帽というモノは代金決済の手段であって、実際には商品は新しいプールライフの形だったのです。

磯部商店では、そのカリキュラムをまとめたものと水泳帽のサンプルを全国の小中学校に送り、このように指導すればプール教育が充実したものになりますよ、と体育の先生たちに訴えました。一九七〇年頃はまだダイレクトメール代行のサービスなども発達しておらず、磯部商店では社員総出で、全国学校要覧に載っている小中学校の体育の先生に売り込みの手紙を書いたそうです。

当初は、普通の体育用品の問屋のチャネルを使おうとしたそうですが、プール教育が始まったばかりだったために、既存の問屋では担当者に水泳帽の必要性がなかなか理解されず、自社で改めて体育の先生たちに宣伝をしなければならなかったそうです。このことは、新しい習慣を前提とする新しい商品を提供することで、新しい市場を創造しようとするときに、既存の産業構造や業界の分業構造は役に立たないということを示しています。価値観を新しくするには、新しい酒を新しい革袋に入れるように、新しい文化に触れる人も新しく変わらなければならなかったのです。

注意したいのは、今の日本の小中学校では、こうした手法がごくポピュラーになったために、それがあまりにも当たり前に感じられて、誰が開発しても似たようなものになったのではないか？　という後づけの錯覚が発生してしまうことです。しかしその錯覚が成立すること自体がまさに、それだけ私たちがフットマークの教育に深くなじんだことを意味します。言ってみれば、同社は日本の小中学校での水泳教育の「家元」のような存在になり、それによって事業の成功と成長を可能にしたのです。

■「文化振興財団的企業」をめざせ

この磯部商店の水泳帽市場創造の事例から、かなりラディカルな教訓を読み取ることができます。新しい文化風習をたった数人の、あるいは個人でも、適切な方法を持ってすれば社会に広めることができるということです。より過激な言い方をするならば、文化風習は、それ自体がなんらかの便利さの提案であって、その紹介と教育が適切な手法を採るならば、他に確たる根拠がなくても、「捏造」することができるということです。

ある時点でその習慣が社会のどこにもなかったとしても、新しい商品を使うことが便利であるということの説得を十分に徹底すれば、人々の暮らし方は変わります。そして、いざ暮らし方が変わってからは、新文化の説得に影響された現状自体が、まるでそれが以前から望まれていた「適正な」暮らし方だったかのように、事後的に印象づけることになります。

しかし、ここで考えるべきことは、子どもたちにプール教育を提供しているのが日本社会ばかりではないのに、水泳帽をかぶる習慣がこれだけ社会に普及しているのは、今のところ日本だけであるという事実です。つまり他の社会では、そもそもが日本と同じような「プールでの児童生徒たちへの指導にあたっての個体認識の問題」を問題として設定していないのです。

つまりフットマークが、ただ単に日本の小中学校でのプール教育が潜在的に抱えていた問題に対する解決手段だけを、水泳帽という形で提供した、というわけではないのです。フットマークは、プールでの指導上の困難、それを問題として捉えるという問題の設定、問題意識そのものと、その問題を解決する手段としての水泳帽、その使い方、つまり「問いと解のセット」を丸ごと、社会に提供したということなのです。

水泳帽をかぶる文化習慣は、それによって解決される問題の設定も引っくるめて丸ごと、フットマークのいわば「自作自演」だったのです。その習慣が普及すれば、普及した後には、それによって便利さが増す感覚そのものが社会的に共有されますが、その共有以前には、それを便利と思う感覚自体が、日本社会にはなかったのです。ということは、この習慣には、その普及より以前には、まるでそれ自体に普及する必然性はなかったのです。

そうした新しい習慣の普及は、後からでこそ、まるで他に選択肢がなかった必然的変化のように見えがちです。しかし、それはこの習慣が普及してからは、その社会の構成メンバーはそれに和合することが合理的であるというだけです。日本以外の他の社会ではプール教育は違う形を採っているということは、実はSF小説のタイムトラベルものに出て来る私たちがいる世界とは別に存在する並行世界、パラレルワールドのようなものなのです。その水泳帽の普及によってもたらされる便利さは、そのパラレルな諸ワールドのある一つ、フットマークが日本社会でそうした変化を起こした歴史の流れの中にあるこの世界、その内部でしか存在しないのです。

しかし、それが一度社会に埋め込まれると、確かな影響力を持ちます。私たちの感覚がそれを当たり前、常識と思うようになるからです。そのことにより磯部商店は、家元的立場に立ち、他の業者と当初は競合することがない、新しい土俵を自らつくることができたわけです。

そして、これは単に水泳帽というものだけではなく、ライフスタイル一式をつくるということにつながります。もともとはゴム引布を使った商品のメーカーであった磯部商店にとっては、水泳帽が一番入りやすい新市場ではありましたが、そこでは単に水泳帽をつくっただけではすみませんでした。そのことによって小中学校での水泳用品の市場を創造した同社は、水泳用品一式を納められるあのスイムバッグや、あるいは女子小学生が恥ずかしがらずにすむように、一辺にゴムを通して首の周りからすっぽりと自分の身体を包んで水着に着替えやすくする着替え用タオルなど、新しい習慣とセットになるものを次々と開発することになりました。

この段階では、まだそのものを使う習慣が世の中に広まりつつあるところで、大々的にそのものが生産消費されるわけではありませんから、生産上のスケールメリットなどは存在しません。ということは、小規模企業であった同社が資本力や技術開発投資などで他社に負ける要因も存在しないということです。そして、その貴重な期間のうちに同社は、新しい市場で先行優位を構築し、現在では日本の学童用水泳帽の大半を生産するガリバー企業になっています（OEM生産を含む）。

このフットマークの事例を見て、新しい企業の概念を提唱することができると思います。それは、「文化振興財団的企業」というべきものです。必ずしも資本力や技術力に恵まれていない企業でも、それまでの世の中になかった新しい文化習慣を構想し、提案し、普及させることで、人々がそれまで消費していなかったものを消費するように社会をつくり変え、その変化の先頭に立つことで、文化的優位を構築し、その上に事業を展開するという手法です。

先に述べた磯部さんの、技術もお金もないから知恵が出る、という言葉を思い出してください。新しい市場をつくるには、新しい文化習慣が前提になります。そして、その新しい文化習慣とは新たな問題設定がそれをつくり上げるものであって、必ずしも技術力や資本力が必要というわけではありません。しかもそれは、普及する前に必然性がなくても、普及してからは社会がそれに適応し、事後的に必然性を持つようになるのです。

磯部商店は当時、文部省が全国各地の小中学校に、掘るだけ掘ったものの、それをどう活用して子どもたちの教育につなげるか、利用方法の開発が不十分だったプールという資源に目をつけたわけです。当時だけでなく、今でも全国的に十分に稼働していない遊休ハコモノ資源はありそうなものですが、それらを有効に活用する方法を構想すれば、おそらく現代でも新しい文化や新しい市場が開発される余地があるように考えられます。

プールというものは、それだけではただの穴ぼこ、ハードウェアにすぎません。それを使ってどのように学び、どのように楽しむか、その方法、ソフトウェアを開発しなければ、ただの池にすぎません。そして、私たちの社会には、十分にそれを活用する方法、ソフトウェアがまだ開発されていない、あるいはまだ一通りしか活用方法が開発されていないハードウェアはたくさんあるものだと思います。しかし、ハードウェアを活かすソフトウェアは、まだまだ開発される余地が残っています。

ハードウェアとソフトウェアの関係は、ちょうど京料理と京野菜のような関係にたとえられます。聖護院大根のような京都独特の野菜は、それを美味しく食べる京都ならではの調理法、京都ならではの調味料などと組み合わせられて、存在価値を発揮します。そのハードウェアならではのソフトウェアと組み合わせることで、ハードウェアもソフトウェアも両方発展します。もし京料理の文化伝統が失われてしまったら、京野菜は誰も栽培するものがない、幻の品種になるかもしれません。世の中で、もうこれ以上利用する余地がない資源というものは誰にもわかりません。すでに利用されている資源も、別の利用方法があるかもしれません。

私と同年の友人が幼い頃、故郷である沖縄の恩納村には鰻丼を食べる文化はまだなかったそうです。鰻がいなかったわけではなく、むしろ子どもの腕ぐらいの太さの天然鰻が海に行くといっぱい波打ち際に転がってきて、おじいさんがそれを棒きれでぶん殴って捕まえては、切り身を味噌で煮込んで食べたんだとか。しかし、あんまり美味しくなく、食べ残しを台所の窓から海へ捨てていた。その頃は鰻ってまずいなあと思っていたそうです。

高校を卒業して本州・浜松で働いている頃、休日に街を歩いていたら、「鰻丼」という看板を見て、あの鰻を内地ではこんな仰々しく食べるのかと興味を持って、店に入って食べてみたら、生まれて初めて食べる鰻丼のなんという美味しいこと！「ああ、内地の人は鰻をこんなに美味しくして食べるんだ！ すごいと思った！」と言います。これが一九九〇年代前半の頃です。

その後、おじいさんのお葬式で恩納村に帰ったら、村の中心の商店街に日本料理屋ができていて、その店のメニューの一つに鰻丼がありました。嬉しくて入って食べて、ご主人に聞いてみると、内地で修業して鰻丼の調理法も学んできた人でした。店内の水槽では鰻が泳いでいました。

何年か経って、また恩納村に帰って商店街のスナックで呑んでいたら、その鰻丼を食べた料理屋のご主人が隣で酔っぱらっていた。話を聞くと、店が流行らないので畳むことにしたというのです。そして、「店をやっていた三年間のうち、うちの店で鰻丼を頼んで食べたのは、結局あんただけだった」と。それくらい、ただそこに資源があっても文化がない状況では、人々は保守的で、暮らし方は勝手に変わったりはしないということです。

地域や社会にある未利用資源を活用する文化を開発すれば、技術的優位がなくても、新しい価値を社会に提供することができます。そして、その文化が社会に普及してから後発他社が参入し、そこでやっと商品間の競争が始まります。そこで性能競争が始まってからやっと新しい技術が必要になるわけですが、そのときまでに先行優位を築いておけば、市場創造の時点では独自の技術は必要ないということになります。

■生まれて育っていく「文化」

私たちは、ふだんあまり意識せずにいろいろな文化に触れて生活をしています。ある年配以上の方で、一九七〇年頃より昔は水泳帽をかぶらなかったことを覚えている人がどれだけいるでしょうか。あるいは、私の記憶が確かならば、かつてリンスは水に溶いて使っていたとか、そういう文化の変化を意識しなくてもふだんは生活できます。なぜなら、ここで変わっているのは、私たちが当たり前だと思う感覚、普通だと思う常識だからです。

つまり、私たちの価値観自体が大きく変わっているのです。それは、モノやサービスの価値を評価する物差し自体が変化したということです。もし物差しが一定で変わらなければ、ある商品の性能が改善したり、機能が増えたりすれば、それに気づくことは容易です。しかし、習慣の変化そのものについては、私たちは実はいつの間にか適応していて、その変化自体を意識することはほとんどありません。

しかし、確実にいつの間にか私たちの当たり前の感覚は変化し、私たちはある時点までは消費しなかったものを消費するように変わっていきます。私たちの感覚も、いつの間にか変わっているのです。

私自身の最近の例を挙げると、摩擦熱で消しゴムのように消すことのできるパイロット社の「フリクション」というボールペンがあります。初めて使ったときは、ボールペンで書いた文字が鉛筆のようにきれいに消えるので、これは便利だなと思ったものでした。そして、いつの間にかそればかりを使うようになって、ある日たまたま手元にフリクションがないときに、他のペンを久しぶりに使うことになりました。

私はそのとき、うかつに文字を書くことが怖くなっていました。とっさにはその理由がわかりませんでしたが、よく考えると、もしこの他のペンで書き損じをしたら、気楽に取り消すことができないと思っているがゆえの不安があったのです。以前は、ボールペンを使うときには、そんなことは当たり前だったはずなのに、一度文字を消せるボールペンに慣れてしまうと、それまでは感じなかった恐怖を感じるようになっていたのです。

いつの間にか新しいものは、私たちの感覚を変えます。そして、いつの間にかもう戻れないくさびを私たちの生活に打ち込んでいます。新しいものがないと、私たちはかつては感じなかったはずの欠如感や不足感を感じるようになってしまいます。

そんなに大きな変化が起きているのに、ふだん私たちはそれをめったに意識しません。ケータイを持つようになる前に、やがて自分は、外出時にうっかりケータイを忘れると、こんなにも不自由になると予想していた人がどれだけいるでしょうか。

こうして言葉として抽象的に説明しようとするならば、感覚が変わった自分とその変化した自分を上から見ている自分がそれぞれ存在して、その二つがはっきり分かれてしっかり存在しているように、一応の把握はできるように思えます。しかし、実際はこの瞬間に、その上から見ている自分を、そのまた上から見ている自分がいて、それに思いを馳せたとたんに、さらにそのまた上から見ている自分に思いが至ってしまいます。

このように、自分の感覚というのは、ある一定の安定した形としてあるようでいて、実はヌルヌルしたドジョウを捕まえようとして捕まえられないように、絶えず流転していて、確固とした正体があるわけではありません（これが仏教の唯識論でいうところの、いわゆる「無我」ということです[1]）。

変化を観測する自分の意識、認知そのものが変わってしまうと、その変化を客観的に見ることはできません。だからこそ、変化は勝手にいつの間にか起こっていると錯覚してしまいがちです。しかし、そうやって確実に新しい習慣が社会に広まるということは、それは自然に発生する現象ではなく、必ず誰かが意図的に行動した結果であるはずです。であるならば、自分がその変化を起こす側に回ることで、世界を変えるチャンスが出てくるのです。

マーケティング論の教科書によくあるフレーズで、顧客が欲しがっているのはドリルではない、穴だというものがあります。メーカーが提供するのは、ドリルという形を持った現物ですが、顧客が求めているのはソリューションである。そうであるならば、ドリルよりも穴をあけるのに優れたものがあるならば、それを提供するように企業も対応して変化するべきであるということをわかりやすく表現しています。

しかし、企業がすでにドリルを製造する設備やドリルを開発する技術に投資してしまっているならば、そんなに簡単にもっと優れた穴あけツールに自らの事業を移すことは難しいことです。そんなことを言っても、わが社はドリルしかつくれないという会社が世の中にはたくさんあります。そのときに考えるべきことは、ある用途に合わせて手段をグレードアップさせていくのではなく、ある手段が可能にする新しい用途を開発していくことも活路たりうるということです。

古代中国の諸子百家の一人、荘子の著作の一節に、あかぎれの薬の逸話が出てきます。ある湖のほとりで綿を糸にさらして糸を紡いでいる一族がいました。冬でも綿を水にさらせるように、その一族は、手にあかぎれができないような薬をつくるノウハウを持っていました。あるとき、その薬のつくり方を売ってほしいという人にその薬のつくり方を教えると、買い手は、そのあかぎれの薬を使って、冬でも兵隊を訓練できるようにして戦争に勝ったという話です。

どんなものも一つ使い道があって、それだけがすべてではありません。別の使い道を構想する道はいつでも開かれています。技術の改善にばかりとらわれていると、新しい用途の構想、開発にエネルギーを割く気になかなかなれませんが、商品の始まりは、既存の技術資源の別の用途への転用であることも多いのです。

グラスファイバーという素材で何か商品化できないかと考えたときに、あるメーカーは、それを釣り竿に利用しました。釣り竿メーカーがより優れた釣り竿を開発するためにグラスファイバーを開発したわけではありません。

---

(1) イギリスのロックスター、デヴィッド・ボウイの「changes」という曲の歌詞が、このあたりをわかりやすく表現しています。

■鉄砲職人が花火師に

第1章で触れたゾンバルトが好みそうな事例を歴史から探すことにしましょう。花火と鉄砲の事例です。日本では、戦国時代に鉄砲をつくっていた鉄砲職人たちが、江戸期に入ると花火職人にかわり、江戸の町人たちを喜ばせたのは、ご存じの方も多いでしょう。

それと逆の道を歩んだのが、世界的な化学メーカー、アメリカのデュポン社です。デュポン一族は、もともとはフランスのブルボン王朝に仕える宮廷の花火師でした。フランス革命でパトロンの王族たちを失った彼らは、アメリカに渡り、銃砲の火薬の職人として自分たちの事業を展開しました。同じ火薬という資源を持っていても、それをどのような社会の、どのような状況で商品化するかということで、こんなにも市場の可能性は多様に変化します。

第一次世界大戦のときに開発された毒ガス兵器に備えたガスマスクのフィルターが、戦争が終わって大量に余りました。今、そのフィルターはティッシュペーパーとして私たちの暮らしに役立っています。あるいは第二次大戦中に日本軍と太平洋の島々で戦ったアメリカ軍は、兵隊の水虫防止やマラリヤよけの蚊帳として、合成樹脂のフィルムを使っていました。アメリカのダウ・ケミカル社が製造していたそのフィルムは、今、開発者たちの妻の名にちなんで、サラとアンのラップで「サランラップ」と呼ばれています。平和な時代には、大衆娯楽の手段として開発されたラジオに使われた真空管が、戦時には無線機やレーダーに必要な真空管の開発母体となりました。

社会に存在する資源は一定でも、それをどのように使い、どのように生活に役立て、どのような目的を果たすかという用途については、多様な可能性が考えられ、誰もこれが可能性の全部だと言い切ることはできません。

目的に合わせて用途を開発するのではなく、今あるものをどのような用途に活かすかを工夫する「小細工」のことを人類学者のレヴィ・ストロースは器用仕事（ブリコラージュ）と名づけました。しかしそもそも、有史以前から人類がなし遂げてきたものづくりのほとんどは、すでにあるものを活かすブリコラージュのほうであって、特定の用途に合わせて手段のほうを改善するエンジニアリング、技術開発が主流になったのは、実は最近三〇〇年程度の限られた時期の特異な現象にすぎません。こちらの有効性を活用すべき時期が来ているのではないでしょうか。

■問題開発できる立場

フットマークの水泳帽市場創造の事例からは、いろいろ重要なことを学べます。まず同社は、学童用水泳帽の市場を創造するにあたって、問題・技術・環境・認知の四つを開発するプロセスをしっかりと統合しています。水泳帽を製造する技術は、過去のおむつカバーの加工技術の転用であり、小中学校のプールという水泳帽の使用環境は当時の文部省が開発しました。いわばこの二つは、この市場創造のために自ら開発した要素ではありません。

しかし残りの二つ、問題と認知の開発については、同社が自ら取り組み、成し遂げたものです。現在でこそ組織規模も拡大しましたが、当時は小規模家族企業の磯部商店であり、経営資源も乏しかったのです。だからこそ、すでに存在するありものの資源を有効活用し、自社でこそなすべき努力に集中することで、大きな成果をあげました。

そしてさらにもう一つ、同社、つまり磯部さんが駆使した重要な経営資源があります。それは新しい文化の開発に取り組むための起業家精神です。さしたる技術もお金も設備もなくても、当時の同社にはこの貴重な経営資源がありました。企業によっては、この資源がまるで期待できない組織もあります。

もし誰かが、まだ社会にない新しい文化風習を開発し、それを社会に広めようとしたとしても、目上に上司を抱えた身では、おそれを感じざるをえないのではないでしょうか。「そんなことをやって本当にモノになるのか？」と言われたときに、「この商品を使う人はまだ世の中に誰もいませんが、その人も含めて今から社会につくっていくのです」と答えられる部下はどれだけいるものでしょうか。

フットマークの場合は、オーナー経営者である磯部さんが、それ以上の上司がいない立場で、自分が新しいものをつくり、それを使う風習を世の中に広めようとしたときには、自分の覚悟でそれを実現できました。次章でも述べますが、まだ世の中にない風習を前提とする商品開発に一番の前提となる資源は、技術でも資金でもなく、未確定の世界に挑戦する心の勇気なのです。

しかし、このことの教訓は、単に精神論でみんなリスクを冒す勇気を持とう、ということにはなりません。磯部さんはオーナー経営者だからこそ、その勇気を持ちやすかったとすれば、今、組織として功成り名を遂げた名門老舗大企業に、同じ勇気を持てる立場の人がどのくらいいるものでしょうか。それを持ちにくい組織構造があり、そこから硬直的な組織風土ができあがっているとすれば、それはつまり、組織制度の構造として、新しい問題を開発するには向いていないのではないでしょうか。

世の中にすでに意識されて、ある問題をより良く解決しようとする努力は、周囲の理解を得やすいでしょう。しかし、新しい問題を発明し、世の中でまだその目的を普及・共有されていない商品を開発しようとするには、はたして多くの企業組織はそれに適しているといえるでしょうか。全く向いていないかもしれません。次章ではこの組織の問題について考えます。

第5章 組織という病

■いつか見た組織病

本章では、私がこれまで交流してきた老舗とか名門といわれるような、いわゆる「大企業」と呼ばれる事業組織について、批判的に問題を提起します。

私はこれまで、商品開発について研究するうえで組織規模にかかわらず、さまざまな規模・来歴の企業を調査対象としてきて、多くの組織の方々にご協力をいただきました。その方々に深い感謝と敬意の念を抱きつつも、実は私は、世に高名な大企業を商品開発組織として観察すると、共通する欠点があるように感じています。

前章までに紹介したフットマーク社や、レボUコップを開発したファイン社のような、見るからに高い創造性を発揮している中堅規模企業はもちろん、世間にそうあるものではありません。しかし、そうした優れてユニークな企業と比較して、特に「問題開発」の能力や、その能力を発揮して開発した問題をふまえて、それに続く技術・環境・認知それぞれの開発を統合する能力において、あまりパフォーマンスが良くない、もっというとかなりグダグダになっていると思うことが多いのです。

個人を見ると、非常に優秀で熱意があふれる方が多いのに、その方たちが構成する組織が、なぜこんなことになるのだろう、とため息をつきたくなるような思いを幾度もしてきた私が、読んでいて胸をつかれる思いがした一文がありましたので、それを紹介します。第2章で引用した小松真一さんの『虜人日記』の一節です。[1]

日本人が米人に比べて優れている点

永いストッケード生活を通じ、日本人の欠点ばかりに目が付きだした。総力戦で負けても米人より何か優れている点はないかと考えてみた。面、体格、皆だめだ。ただ、計算能力、暗算能力、手先の器用さは優れていて彼等の遠く及ばないところだ。他には勘が良いこともあるが、これだけで戦争に勝つのは無理だろう。日本の技術が優れていると言われていたが、これを検討してみると、製品の歩留まりを上げるとか、物を精製する技術に優れたものもあったようだが、米国では資源が豊富なので製品の歩留まりなど悪くても大勢に影響なく、為に米国技術者はその面に精力を使わず、新しい研究に力を入れていた。ただ技術の一

（1）小松真一『虜人日記』ちくま学芸文庫、二〇〇四年、三三六ページ。

断面をみると日本が優れていると思う事があるが、総体的にみれば彼等の方が優れている。日本人は、ただ一部分の優秀に酔って日本の技術は世界一だと思い上がっていただけなのだ。小利口者は大局を見誤る例そのままだ。

この部分の文意とほとんど変わらない批判を、最近も日本の製造業組織がよく受けているように思います。小松さんがこの一節を書いたのは昭和二一（一九四六）年です。六〇年以上前のこの記述が今、非常に真に迫って聞こえるのはなぜでしょうか。

もしかすると、私たち日本人がつくる組織には、六六年前と変わらない体質が残っていて、その体質が良いほうに転がることもあれば、悪いほうに転がることもあるだけで、基本はほとんど変わっていないのかもしれません。捕虜収容所で小松さんが嘆いたこのことを思うと、憂鬱になります。

いや、単に日本社会特殊論で片づけるのではなく、どんな社会でも、組織が「小利口」になり、「大局を見誤る」ようになりがちな時代の局面が、時に訪れるのかもしれません。

■模倣していた問題設定

この『虜人日記』の引用にもあるとおり、日本の工業製品が優れている点の一つは、資源の節約という面であることは、六六年前から戦後を通じて最近まで、かなり共通することだと思います。軽薄短小化によって日本の家電製品はアメリカの家電製品よりも、また、日本の自動車は省エネルギー化によってアメリカの自動車よりも、顧客にとっての資源の節約に貢献することができました。

軽く薄く小さくすることで、狭い住居スペースを有効に活用し、高いエネルギーコストも節約し、日本製品はアメリカ製品との競争に勝ちました。そして、アメリカほど生活環境の空間コストやエネルギーコストが安い国は他にあるものではないので、世界の多くの国々では、日本製の資源節約型の商品が歓迎されたのも全く合理的なことです。

そして、日本のものづくり従事者たちは、さらに薄いテレビ、さらに軽いケータイを開発することに非常な努力を投じました。奥行き五〇センチのテレビを一〇センチにすることは、私たちのリビングを広々とさせました。肩かけかばんのような昔の移動電話が、重さ一キロから現在の一〇〇グラム程度になったときに、私たちの疲労は大きく軽減されました。

しかし、一〇センチのテレビを厚さ五センチにすることがどれだけ意味があるでしょうか。一〇〇グラムのケータイを五〇グラムにすることに、どれだけ意味があるでしょうか。電車に乗ると、握りこぶしほどの縫いぐるみを三つもケータイからぶらさげている女子高校生がいるのに。

私たち日本人が、というと主語が大きくなりすぎていささか荷が重くなりますが、今暮らしの中で使っている多くのモノが、まず最初に「こんなモノがあればいいのに」というコンセプトから創造されたのは、日本国内でのことではありません。家電やクルマにせよ、コンピュータにせよ、その多くは最初は欧米で「それがないこと」が問題として設定され、その解決手段として実物が開発されてきました。

エジソンやカール・ベンツ、コンピュータの基礎をつくったアラン・チューリングにせよ、日本社会で活躍した日本人ではありません。近代以降の日本の産業社会は、欧米で設定された問題を受け継いで、それをよりコストパフォーマンス良く解決する手段の開発に長けていたのではないでしょうか。私はもちろん、欧米で一頃よく言われた「日本のものづくりは、しょせん物真似だ」というような批判に与する気は毛頭ありません。

しかし、日本の産業から生み出された成果の多くは、独自の問題設定自体ではなく、それをより良く解決する、ツールを生み出すところにあったのではないでしょうか。それらはより経済的に、より軽薄短小に、使用者にとってのエネルギーコストや空間的コストを節約させる手段として、はなはだ競争力が強い商品となりました。それらを見ればもちろん、日本の産業には創造性も独創性も大いにあることは誰も否定できないでしょう。ただそれは、問題の設定ではなく、問題の解決に向けられていたのではないでしょうか。

もちろん例外はあります。高柳健次郎の電子式テレビや、八木秀次の指向性アンテナなどは、問題の設定としても独創的だったのは疑うべくもありません。しかし、それを組織として守り育て、事業化できなかったのも日本の産業社会です。ソニーのウォークマンがアップルのｉＰｏｄにまでつながるような、「外出中でも好きなところで移動しながらでも音楽を聴きたい」という問題を最初に設定できたのは、本当に珍しいように思います。

欧米からの日本批判は、確かに根拠薄弱なところもあったでしょうが、一面では無理もないところがあったのではないでしょうか。日本製品は、問題の解決手段としては海外の先進工業国の競合品より改善されていても、「でも、その問題をそもそも問題だと思って取り組んだのはこちらではないか」と、彼らは商売敵への八つ当たりであるにはしても、「後から来た工業国」日本にそう言いたかったのではないでしょうか？

そして今、日本から見て、アジアの後発工業国の製品は性能もそれなりであり、しかもかなり安く脅威になっているときに、つい「でも、やっぱり技術的にはまだまだ多くが物真似じゃないか」と言いたくなる面もあるかもしれません。

それらが模倣であることは確かに事実であるにしても、それは日本も通ってきた道であり、後から工業化に取り組む社会の組織であれば、最も手を着けやすいところから手を着けるのは当たり前の話です。それは民族や文化の創造性をどこに使うか、ということであって、創造的でないということとは次元が違うことでしょう。

日本も、もう最先進の工業化社会の一つとして、その創造性を問題解決手段の改善のみならず、むしろ問題の設定に向ける時代が来たということなのだと思います。しかし、それに慣れてはいないということはあるでしょう。真っ先に「近代化」の道を歩み始め、最も豊かな立場から、しあわせとはどのような状態で、何がしあわせなライフスタイルかを模索し実用化してきた西洋社会、ずっと先頭集団にいた人たちの社会に、一番後から入った「先進工業化社会の最後発メンバー」の日本の課題がここにある。その課題に意識が追いつかないギャップを表現しているのが、技術神話の存在なのです。

その弊害が現れているのは、問題そのものの設定に適切に取り組めていない、ということです。問題そのものを自ら開発しようとせず、すでに問題として見なされている問題をよりコストパフォーマンス良く解決することばかりを課題にしてしまっている傾向が、読者の属する事業組織にも強固に存在してはいないでしょうか。

理想の暮らしのあり方を「あらかじめ客観的に決まっているかのように」規定すると、それをいかに効率よく達成するか、その解決手法の改善の競争、技術的競争ばかりが起きてしまうことになります。しかし、それは誤解です。

世の中を眺めていると、何かの商品が最初に創造される始まりでは、掲げられる暮らしの理想像は、主観的観念に支えられたビジョンであり、良くも悪くも個人的な想いにすぎません。それと現実のギャップが問題として意識され、その問題意識が次第に社会で共有され、他社が追随し競合し、次第にもっともらしくなり、何か非常に客観的に吟味された価値評価基準に見えてきてしまいます。

そして、その誤解が行き渡ると、今ある価値観をより経済的に満たそうとする優等生の答案のような商品開発観が懐疑もされず、蔓延するようになってしまいます。しかし、豪華クルーザーのジャイロやウォシュレットの例にあるとおり、新たな価値観や問題意識が打ち立てられれば、今まで価値を見出せなかった方面で手持ちの資源が価値を持っていたことに気づくことになります。しかし本来、それは発見ではなく、発明なのは前述のとおりです。

ジャイロやポンプや温水器が技術的に改善されて、より価値あるものになったのではなく、それらが価値を持つような新たな理想が構想されたのです。その構想とは、つまり観念を操作する行為です。新たな問題を設定することで、自分がすでに持っていた資源がその解答として価値を持っていることになるのではなく、するのです。

答えを磨くのではなく、問いを立てること、それは、いわば優等生から教師の側に立場を変えることです。すでにある問題に後追いで対応するのではなく、自らが理想に照らして価値を評価する側に回る、その手法こそが問題の「発明」なのです（もしかするとそれは、教育のプロセスで優等生たらんと努力してきたパーソナリティの持ち主には一番苦手なことかもしれませんが……）。

仮に、既存の問題設定に対しては、優等生の側が教師よりはるかに優れた答えを出せるかもしれません。しかし、それがどこまで行ったところで、それは教わる側であり、評価される側であり、生徒にすぎません。立場を転じて、問いを立て、問題意識を設定し、価値観を打ち立てる教師の側に回ってこそ、握れる優位性があるのに、多くの名門の大企業ほど、それがきわめて難しい組織になってしまっているように見えます。

■ただ「今日」のための組織

最近、ある名門の時計メーカーの技術者の方とお話をしたときのことです。その時計メーカーの技術者たちは、ものづくりに一心に取り組んできたものの、スイスの時計に押されて、事業業績が芳しくないことを嘆いていました。その日本の時計メーカーの製品は、時間計測の精度では文句なく世界トップクラスなのですが。

しかし、それは性能の評価であって、性能は必ずしも価値ではありません。率直に批評するならば、一年に一秒しか狂わない時計を一〇年に一秒しか狂わない時計に改善したところで何になるでしょうか。その時計を一〇〇年に一秒しか狂わないようにしたところで、顧客にとってどれほどの価値が増すというものでしょうか。

組織が取り組むべき課題の設定が陳腐化してきているのではないか、あなた方の努力は、これ以上やっても業績改善のうえでは無駄に終わるのではないか。このように指摘することは、なかなか心理的に難しいことだったので、私は口をつぐみました。

しかし、本当はその時計メーカーの方も重々わかっていらっしゃるのだと思います。では、なぜ組織の目的を再設定することができないのでしょうか。実はこの問いにも、本当は答えはわかっていると思います。これまで時計の精度を上げるために何十年と取り組んできた方たちが、組織の、部署の身内にいる以上は、その人たちの努力を無下にはできないのです。

第二次世界大戦の記録を読むと、日本軍が陥った欠陥の一つに、失敗をした将官を罰することができないということがあります。失敗をした将官を罰すると、将官同士の和が乱れ、彼らのつくったコミュニティがバラバラになってしまうからです。それと似た話は、現代でも企業を取材していて頻繁に耳にします。

しかし、それで事業組織が存続できるものでしょうか。旧日本海軍が、社会的にはとっくに陳腐化した飛行船操縦技術の専門家を、本来その任には堪えないはずの戦争指導的な立場から外せなかったという逸話を思い出すのです。私たち日本の組織は、顔を立て、面子に配慮し、和を重んじることによって、敗れざるをえない宿命にあるのでしょうか。

経営学は、近代量産工業が登場してから、大規模なビジネス組織が人類の社会で活躍するようになり、その大規模な組織がどのように機能しているのかを研究しようとして体系化された知識です。しかしこの問題は、おそらくは近代よりはるか以前から私たちが直面しているビジネス組織以前の人間集団の問題です。

どんな組織も繁栄の時期を経ればこそ、構造の硬直化の弊害は免れ難い面はあるでしょう。しかし、それによって組織活動の目的設定が固定され、製品をより資源節約的にすることにのみ、かまけてしまう。そのことで顧客から見て、より経済的なものにすること、その目的に合わせて工学や経営学の知識が大量に動員されています。それでどこまでもやって行けるものでしょうか。

私の知っている多くの優秀な理系、文系取り交ぜた技術者や研究者たちも、大勢がその目的に身を捧げています。私はそれを見ていると、いつも科学史の一ページを思い出します。

天文学の知識がまだ天動説のパラダイムにとどまっていた頃、明らかにその枠組みから見れば不審な動きをする惑星と天動説を調和させるために、当時の天文学者たちはさまざまな複雑な仮説を持ち出しました。地球の周りを薄いタマネギの皮のような透明な膜が何重にも覆っていて、それら一枚一枚が複雑に重なり、連なり、絡み合って動いていくような、複雑なモデルを構築しました。

そうやってどんどん複雑な仮説構築に取り組み、いろいろな惑星や天体が揺れ動く様子を天動説の下に合理的に説明しようとしました。その時代の優秀な人たちが、古い枠組みを延命させようとしてどんどん問題を複雑に解こうとしていく。しかし、そうした複雑で精密な努力は、それでも地球は動くというガリレオの一言で、枠組み自体が陳腐であることが露呈され、無意味になりました。

現代も、商品の価値を技術的努力でばかり解決しようとすること、目的を固定させて手段を磨くことの限界が来ているのではないでしょうか。性能を技術的に強化し、商品をより経済的にしようとする方向以外の手段を模索してよいのではないでしょうか。ある商品が解こうとする問題設定そのものが、ときには見直されてよいのではないでしょうか。

しかし企業組織にとって、自社商品が存在する目的を新しく設定することは、なかなか容易ではありません。ビジネスモデルが今依存するポジションで、それなりの有意性を築いてきて、それが急に無価値になるわけではないからです。

私はこれを「タバコ屋のおばあちゃんの論理」と呼んでいます。「昔よりタバコは嫌われていると言うけれども、相変わらずタバコが好きなお客さんはいてくれますよ。ただ、昔より年はとっているけどね」。このおばあちゃんからは、自分と価値観を同じくする相手しか見えていません。しかし、価値観を違える人々は、何も言わず黙って離れていきます。そうやってどんどん社会の中では古い枠組みに属する存在として、老いていきます。同じあやまちを、そうした多くの企業は犯していないでしょうか。

しかし、新しい目的に合わせて、ものづくりや商品開発の体制を見直し、今日の売上ではなく、将来の売上のために未来に備えて新しい問題を設定することが、誰にできるでしょうか。

わざと手厳しい言い方をすれば、企業組織に属している人たちは、雇われ人根性であり、自らは言われた仕事をまずこなすことが近代組織の本質です。目の前の仕事にのみ意識を及ばせ、集中することは、確かに将来への備えや変化への対応をおろそかにさせます。皮肉を言うならば、確かにそれは大企業病といえますが、しかし、大企業病にかかっているからこそ、今日は儲かり、そのことで生き残っていることも事実であると思います。

そのためには、ものづくりに対するフェティシズム、技術神話のナルシシズムに浸ることも不合理なことではないのかもしれません。それが古い状況への過剰適応だと言われるのは後知恵でしかありません。

近年、「プロジェクトX」に代表されるようなある種のビジネス情報番組を見ていると、事業組織の苦労話が大変耳に心地良い自己陶酔的な物語商品として、広く消費されていることが目につきます。それを好み、支持する消費者がたくさんいるからこそ、その苦労話の市場はこれだけ繁栄するのでしょう。

私も、そうした苦労話が正直大好きですが、しかし、あまり健全には感じません。問題解決の苦労話ばかりもてはやしているように見えるからです。

■マッカーサーは来ない

特に名門といわれるような老舗の大企業組織の内部では、組織の方針や戦略に責任を持つべき人々が、各人が本当に対応すべきお客さんが消費者ではなくなっています。社内の同僚がお客さんになっており、その社内の各部署各員間の内部調整コストばかりが払われているように思います。

確かにそれはコンセンサスが尊重され、非常にうるわしい和気あいあいとした風景ではあります。しかしそれもまた、やっぱりファンタジーにすぎません。これがテレビジョーよりも罪が重いのは、リアリズムに徹するべきビジネス組織で、形として幅を利かせている点です。

しかし、そうした一見「和やかな」雰囲気を維持するために、多くのコストが払われています。多くの事業組織では、社会の変化や市場環境の変化に応じて、小の虫を切り、大の虫を生かすといったことがなかなかダイナミックにはできません。もちろん、大小両方の虫を殺さずに済む手段があるならば、それが最良でしょうが、なかなかそういう手段はないときには、果断に決断して、せめて大の虫を生かそうとしてこその経営でしょう。

その決断を避け、もうどうしようもなくなってから、しかたなく小の虫を切ろうとしても、そのときには手遅れで、大の虫にも被害が及ぶといったことでは、何のために組織があり、戦略があるのでしょうか。

もし本当に企業に経営戦略が存在するなら、むしろ市場環境に応じて悲観的な判断をせざるをえない部署の成員を生かすためにも、先手を打ってドラスティックな判断をするのではないでしょうか。ここにあるのは、一見優しげな組織の和であっても、実は問題の先送りで、本当になすべき対策を棚上げにした無難な弥縫策でしかなかったのではないでしょうか。

また、日本軍の事例を紹介したいと思います。吉村昭さんの『海軍乙事件』という中編小説があります。そこでは、太平洋戦線での航空機事故によって、海軍首脳が敵の捕虜となった事件が描かれています。

パラオからフィリピンに向かっていた連合艦隊司令部搭乗の飛行艇が墜落し、将官たちは捕虜になり、機密の作戦計画書がフィリピンのゲリラに奪われてしまいます。その後、将官たちは日本軍によって救出されますが、東京の海軍首脳たちは、彼らが捕虜になったことを隠そうとします。そうすると、作戦計画書が奪われたことも隠蔽しなければならなくなりますが、彼らはゲリラは米軍とそれほどの連携はしていないだろう、という希望的観測を無理やり押し通してしまいます。

事故の隠蔽それ自体は、戦争上の機密管理として当たり前のことかもしれませんが、恐ろしいのは、日本海軍が自分でついた嘘を自分で信じてしまったということです。海軍が外部に対して機密作戦計画書が奪われたことを隠すだけでなく、組織内部が、計画書が奪われていないことを前提に行動してしまったのです。

つまり、事実の隠蔽をしたとしても、それを狡猾かつ巧妙に行うこともできず、自己欺瞞で自分たちもその自分たちの嘘を信じてしまったのです。結果として、敵側に漏洩した作戦計画の見直しもすることなく、マリアナ沖海戦で日本海軍は惨敗を喫します。

個人でも、一つ嘘をつくと、その嘘を覆い隠すためにどんどん嘘が広がってしまいます。まして大きな組織が大きな嘘をつくと、それと事実の間の矛盾の露呈を避けるために、さらなる嘘の上塗りが連鎖的に発生せざるをえなくなり、嘘が体系化されていきます。

個人一人の脳裏でも、その嘘の破綻を繕い続けるのは大変なのに、大人数の組織でそれを続けるには無理があります。結果として、その大きな嘘の体系と事実の齟齬をいちいち配慮して組織的に言い訳をでっち上げることが困難になり、やがては嘘を嘘として割り切って扱えなくなります。嘘と事実の使い分けができなくなると、組織は嘘のほうを採用してしまい、それに乗っ取って行動するようになります。つまり、嘘から真が出てしまうのです。

実は、ここに大規模組織の陥りやすい罠があります。どんな組織も、自分たちの事業を展開するうえで、「とりあえず現在の社会はこのようになっていると思うので、このつもりで種々の取組みを行っていく」という心づもり、作業仮説として、共通した社会把握を共有することになります。

組織的に連携しようというときに、各人が各様の「事実認識」でバラバラで動くことになっては組織の体をなしませんから、組織が大きくなるほど、きちんと認識を共有しようというのは当たり前で、最初はもちろん保身や欺瞞といった意図とは違うところから出発します。ですから、それは旧海軍首脳が自ら捏造して自ら信じてしまったような、事実を隠蔽しようとする嘘とは違うはずですが、このストーリーがやがて組織内で独り歩きし始める、ということでは共通しているのです。

これまで多くの企業の方に調査協力をいただきましたが、おかしいくらい、と言えばよいのか、哀しいくらい、と言えばよいのかわかりませんが、あちこちで頻繁に同じような言葉を聞きました。「うちの会社では、とりあえずそういうことになっていますので」「ひとまずこういうことで行きましょうということで」「確かにそれはそうなんですが、社内でもいろいろありまして」「まあ、本当はこれではいけないのかもしれませんが」というような言い回しでした。

小さな組織であれば、現実に相違した組織の社会把握は絶えず水を差され、突っ込みが入り、訂正されることになります。それができなければ組織がなくなります。しかし大組織では、現実に乖離した社会把握に水を差されることが間に合わず、どんどん社会と乖離していく傾向があります。

大きく、プライドが高く、社歴の長い企業ほど、こうした「社内で共有された認識」と現実が乖離していくのを止めることが難しくなります。社内で関係者が増えると、社会変化に応じてその人たちの認識を補正・更新するコストが高くつくようになります。それを払うくらいなら各人が適宜認識の「使い分け」をして乗り越えれば、角が立たないと考えるようになります。それができることこそが有能さだ、とまで考えられるようになります。

そして、恐ろしいことに、こうした習慣が定着すると、とりあえずの方便として現実と乖離した社会把握を便宜的に使用していたつもりのはずの人でも、希望的観測が交えられていき、やがて方便と事実の使い分けができなくなります。自分の直接見える範囲内は事実を認識しようとしても、よその部署のことはわからないので、方便に則って推測するよりほかなくなるからです。

こうした状況で、組織内でいちいち乖離を指摘し続けることのコストに堪えようとする人はめったにいません。組織的自己欺瞞がこうして横行します。それはほとんどの場合、個人的には各人がよく周知のことです。話をしていると、「それはわかっているのですが……」と言葉を濁します。個人では百も承知のことが、組織単位になると対応できなくなっているのです。

なぜそうなるのでしょうか。多くの組織が、えてして調和したふりを優先し、本当の問題解決に取り組むことを自ら妨げているからではないでしょうか。そして、多くの経営トップたちは、自分の定年までとりあえず無難に、当面会社がなんとか持てばよいと思って、必要な変革に手を着けることを先延ばししてはいないでしょうか。

もし本当に企業組織がふだん装っているとおりの和気あいあいとした、調和した組織であるならば、なぜトップが、自分が去ってからのその組織の危機にこうも無責任になれるのでしょうか。

同じような「病状」に陥った大組織、日本軍は、敵対していた組織によって敗北に追い詰められ、解体され、それによってその弊害も解消されました。しかし現代では、多くの日本の事業組織にわざわざ倒しに来てくれて、課題を解体してくれて、そして、次のモデルを与えてくれるマッカーサーのような存在は、一部の自動車メーカーなどを除けば、どうも来そうにありません。自力でなんとかしなければなりません。

■方舟のない島

一度成功した組織が自己改革ができなくなるという病理に陥るのは、別に日本の組織ばかりではありません。どんな国のどんな組織でも、成功した組織は傲慢のあまり、自己改革をやらずに次の失敗に陥りやすくなる傾向があります。

たとえば日本軍を敗った米軍も、ベトナム戦争では不思議なほど第二次世界大戦中の日本軍に似たあやまちを犯して、敗れ去っていきます。デイヴィッド・ハルバースタムの『ベスト&ブライテスト』という本は、非常に詳しくその物語を描いている好著です。

しかし、そうして淀んだ組織からどのように新しい問題解決を生み出すかについては、一つの組織的な知恵というものがある会社には、きちんとあります。製品開発組織論で「スカンクワークス」と呼ばれるモデルがあります。

スカンクワークスとは、第二次世界大戦中のロッキード社で、米軍の発注に応じて急遽新型の戦闘機を開発しなければならなくなったときに、旧来の組織構造では思い切った革新ができないと危惧されて、各部署から若い技術者たちが抜擢されて、少数精鋭で結成されたチームです。プラスチック工場の隣のにおいがきつい場所に新しいチームの作業所が配置されたので、スカンクワークスと呼ばれたといわれています。そのチームが開発したのが、初の実用ジェット戦闘機、P－80シューティングスターでした。

組織が老いたときに、正面からその古い制度を改革しようと立ち向かうことでエネルギーを浪費するのではなく、いっそ選ばれた新しい優秀なメンバーだけで新天地を開拓しようとするものなのです。こういう言い方をすると、歴史や宗教に詳しい読者で気づく方もいると思います。

これは旧約聖書にあるノアの方舟《はこぶね》の逸話と同じパターンなのです。もちろん、それは伝説であって史実とは差があるでしょうが、キリスト教の伝統を背負った欧米社会では、この物語の構図は改めて意識するまでもなく、彼らの歴史的教養・常識の一部になっています。彼らには、大きく古びた組織は古着のように脱ぎ捨てて、新しい小さな組織で再出発するという発想が、伝統的に組織運営の一つの知恵として、選択肢のうちに想定されています。

あるいは、エジプトのファラオの圧政を逃れて、ユダヤ人たちを「約束の地」カナンに連れて行こうとする、「出エジプト記」のモーセの逸話の面影も感じられます。社会の伝統的教養を今日の組織運営に活かす、というよりは、どんな社会も問題を解決するときの行動パターンの原型は、歴史的に制約されるという表現のほうが正しいかもしれません。

ともあれ、「新チームのメンバーを選抜して新しい場をつくり、しがらみのないところでゼロから新しい組織をつくり、問題を解決する」というようなパターンは、日本の組織文化の伝統にはなかなか見当たりません。私たちの祖先はずっとどこにも移住しようがない、この列島の中で生きてきました。その環境で一部メンバーを選抜することは、それ以外のメンバーとの間に角を立てる、その「和の乱れ」を警戒せざるをえませんでした。スカンクワークス的選択肢は、ほとんど考慮の外にあったのだと思います。

日本で類似の事例はないだろうか、と必死で心当たりを探してみても、私の取材経験では、たとえばソニーの伝説的技術者と呼ばれ、日本で最初のテープレコーダー、ビデオテープレコーダー、電子スチルカメラなどを開発した木原信敏さんが、専務を退任されてから同社と共同出資で設立された株式会社ソニー木原研究所がありました。

木原さんの下では多くの開発技術者が育ち、その人脈は「木原学校」と呼ばれましたが、校長先生の木原さんを囲む開発エンジニアたちが、品川の本社「ソニー村」と呼ばれる地域からほどよく離れた五反田のオフィスに居を構え、先端技術を駆使して、プレイステーションの心臓部など難しいデバイスを開発していました。

同研究所の場合は本社で堂々たる実績をあげた木原さんのチームに、木原さんの専務退任後も存分に活躍してもらおうというねらいがあり、木原さんのリタイアの後には、同研究所はまた本社に吸収されることになりました。この事例が日本における数少ないスカンクワークス的組織の一つかと思いますが、それにしても、木原さんという会社を象徴するようなエンジニアのビッグネームがいたということで、あまりにも特殊的事例と考えられます。

私たち日本の社会で日本の組織の運営を行うときには、否応なしに歴史的文脈や組織文化の伝統に縛られます。それは別に日本ばかりの話ではなく、世界中どこに行っても、そうでない社会はありません。日本の組織は、日本の文化伝統なりの解決策を考えなければならないでしょう。そのためには日本の大学で教えられている経営学は、まだあまりにも「アメリカから持ってきた」枠組みを乗り越えられていないかもしれません。

私たちの組織的伝統が選んできたのは、固定メンバーでいかに軋轢を少なくして、今いる場所で問題に対処するかという対応策でした。このことは、いったん危機に陥れば、組織一丸となった団結力と融通無碍な弾力性をもたらして、それが非常にメリットを生むこともありますが、反面では、自己改革が非常に難しい硬直した組織構造を生み出しているでしょう。

ひとたび各部署が組織内組織として確立したら、なかなか他の部署にはお互いに口を出しにくくなる。それはちょうど新しく別の村をつくったら、その村なりの共同体ができあがって、他の村から干渉を受けることを排除するかのような伝統に立ったものです。

そこでは、セクショナリズムがはびこり、過剰分業の問題が発生します。もっと連絡を良くすれば、もっと部署が統合されていれば、何ということもない問題も、いったん分かれたセクションのそれぞれのプライドとモチベーションを維持するためには、手の着けようがない聖域となってしまいます。

この過剰分業の問題は、それ以前を知っている世代がいるうちはインフォーマルにフォローされることがあります。しかし、その部署が分かれてからその部署に入ってきた成員が大多数になると、もともとうちの会社ではこんなものだという自己規定が当たり前になり、分業していることの弊害そのものに誰も気づかなくなります。

■ワイガヤ世代が去った後に

ある自動車部品メーカーの開発エンジニアOBたちに話を聞いたときのことです。その会社がまだ小さく、そのOBたちが入社したての頃、彼らは同じ工場の一室で、各パーツについていろいろなトラブルを解決し、お互いの仕事を横目で見合って、時に連携していました。こんなふうに部署を細分せずに、一つのところで仕事をすることを、擬音の「ワイワイガヤガヤ」から取って、組織の研究者は「ワイガヤ的環境」と表現します。

その会社が成功し、その人たちがそれぞれのモジュールの開発幹部として別々の部署に分散した後でも、若いときに同じ部署で同じ釜の飯を食べ、同じトラブルに対処した経験がある同士なら、開発部署間のホットラインが存在して、「おたくのあれは何でこうなっているんだ？」というようなインフォーマルなコミュニケーションがあり、セクショナリズムの弊害を補っていました。

しかし、その人たちがリタイアしてからは、一度も同じ屋根の下で同じ釜の飯を食べたことがない人たち同士で連携を迫られるようになりましたが、それが先輩たちと違って非常に難しいことはいうまでもありません。しかしその世代の人たちにとっては、その困難と不便が当たり前だと認識されてしまいます。こういうものでしかたがないのだろう、と思われてしまうのです。

こうした風土で既存の製品や、現在持っている資源の新しい目的の設定、新しい用途の開発がどうやったらできるか、非常に難しくなります。大きくなった組織に属する開発エンジニアたちは、研究所と家と最寄り駅の居酒屋で、自分たちがいる部署の飲み会の三角形の上をぐるぐるぐるぐる移動することがルーティンになってしまっています。これではいけないと思っている人が大多数なのに、現実にそれに手を着けることが非常に難しいのです。

私がある電機メーカーの開発部署で話をしたときに、最後のスライドで一つ問いかけをしてみました。「知らない人と最後に友達になったのはいつですか?」と。講演が終わった後、ある若い聴衆が私にこう話しかけてきました。「今日の話は面白かったです。大変勉強になりました。ただ、最後のスライドの意味だけがよくわかりませんでした」

あまりに深い病理ではありますが、こうした問題をなんとか解決しようとするとしたら、前章で述べたような機動的な小さな組織から学び取れることは少なくないのではないかと、著名な大企業の方たちに申し上げたことは今まで何度もあります。わかってくれる人もいますが、少なからぬ人たちが、中小企業の事例に学ぶと言っただけで抵抗を示すことも事実です。

残念ながら、日本の企業社会には、中小企業に対する偏見が濃くあります。大企業の人たちから見ると、一番身近な中小企業のイメージは、子会社であり、下請けです。それはしばしば、出世コースから外れた人たちが不本意に選ぶキャリアパスになってしまっています。そうすると、事業と直接関係のない社内でのプレステージや、自分のプライドがまとわりついて、「小さな組織＝ステータスが低い組織」という先入観になって、その小さな組織から学ぶことがある、ということ自体が屈辱だと感じられるような対応をする人は、実は多くいます。

たとえば、ビジネスマンとして経営学を学ぼうとする人たちでも、つき合っている知り合いの職場を規模でランクづけして、交流範囲を選ぶような人たちというのは少なくないのではないでしょうか。確かに何の取り柄もない、さしたるユニークな成果もない中小企業というものが、中小企業のほとんどであるかもしれません。

しかし、新しいことに取り組む、まだない市場をつくることに取り組む、そのことに有利な立場にある企業は、大組織よりも小組織に相対的優位がありえます。そこから学ぼうとすることは、有意義なことではないでしょうか。

このときも企業組織の中の序列意識が障害になります。幹部候補生として入社したような人材は、すでにその会社の事業の柱となっている本流の部門に配属されることを誇りとする雰囲気が入社時点でできあがっています。多くの新入社員たちの経験を見ていると、その雰囲気に染まるのは、それこそ研修期間の二、三日もあれば十分なようです。

しかし、社会の変化を考えれば、エースは本流にいてはいけないのではないでしょうか。海のものとも山のものともわからない新しい挑戦に一番優れた人材を配置すべきではないかという話をすると、理屈では賛同する人は少なくないでしょう。ただ、実際に「では、あなたがそれを手がけたいですか？」と聞くと、やはり腰が引けるのが多くの事例だと思います。

私自身も研究者として、傍観者としてはこういうことを言いますが、もし自分が企業組織でその立場に立てば、今の社内の序列意識に逆らうことは非常に難しいことだと思います。この問題は非常に根深いものです。

ここで私が難局打開の一つの可能性を感じるのは、オーナー企業や家族企業などの存在です。そうではない企業は、一見コンセンサス重視で、組織の和が充実しているように見えても、結局はそれは他人の集まりでしかなく、本当に苦しいときには、目先の事業の存続を優先して、将来の価値を生む可能性があるシーズも刈り取り、リストラの対象にすることもしばしばあります。

そんな社会状況で、逆にこれまで前近代的な事業体として見られてきたようなオーナー企業や家族企業は、他人同士が集まる「組織」ではなく、文字どおり身内です。自分の財産と会社の業績が密接に関連している立場の経営者が、わが身の問題として大きな責任感を持って、長期的な視野に立った事業戦略を立てることは非常に自然なことです。

所有と経営が分離した近代的な大企業に事例をとることが多い経営学をフレームとして、日本のビジネスを観察していると、こうした企業の存在は軽んじられがちです。しかし、なかなかどうして、こうしたオーナー経営や家族経営の企業で、それだからこそ、画期的な事業展開につながっているところは少なくありません。

法人はしょせん、その組織に属している人の便宜のために仮設されたヴァーチャルな存在にすぎません。時にはその法人が滅んでも、そこで育まれた知識や人材や設備は、さまざまな対策で乗り越えて、家産として、ある個人や一族の持ち物として姿を変えて生き残ったりすることも多くあります。ただし、経済ビジネス系のメディアに乗りにくいだけの話です。

本書で取り上げている企業にはそういうことはありませんが、確かにそうした企業の一部には傾向として、ときに身内びいきやネポティズム（縁故主義）の弊害が発生することもあります。その係累に属さないメンバーにとっては、その意味であまり魅力のない事業組織であるかもしれません。

しかし、もともとビジネスというのは、自分や、自分の大切な人がしあわせになるために誰かが始めるものであるのは当たり前のことです。それ以外の何かモダンな主義主張が、事業組織を構成する原理である必要は必ずしもありません。いろいろな出自を持った組織がさまざまな経済環境下で、それぞれ自らに適した局面の事業活動を展開することは、それも合理的なことです。

本書で述べるような、新しい市場をつくろうとする未確定の将来に、思い切って踏み出そうとする雄大な企業家精神が必要とされるような状況では、むしろそうした「近代的」でない事業組織のほうが、向いている面があるでしょう。それは、どうあがいても本当の「身内」をリストラできないからこそ、逆に覚悟を決めて、思い切ったしがらみやセクショナリズムを克服できるからです。そして、「近代的」に整備された組織も、そうした「前近代的」な組織から学べることが多いのではないでしょうか。

本章ではひとまず、この点を仮説として指摘するにとどめます。次章では、モノやサービスなど人工物の製造を設計情報処理プロセスとして分析する枠組みを紹介しながら、この「組織の病」をどのように超克するか、事例から考えます。

第6章 「現場の本社主義」宣言

■工業時代の始まりに起きたこと

本章ではさまざまな商品がどのように企画され、開発されたか。そのプロセスを組織内の情報のやり取りや流れとして分析します。そのためにまず、人工物製造を「設計情報処理プロセス」として分析する枠組みを説明します。そしてその枠組みを通して、一つの成功した商品開発の事例を紹介し、それにより優れた商品開発組織のあり方についても、一つのモデルを示せればと思います。

日本企業の人工物製造については、いわゆる「現場主義」的な風土、問題解決手法が称揚されることが多いですが、それはもう当たり前のこととして、さらにそこから先にはどう行けるか、ということを考えます。

ここで設計情報転写処理パラダイムについて紹介します。このパラダイムは東京大学大学院経済学研究科教授の藤本隆宏先生が構想したもので、ものづくりを情報の転写として捉えることで、他分野のさまざまな商品の製造のプロセスを比較・分析可能にした画期的なものです。

本書を書く現時点で、すでにこのパラダイムは日本の経営学界における人工物製造の分析枠組みとして主流となり、世界でも主流となっていく、それだけ画期的なものです。大げさでなく、ものづくり研究におけるニュートンの法則のような位置を、藤本先生の研究は占めていると私は考えます。この枠組みで、単に生産プロセスだけではなく、それに先立つ開発プロセスと合わせた人工物の製造行為全体を科学的に比較分析できるようになったのです。

人工物製造というものは、たとえば鉄鉱山で取れた砂鉄が炉に入れられて鋼板になって鋼板が曲げられ溶接され、組み立てられ、自動車になるような「素材の加工である」という見方ももちろん妥当ですが、別の見方もできます。それは、設計情報（design information）を素材に転写するプロセスであるという見方です。

設計情報転写とは何なのでしょうか。人工物をつくる、特に工業製品をつくるということは、人間の頭の中にある、こういうものがあればいいなあというイメージがだんだん形を取っていくと捉えます。最初の企画者の脳裏から最終素材にまで情報が転写されていく現象だと考えると、何が見えてくるのでしょうか。

はなからその見方に立つならば、もちろん人工物製造というのは、昔から設計情報の転写であったのです。しかし、どういうわけか近年になるまでその側面はあまり重要視されておらず、いや、ものというのは原料が形を変えて製品になることだよね、という見方が支配的でした。

なぜそうなったかというと、近代工業以前・以後でものづくりの性質が著しく変わったことが挙げられます。特に日本のものづくりにおいては、一般的に工業の素材になるものが、たとえば金属素材や化学、いわゆるプラスチックや樹脂素材などの化学的に合成された原料が多く使われますが、これらには共通する特徴があります。素材と手順の同一性です。

もし読者が近代工業以前から存在する、工芸系のものづくりの素材に注目すれば、工業素材との違いがよくわかります。たとえば、日本の伝統的な工芸で昔からあったものは、木材や紙であったり、あるいは天然の石を切ったものであったりします。

これらでも非常に便利で美しいものができますが、これと全く違うものづくりの可能性を引き出したのは近代的な金属と化学原料の登場です。なぜならば、これらの原料はみんな均質的だからなのです。

大学の教室にあるもので例を探すなら、炭酸カルシウムの粉末を固めてチョークにするとか、あるいは黒板消しのプラスチックの部分は、樹脂の細かい塊を型に入れて溶かし込んでつくったり、というように同じ手順が決まっていて同じものが量産できます。

つまり、金属や化学素材の原料というのは、原料からどの部分を取ってもどれも差がない、同一の製品をつくれるということです。たとえば、もしプラスチックで仏像をつくろうと思ったらどうなるでしょうか。

仏像の型だけ金属でつくってそこにプラスチックを流し込み、固まったら何個でも同じ仏像ができます。みやげ物屋にあるレプリカの仏像がそのように製造されています。なぜそんなことができるのか、それはもともとの素材になるプラスチック原料が均質だからです。

これがもし、木や石で同じくらい同一性の高い仏像をつくろうと思ったら、大変困難です。これらの天然原料は不均質だからです。たとえば同じ仏像を同じ手順でつくりたいとします。つまり、同じ順番でこういうふうに削っていったら同じ仏像ができあがる、としたいならば、まず最初に全く同じ木材の塊がないといけません。

しかし、自然界で全く同じ木材の塊というものはありません。このように、同じ原料が二つないから、同じ手順で同じものができるということが不可能なのです。

■均質素材と「計画性」

しかし産業革命以後、均質的な金属原料（主にスチール）や化学原料が登場しました。二〇世紀初め頃から始まった第二次産業革命以降、だんだんと近代工業向きの均質工業原料が揃ってきたのです。たとえば、テキサスで取れる石油、ペルシャ湾で取れる石油はそれぞれ微妙に違うかもしれませんが、それを原油精製所で熱処理したら同じ比重の油に分けられます。

金属原料にしても、もとの鉄鉱石を見たら、ちょっと成分が違ったり不純物が混ざっているでしょうが、これらの金属原料や化学原料は、もともとはいくらか不均質な素材に、熱や圧力などのエネルギーを加えます。

そうすると、もともとは産地やロットごとに微妙に質が違ったかもしれませんが、それらを混ぜて熱したり、溶かしてまた固めれば、ほとんど同じといってよいほどの板や、あるいは全く同じ樹脂のロットができます。

それで初めて、これほど均質的な素材を人類が手にすることになったのです。読者の皆さんは近代工業化以後の社会に生きているから当たり前になってしまっていますが。このことによって同じ原料に対して同じ手順で手を加えたら、結果的に同じ製品ができあがるという再現性も、そもそも人類がこの均質的な原料を豊富に扱えるようになったから実現したのです。

家庭でもこれに似た現象があります。自動パン焼き器です。あれがなぜ自動的にパンが焼けるのかというと、夜寝る前に決まった量の水と小麦粉とイーストを入れてセットしたら機械に記憶されているプログラムが同じように働くからです。同じような素材が同じように寝かされて、こねられて、また熱せられて……、それが予測でき、それに則って制御ができるからです。

なぜそんなことが予測・制御できるかというと、小麦粉や水が予想どおりの反応をする物質だからです。つまりパンを焼くという行為は、小麦を粉に挽いて工業の原料を均質にしてしまった後は、ロボットがプログラムに従ってもできるように自動化できるのです。

では、自動パン焼き器があるのだから、自動ステーキ機はできるでしょうか？　ステーキは機械ではうまく焼けません。高級な肉ほど、中に脂身や赤身や筋などの個性があるからです。ちょっと焦げ目を付けて、どれくらい火が通ったか、またひっくり返してまた様子を見て、ちょっと塩やこしょうを振って、いろいろな肉の個性に応じて毎回違う焼き方をしないと、美味しいステーキというのは焼けません。

その理由は、牛肉という素材が事前にはっきりと計画が立てられるような均質的な材料ではないからです。不均質な素材の場合は、どういう加工を加えたら、どういう変化を起こすかの予測と制御がやりにくいからです。

もし原料がどの原料も一緒だったら、何回か実験をしたら計画が立てられるようになります。しかし、もし原料がどれも千差万別で違ったら、一つひとつ素材の性質が違うのだから、その計画はあまり役に立ちません。

原料が均質的で同一性が高いのならば、それで何回か試作したら計画が立つようになる。けれども、加工しようとする素材が木や紙や石や肉などの天然材料だったら、量産できません。一個一個予測できないからです。

ステーキですと、名人のシェフがちょっと焼いてはちょっと切って、少しずつ様子を見ながら目を離さないでつくらないと、美味しいステーキは仕上がりませんが、そんなことをやって、もし名人のシェフがいなかったら、ステーキを食べられないのではないか、ということになると、どうすればよいでしょうか。素材を均質化して工業的に焼けるようにすればよいのです。つまり、ハンバーグです。牛肉に個性があるから、一つひとつ美味しい焼き方が変わってしまうのだったら、そんな牛肉全部を混ぜてみじん切りにしてパン粉や玉ねぎと混ぜてミンチにしたら、均質化するのではないか、と考えるのが工業的センスです。

そうすれば統計的に、このミンチ肉を何度で焼いたら火が通って、お客さんに出せるようになる、みたいな計画が立つようになります。そうすると何ができるかというと、ファーストフードでハンバーガーが出せるようになります。予測が立つようになるからです。

アルバイトのお兄さんがハンバーグを焼いても、そんなに極端に割れたり焦げたりしないのは、ミンチ肉の場合は何度で何分焼けばこのくらいで焼き上がる、みたいなマニュアルがつくれるからです。

素材が均質にされて同一性を実現できると、ものづくりの工程に予測可能性が生まれます。予測可能性が生まれると、ものを実際に生産する前に、「設計」ができるようになります。この瞬間、職人とエンジニアが分離し、「工芸」が「工業」になります。

たとえば、本書の読者であるあなたがミケランジェロで、フィレンツェのメディチ家から頼まれて大理石の塊を彫っていくとしましょう。それはもちろん、ダビデ像のイメージが頭の中にあっても、実際に彫っていくと大理石のマーブル模様の微妙な筋などが邪魔になって、ここは避けて彫ろうとか、ここはちょっと弱く彫ろうとか、ちょっとずつ試し彫りして、石と会話しながら彫り続けないと、きれいなダビデ像はできあがりません。

しかし、もしメディチ家があなたに、材質はプラスチックでいいよと言ったなら？　とりあえず金型をつくって、後はプラスチックのペレットを流し込んで、溶けて固まったら、いくらでも量産できますね。

原料が均質な工業原料になると、実際にモノをつくる前に計画が立てられるようになります。つまり、ものづくりをするうえでの、問題解決のスケジュール表が事前に書けるようになるのです。ステーキを焼くにはどんなプロでも事前にさほどの計画は立てられませんが、ハンバーグだったらどうでしょうか。

もともとのパテが一〇〇個あったら、一〇〇個ともほとんど性質は変わらないから、事前にハンバーグを焼くうえでの問題解決のスケジュール表、製造手順のマニュアルを書ける。だから全国にチェーン展開しても、それに従いさえすれば同じハンバーグを焼けるわけです。

生産しながら設計するといったことが必要でなくなり、ハンバーグを焼くのはアルバイトに任せておいて、私たちはレシピをつくっておきますよと、このような設計を前もってできるようになります。これはどうしてできるかというと、原料が均質的になったからです。ここに近代工業化の大きな意味があります。

原料が均質的になることで、工業製品の同一性・生産の再現性が担保されるようになり、設計プロセスと生産プロセスを分けることができるようになったのです。設計情報転写パラダイムの大前提がここにあります。

素材の側が無個性になればこそ、それを加工するプロセスを、情報の転写になぞらえることができるようになりました。同じように白い紙に同じハンコをスタンプすれば、同じ印刷物ができあがるという寸法です。もともとの紙の地紋にしわや汚れなど個性があれば、印刷工程の同一性も再現性も無意味というものです。

面白いのは、たとえば同じひと組の原料を前にしても、それが同一なペアか差異があるペアかは、測定・識別精度次第であるということです。大ざっぱに見れば、原料に個性はないので、機械で同じ加工をすればできあがるモノも同じということになります。

しかし、たとえば町工場の名人のようなベテランの職人さんから見れば、全く同じように見える二つの素材が、それぞれまるで違った個性を持っているということはよくあります。その場合は、一つひとつの素材の個性を加工しながら確かめ、手探りで塩梅しながらそれぞれ違った手順で加工すると、ほとんど違いがない二つの成果物ができあがる、ということになります。

つまり、大ざっぱにものをつくろうとするなら、ささいな違いも気にせず、だいたい同じように加工してほぼ同じものができればよい、と割り切ればよいのです。高精度につくり込もうとすれば、ささいな違いも細かく見出して、それぞれ手加減しなければなりません。量産機械に対する職人の優位はここにあります。

トヨタ傘下の関東自動車工業（現・トヨタ自動車東日本）の静岡県裾野市の工場に行くと、同じ工場の建物の中で、カローラは流れ作業で盛大に量産しています。その隣でセンチュリーは大ベテランの職人さんが一日二台のペースでじっくりじっくりつくっています。

生産規模が量産になじまないということもあるでしょうが、センチュリーの要求する品質を達成するには、クルマの各部分間の調整を組み立てながら判断しなければならないからです、とまさにその担当の方から伺ったことがあります。

■たい焼きの開発プロセス

では、具体的に設計から生産にまで及ぶ、設計情報処理の流れを細かく見てみましょう。まず設計プロセスも、何工程かに分けることができます。モノをつくるうえで、一番最初に何が行われるかというと、概念設計です。こんなものがあればいいなあ、というような商品のコンセプトを固める、商品のねらいを決めるということです。本書でこれまで使ってきた言葉にするなら、まさにこれが問題の開発に当たります。

さて次に、その概念設計プロセスで創造した設計情報を機能設計に翻訳していきます。概念設計が商品のねらいを決めるなら、機能設計はそのねらいを果たすためにモノがどのように機能すればよいか、モノの働きを決めるプロセスです。

続いての工程が、世間で一般的に設計というと連想される作業です。具体的に商品の形を決める、構造設計というプロセスです。機能設計の段階で決定した働きを、モノがどういう姿かたちをしていたら達成できるかという、形を決めるのがこの段階です。

そして、構造設計に続いては、どういう手順で部品を組み立てたりしたら効率的になるか、それが適切かどうかでコストや不良率が全く変わってきます。ですから構造設計の次に、工程設計のプロセスで、具体的にどのような手順でモノをつくれるか、その方法を決めるということです。この後、いよいよ実際に機械や自分の身体を動かしてものをつくりましょう、ということで、やっと生産にこぎ着けます。

といっても、概念をさっと説明しただけですので、もう少しわかりやすく、簡単な事例を挙げましょう。このパラダイムの本家本元の藤本先生はよく自動車を用いて説明されますが、これを題材にするると、とてもではないですが一章に収まりませんので、私が先ほど買ってきた、たい焼きを取り上げたいと思います。

まず私がショッピングセンターのフードコートの商品企画担当者だとしましょう。ウチで扱っているお菓子は、子どもたちを楽しませてはいないが、これはいけない（問題の開発）、なんとかして楽しいお菓子を開発しようじゃないか。

お菓子の形がなんか面白かったら、来店されるお客さんたちも楽しんでくれるんじゃないか。お母さんについてお店に来る子どもたちを喜ばせるお菓子をつくれないだろうか……。そうだ、魚の形にしよう！　というのが概念設計です。「魚を連想させてお腹に溜まって、子どもたちを喜ばせるお菓子」という一言にまとめられるでしょう。

しかし、このコンセプトが実体化されるまでには、そのコンセプトに情報が付け加わらなければいけない。機能設計が必要になります。たとえば、このたい焼きの機能ってどういうものだろう。まず見て楽しいという娯楽性。しかも、親が子どもに買い与えるのにちょうどよい、腹の足し加減も必要です。どのくらいのカロリーが摂取できるべきだろうか。ご飯の前に食べると差し障りがあるけれど、それなりに腹持ちがするほうがよいだろうか、などというように。

味覚刺激情報を規定しましょう。やはり子どもを喜ばせるには甘いべきである。温かいとなお美味しいが、冷めても食べられないことはない、じゃあ摂氏何度くらいで売れるようにしようか……。といったように、もとは魚の形をしたお菓子でも、どういう性質や機能を備えていれば素敵な商品じゃないかという細かい要件が、スペックとして固まっていきます。

よく考えたらこれは誰に売るお菓子でしょうか。銀座の木村屋か、西荻窪の西友で売るのでしょうか。西友で売るのなら、近所に住んでいる家族連れの小さい子どもが多いのではないか？　そうなると、サイズが決まります。他にも、ほどほどのかわいさがあればよいのに。居酒屋でお造りで出てくるようなリアルな鯛だったら、子どもには怖いでしょう？　食べられて甘くて、カロリーが摂取できて、魚の形をしていて、一五センチ×一〇センチくらいでしょうか。これが商品の発揮するべき機能が決まるということ。機能設計ですね。

そして、いよいよ構造設計です。それはどのような具体的な形であれば所期の機能を発揮できるのか、その形を決めることを構造設計といいます。サイズも子どもの口に入るサイズにし、所期の甘さにするには餡の量はこれくらい、そうすると鯛の中でこれくらいの位置で皮を挟み、カロリーをほどほどにするには砂糖や小豆はこれを使い、こし餡のほうが加工しやすいとか、具体的にいろいろと決まります。

こういうふうに外形から中に入っているものまで商品の姿かたちが決まっていきます。そして、餡の入れる位置や量を原価とお店の戦略に合わせて決めていく。たとえば小豆三〇グラム、小麦粉を水で溶いたものを二〇〇ccだとか。こうしてたい焼きがどんな機能を満たしているかがだんだん決まっていきます。

最初は一行のコンセプトだったものが、スペックがついてより具体的になっているのがわかりますか。では、それが明らかになったら、それを具体的に満たせる人工物はどんなものかを考えると、構造設計が行われ、具体的な姿かたちが見えてきます。それを実際にどうつくるのといったときに、工程設計のフェーズに入ります。

皆さんは、たい焼きを焼いているところを見たことがおありでしょうか？　多くのお店でたい焼きを焼くには、一度に六匹分を焼ける焼き型がポピュラーなようです。本書を書くにあたって、あちこちのたい焼き屋さんで観察を心がけておりました。

それぞれの雌型に落として、少し固まれば上に餡を載せ、逆方向には左右対称の向きでフタになる型がついていて、しばらく火を通すと一気にかぶせて……。このタイミングを決めるには、どのくらいガスの火力が必要なのでしょう？　それを決めるには、お店にどれくらいの人がどのくらいの頻度で来るのか？　じゃあ、やっぱり六匹ずつやることにしましょうか、などと決めていくことになります。

そしてこの場合、店員さんが一人で六つ焼けるコンロで、手が届く範囲に生地を置いて、餡を置いて、何十秒後にひっくり返すというようにマニュアルを決めておきましょう。こういうのが、まさに工程設計です。

つまり、構造設計の情報を踏まえてものづくりの技術的な要求を合わせると、具体的な生産手順の情報がここで創造されているのがわかりますね。まさにそれまで付け加えられてきた情報の塊を小麦粉や餡という「メディア」に、たい焼きというものがこんな形をしていればいいなあというコンテンツ情報をプリントするわけです。

ここには、商品のデザインを表す設計情報の流れがあるのがわかりますか？　こういう見方をすると、ものづくりって情報の流れ、情報を流す行為だというのがよくわかります。こういう話が設計情報転写論の枠組みです（図6－1）。

▶図6－1　たい焼きの開発プロセス

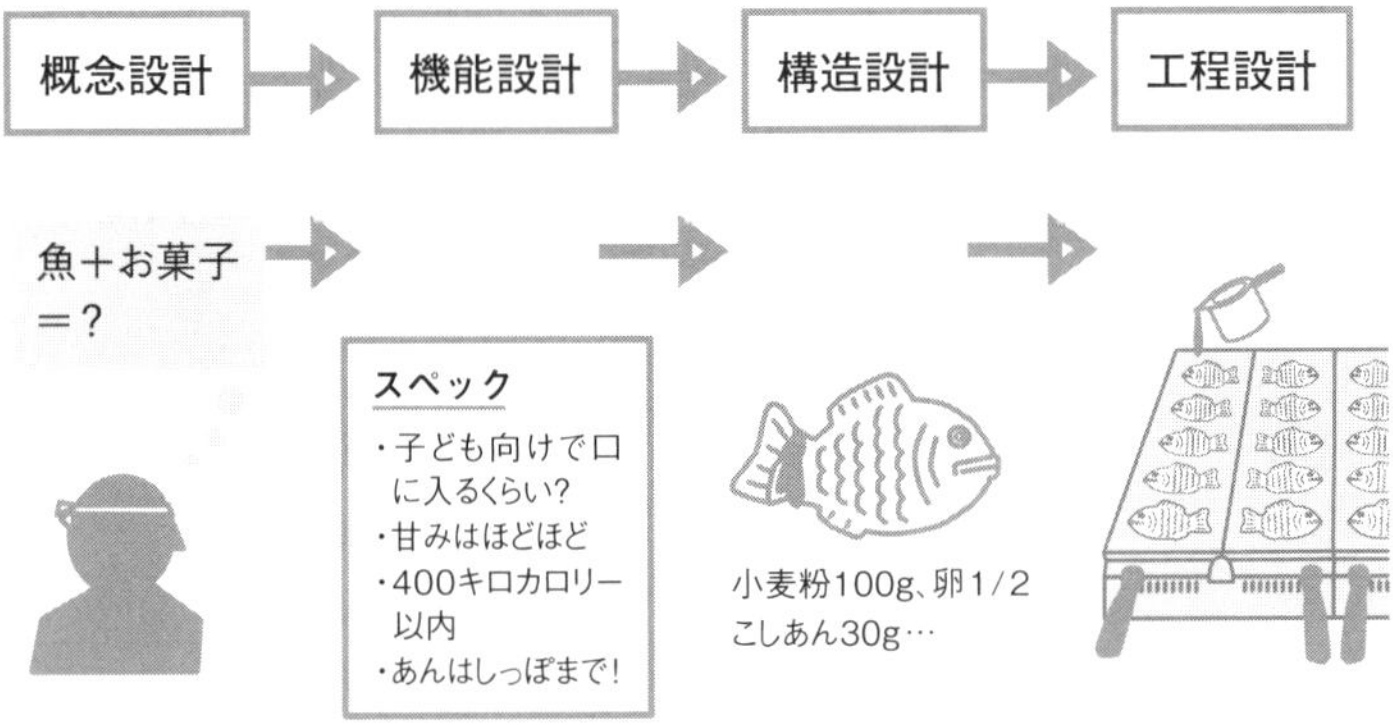

■フードコートをカイゼンする

もし構造設計情報としてかわいい鯛の形を決めたのに、それがこの焼き型をつくる段階ではいかめしい太刀魚とかになったら、設計情報の流れがうまく伝達されていないということですね。しかも、その型はきちんとつくったものの実際に焼くときに失敗したら、ここまで正しく伝達した情報を正しく実体化していないということだから、やっぱりここにコミュニケーションの失敗があります。

逆にいうと、概念設計をする人、機能設計をする人、構造設計をする人、工程設計をする人、そしてそれを最後に生産、つまり、素材に情報を転写する人まで正しくコミュニケーションができていれば、良いものが効率よくつくれるはずだ、というものの見方が設計情報転写論なのです。

この先で少し応用を考えて見ましょう。ここで生産管理の面白さの一端を紹介できればと思います。工程設計と構造設計、機能設計、それぞれの情報をきちんと調和させて、生産効率と品質を改善させていくこと、それは思い切り奥が深いんですが、浅くのぞいてみます。

たいていの店では、たい焼きは六個とか八個とか、まとめて同時に焼いています。このように複数の製品をいくつもまとめてつくることをバッチ生産といいます。

しかし、私が行きつけのところでも、たい焼きをバッチ生産以外でつくっているお店を見たことがあります。東京都中央区の人形町駅の近く、甘酒横丁に柳屋という有名なたい焼きの老舗があります。そこはたい焼きを一品生産しています。一匹分ずつ分かれた専用の型をつくって、火にかけています。

ショッピングセンターのフードコートにあるような、バッチ生産でたい焼きを焼く設備では、一度に六つセットで焼けるので、労働生産性は高くなります。それに対して、柳屋の職人さんは一個ずつつくっていますが、一見したら、いかにも面倒です。なんでこんな面倒なことをやるのでしょうか？　それは手間がかかっても、食べると美味しいからです。皮がサクッとしていて中の粒餡がしっとりしています。これはなぜでしょうか？

もしまとめて六個ずつつくるバッチ生産だったら、一個目と六個目の間に火の通り具合の差があるはずです。なぜなら、生地は端から順番に型に落としていって、できあがって型から外すときは一斉に火から下ろします。ということは、かたや一個目は焼きすぎの危険性があって、かたや六個目は生焼けのリスクがあるというのはわかりますね。

それではなぜ、フードコートのバッチ生産のたい焼きは、焦げたものや生焼けのものがないのでしょう？　雌型の一個目に生地を入れて六個目が焼き上がるまでの間に、一個目が焦げすぎないようにするには、火の通りの進み具合が遅くすればよいわけです。

そのためには、ある程度ガスバーナーの火力を弱めなくてはいけません。しかし、そんなにゆっくりゆっくりとろ火で焼いたらどうなるでしょう？　皮がカリッとしないわ、餡はバサッとしてるわ、スーパーのたい焼きなんてこんなものかなあ、という程度になってしまいます。

しかし、柳屋のような一品生産の場合は、それが避けられる。一個一個自分のタイミングで焼けるのですから。熟練のおじさんが長年の慣れたタイミングで、強い火力で焼くことができる。そうすると中の餡が熱せられ過ぎる前に、外の皮がカリッサクッになります。

ということは、六匹ずつまとめてやることで手順の削減をねらってやると、それぞれの味が犠牲になっているのです。一個ごと美味しさを追求すると量産ができません。柳屋のような、人気有名たい焼き店でしたら、量産より味を選んだほうがいいですね。

となると、単純にこっちが理想のたい焼きづくりですということではないのです。それぞれのお店の規模とか立地とかお客さんがどれくらい高いたい焼きでも美味しいものを求めているか、といったことを考えることになります。

そしてそれに合わせて、ものづくりの理想のスタイルも変わってくるわけです。たとえばコンビニで売っている有名大手メーカーのたい焼きは、工場でおそらくバッチ生産ではなく、ライン生産で連続してまとめてつくっているでしょう。それはたくさんの店に大量に出荷することが前提でなくては、かえって無駄が増えるでしょうから。

■ミラーが片方にしかないトラック

概念設計、機能設計、構造設計、工程設計、これら四つのデザインプロセスをうまく連携させること、それによって求められるコンセプトや機能を満たす構造の製品が、コストパフォーマンスの良い製造のプロセスを経て、実体化すること。この目的を果たすために、製品開発論、生産管理論、品質管理理論などのさまざまな分野の研究がなされていて、それらはそれぞれ非常に奥が深いものです。

もちろん、たい焼きよりも複雑な人工物の製造の世界では、もっと複雑な情報のやり取りがなされるわけですが、基本の枠組みは上記のプロセスを経て最後に生産がなされる、ということに変わりはありません。そして、それなりの品質のものづくりをしようとすると、あらかじめデザインされた構造設計、工程設計などの設計情報が最終的に素材に転写されるまでのプロセスでも、やってみると思わぬ、予測しない反応や結果が出ることがしょっちゅうあります。

そのときにすかさず生産現場が対処・対応することでアクシデントを防ぎ、さらにより高い品質のものづくりにつなげる。この取組みについて、日本の製造業企業は優れたノウハウを持っているということについては、さまざまな実証研究が存在しています。

この意味で、ものづくりの現場の現場担当者が高い見識と技能を持ち、それなりの権限を与えられ、思わざる結果に素早く対応することで、ものづくりのパフォーマンスを上げる現場主義というのは非常に大事なものです。そうした現場主義の対応の離れ業については、企業を調査・取材していると、たくさんたくさんお話を伺うことができます。

たとえば、香川県小豆島にある高級婦人服の縫製工場で、婦人服の縫製を担当している担当者の方から伺ったことは、「今日は曇っていて湿度が高いという場合には、湿度が高いと服地が伸びてしまいます。それをそのまま縫製して出荷してしまうと、裏地と表地が合わなくなり、当初めざしていたデザインよりも襟が立ってしまうことになります。婦人服の襟が立ってしまうと、ファッションデザイナーが考えていたよりも、だいぶ蓮っ葉な印象を与えることになり、商品のクオリティがめざしていたコンセプトからずれることになるのです。うちの工場の現場担当者は、そこまで判断して毎日生地の裁断や縫製に塩梅を加えています」ということでした。

こうした作業は、つまり最後に設計情報を素材に転写する生産担当者たちが、商品のコンセプトや概念設計に基づいて、構造設計と工程設計を毎日調整し、再設計しているということです。それも何かマニュアルに従っているわけではなく、現場での微妙な判断によってです。

これは現場の担当者の能力と志の両方が高くなければ不可能なことです。いわば、とんでもなく高いレベルのものづくりの教養、設計情報リテラシーが下支えしていてこその実績です。そうしたパフォーマンスの良さがあるがゆえに、その工場は中国製の製品との競合に勝ち抜いているとのことでした。

こうした現場主義をより優れたものに磨いていくと、設計図や手順書のような言語化・文書化された情報を超える文脈依存度の高い、非言語的コミュニケーションに、現場の人々は依存していきます。

そうした現場では、図面や手順書ではなく、まさに仕掛かり品、今まさにつくられつつある商品、現物そのものが設計図も兼ねています。そのうえで担当者がさまざまな臨機即応な対応をしていくことによって、ものづくりを続けていくことにより、製品の精度・性能が高められていくことになります。

つまり、ものづくり組織が熟察していくと、現場主義が好じて、モノそのもので必要な情報のやり取りがされていくということです。こうしたものづくりの伝統は、日本には昔から存在するものだといわれています。

たとえば、鎌倉時代に運慶、快慶ら慶派の仏師たちがつくった東大寺の仁王像を思い浮かべてください。彼ら慶派の仏師たちは、あんなに大きな仏像をほんの数カ月でつくったといわれています。それは、仁王像をパーツごとに分解して、分業で各パーツを彫刻しつつ、絶えずパーツ間のすり合わせを行っていたからだといわれています。
あれだけの迫力を持った、素晴らしい造形美を集団で素早くつくり上げるということは、まさに現場で現物をもって各パーツ間のすり合わせが行われることに熟達していたからにほかなりません。このとき、仏師たちの間のコミュニケーションは非常に高度で密なものになっていたでしょう。こうした点は今でも紛れもなく日本の優れた製造組織が持っている強みの一つです。

もしこれが現場と、現場を指導するエンジニアたちの間に職務階層的な壁があったらどうでしょう。これは藤本先生から聞いた話ですが、たとえば、日本であるトラックを製造する際に構造設計担当者がトラックの左右にミラーがあるときに一つだけ図面に書いたら、あとは現場で当然左右対称についていることがわかるだろうから、もう一つの図面を書くのを省略して、素早く次の工程に渡します。

日本に学ぶようになる前のアメリカで同じようなことをやると、片側にしかミラーのないトラックができあがったということがあります。これはアメリカのものづくり組織の担当者たちが単に気配りがないとか、ものづくりの知識がないということではありません。ものづくり組織での階層間における権限の配置があまりにも偏っており、上が言っていることに下はできるだけ忠実に従うことが良しとされると、考えることは全部「上」の仕事、と割り切るからです。それは自分で気を利かせることによって、かえってアクシデントが起こることをおそれるという、日本に比べて相互不信を前提とするシステムだからです。

そうした組織をとっていると、現場は言われたことだけやっていればよいと思うようになり、上はよほど優秀でないと、現場の問題を自分たちで解決することが難しくなってきます。日本の製造業がアメリカの製造業をコストパフォーマンスで凌駕した時代には、このようなことが起きたと思われます。もちろん、その後アメリカの製造業組織も日本の事例に学び、その弱点を克服しようとしたことは、これも確かにあることです。

■新コンセプトの水着をつくる

では、これまでに似たようなものさえつくったことのないような全く新しい市場をつくり、全く新しい商品を開発・製造するためには、どのような組織と、その組織内でのコミュニケーションがあればよいのでしょうか。

商品開発をするうえでの優れたコミュニケーションとは、どのようなものであるべきでしょうか。ものづくりのプロセスにおいては、常に想定外のアクシデントに対応できることが必要です。つまり、いつも自分たちが掲げている作業仮説の書き換えを強いられるのです。

ある思惑、ある心づもりがあってAというものをつくってみたが思わぬアクシデントが起き、それに対応してAをBに改善した。Bをつくってみると、また予想外の出来事が起き、B

をCに改善した。というような仮説と実験結果の間の照合、情報のやり取りのサイクルをできるだけ素早く回し、一番素早くものづくりを改善するには、どうすればよいでしょうか。

近年ではITを使った開発組織内の情報共有を促進するようなグループウェアがあるようですが、もっと根本的な解決策は、一人の担当者に権限と責任を集中させるということです。その実例に関してこれから紹介したいと思います。

第4章で紹介した磯部商店がその後、中堅水着メーカー、フットマーク社として躍進するきっかけとなった、水中運動用水着の開発事例を使います。同社が「水中運動用水着」(商品名「アクアスーツ」)の市場を創造した事例を取り上げて、意識化された問題を解決する手段が具体的にどのように形を取っていくのかを見ていきましょう。

この本を書いている二〇一二年夏現在では、読者のうちでも多くの方々が、すでに「水中運動」とか「アクアビクス」と呼ばれるスポーツについて、おそらく耳にされたことがおありでしょうし、そのための水着というのもご覧になったことがあるかと思います。ご自身がフィットネスクラブなどで、そのカリキュラムに参加されたことがある方もいらっしゃるでしょう。

しかし、一九九七年当時には、まだそうした「先行事例」は、この消費社会のほぼどこにもなかったのです。「水中運動用の水着」というものもない。それはどのような働きをしなければならないのか?　そのためにはどのような形をしていなければならないのか?　それらがまだわからない状態をご想像ください。

「まだ世の中のどこにもない『水中運動用水着』、それをあなたが初めてつくるのです」と、ある新入社員さんが、入社して即日、社長さんから言われてしまった。もし読者がそんな立場に立たされたら、いったいどこからどうやって手をつけますか？

考えてみれば当たり前ですが、世の中にあるどの商品も、最初はそれを表す概念や名前もないところから創造されたのです。いったい、「これまで名前さえなかったもの」を、どうやって形にするというのでしょうか？　以下にその経緯をルポルタージュ風に記述してみます。

■新入社員の大抜擢

一九九六年のある日、フットマークの磯部成文社長が介護について講演をしていました。磯部さんは、水泳用品と介護用品の両方を扱っていた体験から、高齢者が水中で運動すれば、浮力が働き足腰の負担も少なく、それでいて水中では水の抵抗があるのでかなりの運動になることを知っていたので、年配の消費者が水中運動をすることのメリットを認識してはいました。

その磯部さんが講演した最後に、聴衆に対して質問をしました。「この中で週に一回ほどでもプールに行く人は、どのくらいいますか？」。講演のテーマである「介護」に興味がある聴衆ですから、おそらくは聞いている人も、ある程度の年配の人が多かったでしょうが、この問いに対して手を挙げたのは、一〇〇人ほどのうちでたった二人でした。

そのときから、「今後この人たちが水中運動をするようになる可能性があるのではないか？しかし、それを妨げているものがあるとすれば、それに適した道具、つまり水中運動用につくられた水着がないからではないか？」と考えるようになりました。これが本書で今まで触れてきたところの「問題の開発」です。

しかし、この時点で磯部さんの脳裏には、その「水中運動用水着」は、ただまさにその抽象的な消費される状況の想定があるだけで、その商品が具体的にどのような構造、姿かたちでどのような機能、働きを発揮するべきなのか、その知識はまだありません。つまり、商品のコンセプトだけがまず構想された、この段階では概念設計がなされただけでした。

そこで磯部さんは、社長直属で「アクアヘルス部」を新設し、翌一九九七年四月に入社してきた新入社員、駒田倫子さんにいきなり水中運動用水着の開発を指示することになります。

一九九七年当時はまだ、日本で水中運動はポピュラーでなく、体育学の研究者がつくったメソッドに則って、水中運動を指導できる人材を育成しようとする団体がいくつか活動を始めようとしている、そんな時期でした。当然、水中運動用の水着はどうあるべきか、関係者の誰もどうともわかりません。

駒田さんはさっそく、競泳用水着を販売している先輩の営業担当の社員に付いて、いくつものスポーツクラブを回りました。そしてスイムウェアの営業では普通は発注権限を持つフロントのマネージャー、支配人との商談になるところを、とりあえず旧来の水着を持参して実際にプールに入り、自分も水中運動をやってみました。

その頃は、「プールでは一心に泳ぐのが社会的常識」であって、競泳以外でスポーツクラブのプールに身を浸すという習慣は、どこにも根づいていませんでした。一部のスポーツクラブで、隅っこの一レーンだけが、「歩いてもよい」とされているくらいで、インストラクターや指導者も、特に年配の女性がプールを健康増進に役立てることが可能なのか、手探りで模索している段階でした。

駒田さんはその状況で、実際にまず既存の商品を着用し、自分が水中で運動をしてみて周囲のユーザーからも消費した印象についての情報を聞き出しました。しかし、その時点では、とうてい「商品の改善点」についての情報といえるものではありません。

ここで注意していただきたいのですが、この時代における水中運動のように、社会にまだその消費習慣が存在しない時期、消費文化の草創期には、「この商品のここをこうしてよ」と「ずばり改善点を指摘してくれる」消費者はいない、ということです。

製品開発論ではよく、「商品にクレームをつけてくれるマニアックな消費者も、ある意味では貴重なヒントをくれるのでありがたい」というようなことがいわれます。しかし、それは現代におけるオーディオ機器とか、オートバイのような、すでに商品を評価する目利きの次元、価値観が研ぎ澄まされている分野でのことであって、文化が生まれるときには、そういう人はまだ消費社会のどこにもいないのです。

新しい市場を創造するような新しい消費習慣や消費文化、それを担う道具はどのようであるべきか考えようにも、作り手（候補）も使い手（候補）も、誰もがまだ素人である。このような局面では、インタビューしようにも、うまく言葉で話すことは難しい。だからこそ試作品の現物を現地に持っていって、担当者本人が「粗探し」をしなければなりません。ではそこで、何に目をつけるべきでしょうか？

■身体が冷えてしまう水着

ここで、第3章で紹介したレボUコップの事例を思い出してください。首が曲がらない消費者のために、あのコップは飲み口が斜めに切り出されていました。あのように、商品のねらいが特殊だと商品の形も特殊になる、ということは、どんな商品も「ねらい」がその「形」を決めている、つまりは、「商品の構造設計は、ある何らかの商品のコンセプト、設計意図に基づいて決定されている」ということです。

ということは、商品の「ねらい」が違えば「形」も変わってしかるべきだが、新しい「ねらい」の商品は、その「形」のどこを変えるべきかさえ、初めはわからない。わからないのだけれど、新しい「ねらい」の商品のあるべき「形」が、古い「ねらい」の商品の「形」がはまっていたポジションに、同じようにスポッと絶妙にはまるわけはありません。

既存の商品は、成熟の過程で既存の消費環境に最も都合良くフィットするように設計されている。ということは逆に、新しいコンセプトの商品は必然的に旧来の消費環境との不整合、いわば「すき間」が発生してきしみを起こし、どこかで無理が生じて、そこで消費者に不自由を強いるはずです。

しかし、新しい消費習慣に触れようとしている人たち（調査する担当者自身も含めて）は、なにしろそういう消費体験自体が初めてなので、たいていはその不自由を「そういうものだ」と思って、なんとなく意識するまでもなく我慢してしまう。そんな我慢をさせてはいけないのですが、消費者がそういうものだと思っているなら、「あえて欲を言えば、もっとどうなれば望ましいか？」を意識化するために、わざわざ働きかける、その道具が試作品なのです。

ここで獲得したいのは、まだ存在するかどうかもあやふやなニーズについての知識ですから、積極的に（企画担当者本人も含む）消費者（の候補）に働きかけて、そこで情報を「発生」させなければなりません。すでに誰かの認識のうちに存在する情報を取りに行くのではなく、まだ存在しない情報を生まれさせなければいけません。

駒田さんが消費現場に入って環境に働きかけ、生まれさせた情報は、旧来の水着を「水中運動用途」に使ううえでの、「不都合と意識しづらい不都合」についての情報でした。具体的には、旧来の水着は水中運動用水着としては、保温性が不足していたのです。プール内を歩いていると身体がすぐ冷えて大変なのです。

競泳経験がある読者は想像しやすいと思いますが、いわゆるスポーツとしての水泳をしていると、自分の筋肉を精一杯動かして運動エネルギーを出して、体温も上がるわけです。だからこれまで消費者は、「身体が冷えるなあ」という苦情を言ってきませんでした。

しかし、「水中運動用水着」の消費者としては、足腰に負担が少ない、そして、さほど激しくない運動をこそしたい年配の方や、病気やケガをされてリハビリで運動されるという方を想定しているわけです。

その人たちが、激しい運動をすることを前提としてデザインされた競泳用の水着（しかし、その時点ではフットマーク社で水着というのは競泳用が当たり前だったので、「競泳用」という意識さえなかったわけですが）を着て水中歩行をしていると、寒くなってしかたがありません。これが、「新しい商品コンセプトと旧来の消費環境との不整合＝すき間」です。

■水着のリ・デザイン

それまで同社では、水着というのは競泳目的で着ることが当然の前提として想定されていました。しかも、それがあまりにも当たり前だったので、商品の「ねらい」に則って商品の「働き」が求められている、ということもピンと来ていませんでした。「水着ってこうでなければいけないよね」という条件のピックアップがされ、それに従って「形」が決定されている、という意識も希薄だったということです。

旧来の消費者である競泳選手が水着に要求する性能とは、競技スポーツとしてタイムを競うわけですから、泳ぐ身体動作に邪魔にならないこと、プールの水に対する抵抗が低いこと、間違っても試合中に脱げたりしないこと、でした。

そうすると、そういう「水滑りの良さ」や「脱げにくさ」を求める消費者のニーズに応えるために、水着はどのように設計されていたか。スポーツメーカー各社は、ピッチピチに肌に張り付くような生地を使って、着るときに一生懸命ぎゅうぎゅうに身体を詰め込まなければ着られないような、「きっつきつ」の設計でした。それを選手が頑張って着用して、タイムを伸ばそうとするのが、意識されるまでもなく当然のことでした。

競泳選手が水着を消費する目的や意図は、競技としての水泳での速度の改善ですから、きつくても速いほうがありがたいし、商品開発側もそれに合わせて生地を選んで、型紙を切るのは当然で、各社はその目的を果たす水着を開発する競争をしていたわけです。

ですが、「水中運動用水着」という新しい商品コンセプトに則った商品を開発しようというのですから、商品の「ねらい―働き―形」（概念設計―機能設計―構造設計）の関係を組み替えなければなりません。そのためには改めて、この三者の対応関係を把握しなければならないということでもあります。

しかし、すでに社会的に普及している商品については、たいていは「なぜこんな形をしていて、それがどう働いて、つまり何のためなのか」を考えなくて済んでいます。

学童用水泳帽の製造から後発で水着分野に参入したフットマークは、最初に水着商品を製造した時代には、「既存の他社製の水着の形を真似て色柄だけ変えた」のだそうです。しかし、コンセプトから新しい商品を開発するためには、形の背後の働き、ねらいまでしっかり把握し、見直さなければならない。駒田さんはそれをやることになりました。

これはつまりどういうことでしょうか。水着が全部競泳用だった時代に、競泳目的で働きが決められ、それが反映されて形が決められていて、その結果だけ真似していると、「それがどのような働きをするために、その形でなければいけないのか」がわからないから、新しい商品コンセプトに合わせて合理的な機能設計・構造設計をやり直すことができないのです。しかし、それを見過ごすことによって、呪縛をやっと断ち切ることができるわけです。それでこそ、「問題と解決手段の組合せ方」を頭の中で組み替えられるようになります。

さて、それではとりあえず、保温性が低いという問題を解決するために、消費者の身体を広く覆うように水中運動用水着の型紙を切り直し、商品の形を変えたとします。しかし、そうするとまた新たな別の問題が発生します。

水中運動カリキュラムの合間の休憩時間に、たとえばお手洗いに行きたくなります。そのときに、保温性を高めるために身体を覆う面積を広くした水着は、脱ぎ着しにくいという着脱性についての問題が発生してしまうのです。

そこで、「ほら、型紙を変えて水着の生地の面積を広げたからいけないんだ、元へ戻せ」となったら、また「身体が冷える」という保温性の問題が再浮上してしまいます。だから布地を広くしたのは戻せません。そうすると被覆面積の拡大はそのままで、他の手段で着脱性の問題も解決しなければいけないということです。

駒田さんは、これをどう解決したでしょうか。まず、水着の生地の素材がこれまでは競泳用だったから身体にきつくフィットするように、あまり伸縮しない素材を選んでいた。それがいけません。なぜなら、競泳は「早く泳ぎ、タイムを競う」ものですが、水中運動は各自で立った姿勢で運動するものですから、水滑りを考えなくてもよいのに、応える必要がない要求に応えていたのです。商品が越える必要がないハードルをわざわざ越えていたのでした。

やはり、実際に試作品を消費環境にぶつけてみて、過剰品質だったことが見えてきたわけです。従来商品ほどタイトにしなくても、もっと脱ぎやすい、伸縮性のある素材に変えても別にかまわない、ということがわかったので、さっそく変えてみました。

競泳用に特化された素材ではなく、もっと選択肢を広く取り、伸縮性のある生地も使用してよいとなれば、むしろ思い切って年配女性向けの華やかなデザインを採用してよいかもしれない、ということになれば、それはまた「新たな検討課題」が浮上してきます。

しかし、年配の方は若い女性と比べて自分の肌をあまり人目にさらしたくない、というようなこともわかってきます。そうなると、既存の水着の一部分の改良ではなく、保温性と着脱性の関係のように、商品機能で「あちら立てればこちらが立たず」というような、いろんなトレードオフの関係が絡まっていて、それがどのようなバランスに組み替えることが必要か、ということがわかります。

■生まれ変わったコンセプト

つまり商品のいろいろな特性、着脱性、加工しやすさ、保温性とか、もちろんコストやデザイン性とか、それらの問題を全部同時に解決はできず、商品の目的に合わせてある次元ではどちらを優先して選んで他を譲るか、それらを調整することになります。どの条件も全部満たせるならそれが理想ですが、実際にはそうはいかず、商品設計するうえでの多くの可変要素、変数の連立方程式を解くことになりますし、上に述べたように、その式を解きながら、また新しい変数が見つかってしまうのです。

商品デザインを新コンセプトに合わせて最適化するということは、「一つ変えたら他にも波及してしまう」ような、こんがらがった関係をあるところまで解きほぐすことです。ですから、コンセプトの革新性が高いほど、それを実現するうえでの諸問題は、他要素に敏感に波及して連鎖して発生します。

さて、生地の面積も広げた、素材も伸縮性があるものに変えた、その過程で「競泳用水着」

だからこうでなければならなかっただけだ、必ずしもこうでなくてもよいのだ、という認識も獲得すると、いよいよ「いい落しどころ」がわかってきます。

たとえば、どうせ生地を変えて脱ぎやすくするのなら、もう大きく胸元にジッパーを付けてしまえばよいでしょう。これは競泳用だったら考えられないことでしょう。進行方向から胸元にかかる水圧が高いから、泳いでいてジッパーが下がってしまうと、いわゆる「ポロリ」が起きてしまいます。

このように連鎖する問題を解決していくと、いつしか「水中運動用水着としての改善は競泳用水着としては改悪である」というところまで、設計が突き詰められます。つまり、旧来の商品が追求していた性能とははっきり違う性能を発揮するために、商品のねらいどころや長短所が別物として見えてくるわけです。

そうしてやっと、違う商品カテゴリーを打ち立てることができます。ここで初めて「水中運動用水着」が、従来の「水着一般」から差別化されて、これまでのような水着は「競泳用水着」といわれるようになる。メリハリがついて、くっきり別物になるわけです。

新商品は、従来品とは商品を使用する目的から違うことがはっきりわかるようになります。単に「今あるものをちょっと工夫して改善した」というものとは全く別次元の新商品企画開発ができたということです。

■「寿司屋の出前」型開発組織

駒田さんがしたことは、何だったのでしょうか？　それは「コミュニケーション」だ、という言い方も間違いではありません。「生産と流通の壁を越えて情報を共有する」「市場の情報を工場まで伝える」ということは、どなたも異論なく、重要性を認められるでしょう。

しかし、本当に「これまでは概念さえなかった新しい商品」をつくるには、もっとダイナミズムを意識した行為として解釈するべきでしょう。単に「消費者のことをメーカーもよく知っておく」ではなく、生産の場から試作品という形で消費の場へメッセージを送り、そこで新しい情報の発生を働きかけ、それを消費者からの反応情報として生産の場へフィードバックし、その情報を得たことで生産の場での認識、ものづくりが一つグレードアップするように働きかけるということです。

そして、グレードアップした生産の場から、やはりグレードアップした試作品が消費の場へ持ち込まれ、そこでさらに消費者の感覚が開発されて新たな問題意識が認識され、それについての情報が新たに発生し、それをまた生産の場へ……、という螺旋状の認識の革新を、企画担当者は担うべきなのです（図6－2）。

磯部さんは、新入社員を抜擢して自分直属の部署を設置して新商品企画開発を任せたこのときの組織スタイルを、「寿司屋の出前方式」と呼んでいます。一般的なお寿司屋さんは、板前

▶図6−2　企画担当者による「働きかけ」のサイクル

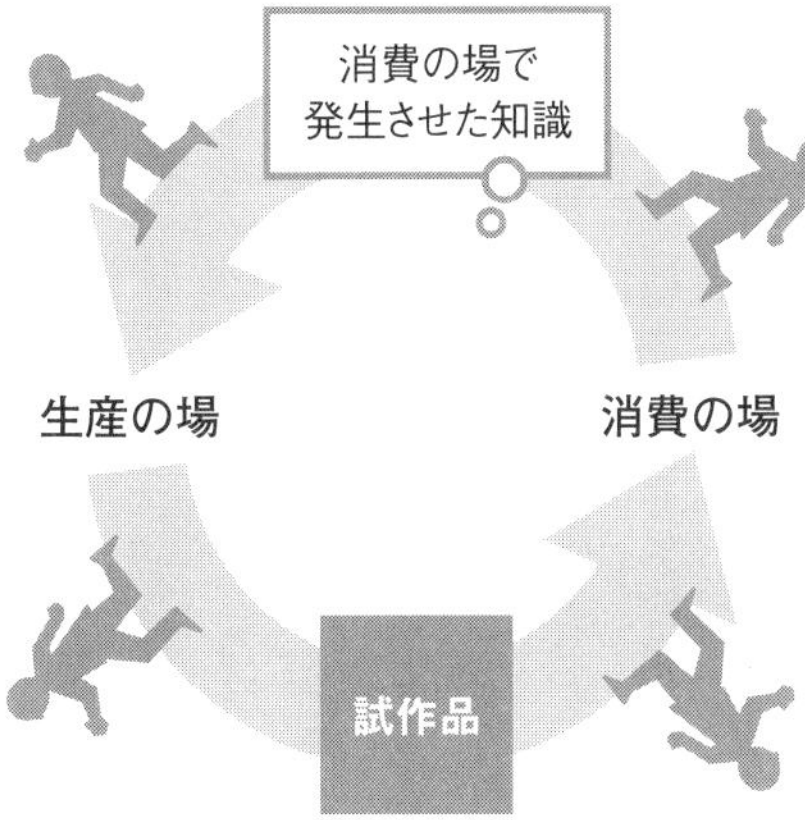

さんが自分で築地に魚を仕入れに行って、自分でさばき、下ろし、さくに切って、寿司に握り、桶に詰め、出前も自分で持っていく。

そのように、ある一つの商品がただコンセプトがポツンとある状態から商品として店頭に並ぶまで、一人の担当者が全部にかかわる。そうやって、スポーツクラブや縫製工場と情報のやり取りをすることで、「一気通貫」で商品設計のそれぞれの要素がすり合わされ、商品として完成度が高いものになります。

この段階では、型紙起こしから縫製工場、プールまで、複数の担当者間のコミュニケーションを経ずに、一人の担当者が自分の脳内で情報を突き合わせて駆け回ることが、最も効率的な情報処理スタイルだったのです。最も雄弁で情報量が多いメディアは、まさにその担当者本人だからです。

これをもし、市場調査は市場調査、企画は企画、デザインはデザイン、縫製は縫製、営業は営業というように担当者を別々にして縦割りブツ切りにしていたら、「すでにあるもの」、旧来の商品を大きく変えることはできなかったでしょう。

これを文章として書いている私自身が実はおそれているのは、読者が「言葉にすればなるほど当たり前」と思うことも、「言葉になる前はそうでなかった」ということを十分に想像できるか、ということです。なるほど、当時を思い返して関係者の方に説明していただくと、「今、世間で使われている水中運動用水着はそのような形になっている」というふだんの知見と合致するので、いかにもスムーズに合理的に話が進んだようですが、もちろんそれは後知恵です。

最初は名前もなかったような新しいものをつくるときには、何がどこでどう問題で、それをどのように捉え、どのように解決するのか、それらの概念をどのように呼び、組織内で共有するか、言葉を揃えることが非常に困難だったはずです。しかし、それはインタビューしたときには、名前が付いた後なので実はもう正確には表現できないのです。

それはもう整理され、言語化されてしまっているからです。しかし、これらの言葉がまだないときには、誰からも教えられない駒田さんがそれを言葉にしていくには、やはり自分でやってみなければならなかったのです。

■現場の本社主義

しかしこのプロセスから、またさらなる成果もあがりました。それは「組織的な企画パフォーマンスの改善」です。「なぜ既存の商品はこういう形になっていて、新しい概念とはどのようにそぐわないのか、どこを変えればよいのか」というような知識を獲得し、それを意識化、言語化するのは大変な知的労働集約的作業になります。

最初のプロジェクトを試行錯誤する段階では、「寿司屋の出前」のように一人の担当者に権限を思い切って集中させ、自由を与えることは有効です。それでこそ情報処理の効率も上がるというのは、合理的な話です。

しかし、それを組織的に活かせるようになるために、もうひと山越えなければなりません。駒田さんによる「アクアスーツ開発」のプロセスは、フットマーク社内のコミュニケーションスタイルも一変させました。それは具体的には、上記のような生産から消費に至る川の上流下流を行ったり来たりしてグレードアップを働きかけるプロセスで、商品の企画意図や商品設計仕様の細部まで情報化し、文書化する習慣が確立され始めたということでした。

たとえば、何センチくらい股下を確保すれば年配女性の多くは恥ずかしさを感じないくらいになるとか、ふくよかな体型の消費者ほど暖色を好む傾向が強いとか、断片的な知識は社内の誰かが過去の体験から知ってはいたかもしれません。しかし、それらが「ある商品の開発に際して獲得された知識』として体系的に整理されたら、同僚にもぐんと利用しやすくなります。

商品の試作、モデルチェンジ、アイテム多様化などのたびに、商品の企画書・仕様書をかっちり文書としてまとめて、社内の他の誰が読んでも、なるほどと多くの情報が伝わるようにする。このことで、商品設計改善スピードも上がりますし、無用な行き違いから来るアクシデントも防ぎやすくなります。

これは、駒田さんが入社したての新入社員で、水着開発の右も左もわからないことだらけ、というところから仕事をしなければならなかったことの結果ですが、だからこそ、どちらの組織でも、ついありがちな「頭の中でわかったつもり（でも、形にしてみれば見落としが多い）状態」の向こうへ抜け出せたのでしょう。

ここで改めて強調しますと、こうした情報の文書化のメリットが大きくなるのは、ただルーチンで日報を書くような形式的な情報の記録作業ではありません。担当者が自分で働きかけて、「それまではなかった情報を世界に発生させて」、それを記述することで、文書化される情報が希少なものになるという場合です。

自分が商品試作品を持って実際に消費される場に持ち込んで、消費者にぶつけ、反応を観察する、そうした「働きかけ」の結果としてこそ得られる情報だから、文書化する価値があるのです。

どこかに「現場」があって、そこに行きさえすれば良い情報が得られるかも、というのは現場主義ではなくて、ただの「現地主義」です。そもそも自分がいるところは、いつでもどこでも本来何かの現場であるはずです。自分が、自分しかできない働きかけ方で、世界から自分しか取ってこられない情報を取ればこそ、それが「現場主義」でしょう。どこかに行けば何かが解決するというロケーションの問題ではありません。

そのためには単に、ある場に行けばそこにある重要な情報に自分が接触できる、という基本的に受け身の態度では足りません。それを現場主義というのでは、現場が泣きます。必要なのは、そこで主体的に自分から情報を発信し、現場に働きかけ、新しい情報を発生させる、創造するということです。

ここでコミュニケーションの態度が、基本的に受け身のものから、積極的なインタラクションを歓迎するものに変わります。もちろん、それが現場から浮いたものであっては意味がありませんが、現場に耳を傾ける一方でもいけません。

つまり現場主義であり、現場を超克する戦略性を持った、「本社の立場」から行動しなければいけない。私はこれを「現場における本社主義」と呼んでいます。

▪社風を変えたプロジェクト

実はもう何年も前ですが、最初にこのアクアスーツ開発の事例について磯部さんと駒田さんにじっくりお話を伺ったときに、興味深い知見を聞かせていただきつつも、ちょっと心に浮かんだ疑問がありました。

それは、「新しい商品企画を形にして市場を創造されたこの成功例も、突き詰めればアイデアメーカーの磯部さんとディレクターとしての駒田さんという、非常にクリエイティブなお二人のペアだからできたことではないか？　常人にはなかなか真似ができないレアなケースなんじゃないか？」という疑問でした。

確かに駒田さんは、足繁くスポーツクラブに通って情報を取るマメさ、情報ソースに喰いついていくガッツ、試作品に手を入れる気軽さ、問題をあぶり出す果敢さ、和やかにかつ率直に本音をぶつけ合いやすくするムードメーキングのスキルなど、個人的資質に恵まれていた方かもしれません。それらは企画担当者にあらまほしき能力といえるでしょう。

お二人にお目にかかってお話を伺っていて、ひしひしと伝わってきたのは、新しいものを創造することに果敢で、発想が明朗闊達で、物腰が穏やかでなおかつ粘り強く、知識・教養の引き出しをたくさん持ち、「いかにもクリエイティブな人」というべき面が確かにあることです。

しかし今回、本書をまとめるにあたって、改めて久しぶりにアクアスーツ開発について両国のフットマーク社でインタビューしました。その際に、この事例のキーパーソンの駒田さんは先年退職されて故郷で結婚された、ということで、「あれ、それじゃあもう詳しいお話は伺えなくなってしまったのか、残念だな」と思いましたが、全くそんなことはありませんでした。

「駒田さんはどうやって新しい企画を形にしたか」というご苦労について、当時、同僚として駒田さんを支えた社員の方や、アクアスーツ以後に他の商品開発を手がけられた駒田さんと連携した後輩の方たちに、多くのエピソードがしっかりと伝達・記憶されていたのです。しかも、そこからいろいろな教訓を引き出そうとされていました。

仮にですが、「アクアスーツ」の開発自体が、現実とは違ってさほどはかばかしい成果をあげなかったとしたら、駒田さんの試みは失敗だったということになるのでしょうか？　どうも、そうとは言えないように思います。

というのは、駒田さんが「なぜこの商品はこのように形づくられていたのか、それをどのようなねらいで変えようというのか」という問題意識とそれを形にする方法知を、企画書兼仕様書のような形式で蓄積していったからです。そのことで、同僚の方たちも、「新しいコンセプトの商品開発を最初は要件がわからないままにも手がけていく」ことが明らかにやりやすくなったのです。それがインタビューの際に伝わってきました。

最初に磯部さんが水中運動用品市場創造のために直属部署を新設した背景には、一九九七年当時の社内では、「新しいコンセプトの商品を形にする」ことを既存のどの部署がどのようにやればよいものかわからないので、なかなか手がけにくいという雰囲気もあったそうです。

そこで社長直属部署が新設され、新入社員の駒田さんが配属された。そして、駒田さんがあげた成果によって、組織も影響され、クリエイティブに企画を形にすることが、会社全体でもだんだんと「板についてきた」そうです。実際に、アクアスーツに続いてさまざまな関連商品の開発に同社は成功しています。

▒アイデアを活かしやすい組織

何かの問題を意識化する、それを形にするうえで今までにない解決を模索する、それは確かに多くは個人的な能力の発揮という面もあるでしょう。ある程度まではその人をトレーニングできても、それでも不確実性がいつまでも付いて回るものでしょう。

「こうすれば確実に良いアイデアが浮かぶ」というようなことは、誰にも言えそうにありません（それでは創造でも創発でもなく、ただの事務手続きです）。「こういうふうにネタを集めておこう」「ネタってそこここにありそうだ」というようなことは言えるとしても。

しかし、そうやって初めは運や縁もきっかけにしてひとたび新しい問題を意識化し、まだ世の中にない商品を着想したら、そこから組織の力が試されます。それが実際に商品化される可能性を高めるには、企画担当者を取り巻く組織のありようが大いに影響するのです。

フットマークは、それまで学校やスポーツクラブ、百貨店など取引先に応じてセクションを分けていましたが、それでは日常的・ルーチン的な「前からあった仕事」にばかり取り組んでしまいがちです。思い切って部署を新設することで、「これまでにない概念を実体化する、これまでにない仕事」に集中させようという意図がありました。

新しいコンセプトを実体化するときには、実際の職位・権限にかかわらず、担当者が「問題の設定から解決手段の決定まで」一貫した意思決定をできる立場でなければ、中途半端なものしかできません。

それができるのは、いっそトップ自身か、トップがその裁量に正統性を認めた担当者が有利でしょう。つまり組織を設計するときに、「妙に組織的でないポジション」を意識的に設定することが必要ではないでしょうか。

新商品開発を成功させるのは、もちろん最初は地道なネタ集めであり、認識の革新に基づく新問題の開発であり、本章で触れたような開発工程の上流下流を巻き込むダイナミックなプロセスを回すことでもあります。

それらのパフォーマンスは「人次第」と言ってしまっては短絡的で、その人を活かす組織の文化や風土は、組織の側が整備することをも考えなければなりません。読者の皆さんが属している組織では、それができているでしょうか？

設計情報転写論の枠組みは、組織の新商品開発プロセスのパフォーマンスを分析するのに、きわめて優れたものです。もちろん実際の事例は、理論よりも泥臭く、もっと試行錯誤の混乱に満ちたものですが、その経緯をいちいち理論的概念と照合しながら、検証してみてはどうでしょうか。それは思わぬ弱点や強みが見つかる可能性が大いにあるからです。

第7章 価値のエコシステムをデザインせよ

■ワイングラスの口は、なぜすぼまったか

私の出身地である兵庫県には、揖保乃糸という手延べ素麺の名産品があります。その揖保乃糸をつくっている、たつの市の兵庫県手延素麺協同組合のすぐ近くには、ヒガシマルという薄口醤油メーカーがあります。お国自慢と言われようが自信を持って断言できますが、この揖保乃糸と、ヒガシマルの薄口醤油の相性はとても良いものです。

播州平野で小麦が栽培され、瀬戸内海で塩が生産され、揖保川の清流、それらが結びついて、昔からその土地で何百年もかけて一番相性が良く、お互いの価値を高め合う麺とつゆのカップリングとして、手延べ素麺と薄口醤油が完成されたのです。

論より証拠、たとえば関東の醤油メーカーの濃い口のつゆでは、麺の風味が飛んでしまいます。逆に、蕎麦に薄口醤油はどうもしっくりこない。歴史の中で、長年かけてすり合わせられてきた事実は重いと感じます。

そしてこの場合、別に麺メーカーと調味料メーカーの間に、資本関係などは必要ありません。二つの組織は市場を通して、それぞれ自社商品をもっとたくさん売ろうとすることで、言わず語らずのすり合わせを行ったともいえます。

本章では、モノやサービスという商品の価値とは、社会全体との関係で決まるということ、そして、その社会全体との関係性はちょうど生態系のように分析できるということを説明します。そうした社会のいろいろな要素のさまざまな影響が網のように絡み合うエコシステムのようになっていて、それは企業の便宜で切り分けられないものであり、切り分けているようでも、それは仮のものにすぎない、ということを説明します。

コピーライターの大御所、西尾忠久先生から伺ったお話です。昔のワイングラスの形というのは、今のように口がすぼまったものではなく、もっと上が開いていた形だったそうです。それが今の形のように変化した理由は、ヨーロッパでコルクが盛んに栽培されるようになったことがきっかけでした。

通気性があるコルク栓を、ワインの瓶の口に採用することになったことで、ワインは瓶詰めされて出荷された後も、熟成を続けることが可能となりました。それによって、ワインというお酒の魅力は、より香りを楽しむものに変わっていき、その香りを充分に楽しむためには、手からワイングラスに伝わった熱で揮発するワインの成分をグラスの中に溜め込ませられるよう、口をすぼめることが必要でした。

コルクという木が栽培されることが盛んになったことが、ワイングラスの口をすぼめる理由になったのです。最初にコルク栓を開発した業者も、ワイングラスの形を変えるところまでは、おそらく当初は考えが及んでいなかったでしょう。しかし、新商品は一度社会に投げ込まれると、事前には思いもしなかった変化を周囲に及ぼします。

いや、もっと正確にいうならば、ある新商品普及のインパクトの全部は、誰にも事前に予想がつかないのです。商品と商品の働きや使い良さは、お互いに密接に絡み合っています。その関係の網の目の中で、どこか一カ所で変化が起きると、その変化は周りにどんどん波及していき、お互いの商品の価値を、より高め合うものとして影響していくことで、商品は魅力を増し、生き残っていくことになります。

これはちょうど、生物学でいう共進化が起きているのと同じような現象です。花びらの形が変化すると、そこから蜜を吸う蝶の口器の形がこれに適応して変わるように、商品デザインのある変化は、その周辺に、その変化が都合の良いほうに働くように変化するインセンティブを発生させることになります。

瓶の栓が変わることでワインの性質も変わると、その新しいワインの性質により適したようにワイングラスの形も変わることが有利になる。もちろん、人工物に遺伝子はありませんから、これはあくまで商品をデザインする私たち人間のより良い商品を開発しようとする意欲を前提にしたアナロジーであるわけですが。

こうした商品デザインの「進化」については、ヘンリー・ペトロスキーという技術史の研究者が『フォークの歯はなぜ四本になったか――実用品の進化論』という、むやみと面白い本に書いています。彼には他にも面白い著作がいくつもあります。おすすめです。

共進化による商品の相互整合の結果、商品間の関係は森の中の植物がお互いに栄養を分け合う共生関係とよく似ることになります。まさに商品は、私たちの生活の中でエコシステムを形成しているのです。ということは、一つの商品の良さや強みというものは、実はその商品単体で決まるものではなく、周りとの関係性を視野に入れておかなければ、その良さや強みは実現不可能なものとなってしまうのです。人工物と人工物は、お互いに良さを引き出し合い、高め合おうとしています。

ということは、商品の価値は、それが消費される場にある関連する存在、全体との相性で決まります。一部分を切り取ることで、当面の経営上の意思決定には便利になっても、実は長い目で見ると、この全体を見失って自社商品が孤立してしまうことがありえます。まさに、商品はマンダラのようにつながり、絡み合っているのです。

つまり、商品というのは、もっと大きな「暮らし」という製品の一部、部品でしかない、という当たり前のことをここで確認しておきます。

■岩手のかまどがケニアへ

ものづくりを研究している商売柄、どこそこでこういうモノが使われていてこんなに便利、というエピソードは努めて集めているのですが、先日面白い話を見つけました。それは、ケニアの農村に日本の岩手の伝統のかまどが普及しつつあるというニュースです。

国際協力機構（ＪＩＣＡ）からケニアに派遣された栄養学の専門家、岸田袈裟さんが、ご自身のご出身地である岩手県の花巻のかまどを広められているのだそうです。資料を読んでいて大変面白く、また感心させられました。

ケニアの伝統的社会では、煮炊きをするときには三つの石を持ち寄って、それに鍋を置いて加熱調理をしていました。たとえるなら、キャンプに行ったときに焚き火で調理をするようなスタイルでしょうか。それがケニアの人たちの日常だったわけですが、岸田さんはこれではいけない、と考えられて、現地の石と粘土を使ってかまどをつくることを指導されました。そうすると、どうなったのでしょうか？

まず、調理時の熱効率が良くなって、煮炊きに必要な薪の量が四分の一で済むようになった。焚き火と違って無駄に逃げる熱が少なく、一つの焚口から同時に鍋を三つかけられるようになっているので、こんなに燃料を減らすことができるのだそうです。その結果、まめに飲料水を煮沸消毒することができるので、衛生が改善して、乳児死亡率が劇的に下がりました。そうすると、子どもが死ぬことに備えて多産の傾向があった現地の人も計画的に出産するようになり、母体への負担も減りました。そして、それまでは薪を集めてくるのは、女性にとってかなりの労働量だったのが、今では子どもたちが週末に拾ってくる量で足りるようになりました。これはもちろん、森林資源の保護にもなります。

また、調理のときの炎の位置が高くなったので、つまみ食いなどする子どもたちの火傷の事故も減りました。お母さんたちが楽な姿勢で料理ができるようにもなりました。いやはや、良いことづくめではないですか。

ここケニアでも、暮らしを構成するある一つのモノが変わると、その変化は暮らし全体に波及するわけです。やはりここでも、「暮らしを支えるモノや知識は相互補完的に組み合わせられている、エコシステムである」ということがいえるでしょう。

あたかも自然界の動植物がそれぞれの役割を、はたして生態系をつくっているように、あるヒトの生活環境も、一つの生態系のようなシステムになっています。ヒトが暮らすということは、要はこうしたシステム全体を利用するということであって、あるモノだけ取り出しては、そのシステム全体のデザインの重要性が見えにくくなります。

考えてみると、暮らしというのは、ある環境に置かれている人が、そこで持ち合わせているいろいろな資源を組み合わせて、どうすれば少しでもＱＯＬ（クオリティ・オブ・ライフ）を向上させられるか、一生懸命工夫してデザインしています。

つまり、生活という行為自体が一つのものづくり、製品開発であるわけです。言ってしまえば、消費することというのも「ヒトの暮らしよう」、あるいは「生態という製品」の開発行為であるわけで、岸田さんはその革新を現地で働きかけられたのです。

ケニアの人たちは、それまで焚き火式調理しか知らなかったら、それが「何と比較して」、「熱効率が悪い」問題を抱えているのか、気づきようがなかったでしょう。そう考えると、優れた性能を持ったかまどを歴史的に磨いていた花巻の人たちの文化と歴史は、たいしたものだと思います[1]。

■「土俵の上の勝負」と「土俵づくりの勝負」

そんな話をある研究会後のパーティの席上で放言しておりましたら、ある方が「うちの会社も、一〇〇年かけてそれと似たことをやってきたんですよ」とおっしゃいました。えっ、失礼ですが、どちらの企業の方でいらっしゃいますか？　すると「大阪ガスの者です」という答えが返ってきて、さっそく取材すると、ここにも非常に興味深い事例がありました。

ケニアのかまども暮らしを変えましたが、日本でもやはり生活用の熱源はライフスタイルの形を決める重要なファクターです。大阪瓦斯株式会社（以下、大阪ガス）の一八九七（明治三〇）年の創立時には、まずガス燈の事業者として出発しましたが、その後同社は照明から調理熱源、お風呂やシャワーなどの給湯、ガスエアコンや床暖房のような空調用途にまで事業を展開してきました。

その中でも製品開発の事例として非常に面白いのが、近年のガスコンロ開発のケースです。「えっ？　ガスコンロなどのガス機器は、それを開発するガス機器メーカーがいて、大阪ガスはそれを販売しているだけじゃないの？」と思われる読者もいるでしょう。実は、同社は非常に深く開発にかかわり、特にそれぞれの時代の最上位機器のコンセプトを決定する段階では主導的役割を果たしていたのです。

というのは、近年になって調理用熱源としてガス調理器の手ごわい競合相手となったＩＨ（電磁誘導加熱）調理器の登場に関係します。ＩＨとの競合をするうえでのガス機器のコンセプトは、ガス機器メーカーよりもガス事業者である大阪ガスのほうが長期的視点に立って策定することができるのです。

ガス機器メーカーは、ついついどうしても日頃から競合しているガスコンロ製品間の価格競争に引きずられがちになります。しかし製品開発戦略上、他のガス機器メーカーは確かに競争相手ではありますが、決定的な敵ではないのです。

（1）岸田さんのご体験は、『エンザロ村のかまど』（さくまゆみこ著／沢田としき絵、福音館書店、二〇〇九年）という良い絵本にもまとめられています。

▶図7－1　暮らし方の異種格闘技戦

ガス機器メーカー同士の競合は、「ガスを使う調理」という同じライフスタイルの土俵が前提で、旧来の性能尺度・価格の競争に陥りやすい

ガス機器メーカーと電気機器メーカーの競合は、暮らし方と暮らし方の比較になるので、「こちらの暮らしは何が便利か」という新しい争点が浮かび上がりやすい

競争相手と敵の違いは、「ガス利用」という「同じ土俵」の上で「同じスポーツ」で勝負しているのが前者で、「ガス利用」という土俵と「電気利用」というリング、それぞれ違う二つのスポーツ同士で異種格闘技戦をしているのが後者です（図7－1）。

ガス機器メーカーは「熱源にガスを使う」という前提は同じくしているために、競争する舞台自体はお互いが共有しているわけです。ＩＨ機器をつくる家電メーカーは、「オール電化」というスローガンを掲げて、こちらの事業基盤そのものを破壊しようとしているわけです。

それに対抗するには、「電気という選択肢も最近出てきたけど、さはさりながら、やっぱりガスを使う暮らしが大前提」という見地からの商品開発が必要です。それには「ガスを使わずに電気だけを使う暮らし」との競争を考えなければならないし、それは価格競争ばかりではありません。

そうした「異種格闘技戦」をしっかり認識するためには、ガス機器メーカーだけではなく、それにブランドを付けて販売しているガス事業者が、大局観を持って製品開発に介在することが有効だったのです。というのは、ガス利用の一〇〇年以上の歴史を通じて、ずっとその視点を持って「暮らしをデザインする」ことを大阪ガスはしてきたからなのです。

■問題意識の「早期立ち上げ」

その経緯を紹介していきましょう。大阪ガスが電気との「異種格闘技戦」の武器となるガラストップコンロの最初のモデルを発売したのは二〇〇〇年のことでした。そのプロセスでは、既存のモデルと比較して価格が倍近くにもなるので、「こんなものが売れるんですか？」という声が関係者から上がって、企画そのものにも懐疑的な意見が多かったそうです。

それでも大阪ガスがガラス製のコンロ天板を採用した、ガラストップコンロにこだわった理由がありました。そこには、商品性能の新たな評価軸として掃除・手入れのしやすさ、「清掃性」を重視することが対ＩＨの競合では必要という判断がありました。というのは、やはりその同じ頃、各家庭への配電電圧の二〇〇ボルト化が進み出して、ＩＨ機器が一般に普及し始めたのです。それに対応するには、もちろんその何年も前からガス機器の開発方針をそれに対応させておかなければなりませんでした。

電気調理器の形式が旧来の電気抵抗による発熱を利用した電熱器から、電磁誘導の原理を利用したＩＨ調理器という新世代の電気調理器になると、どういう変化が起きるのでしょうか。その特徴としてフラットな天板が製品の強みとなることを予測して、大阪ガスはガス機器の訴求ポイントをそれに対応して変化させなければならないことをしっかり認識していました。

それは、同社がデザインしようとしているのは「暮らし」であって、製品はあくまでその一部であるという開発風土が伝統的にあったからです。ＩＨ機器は、旧来の製品より使用者にとっては調理後の手入れが非常に楽になるわけです。そんな競合相手と比較すると旧来のステンレスやホーロー製のガスコンロは、天板周りがゴテゴテとして調理後の掃除が大変で、相対的に傷つきやすいものでした。

もちろん、製品の設計としてわざわざそうしていたわけではありませんが、特に清掃性に優れた競争相手が出現するまでは、それで良いと思われていたわけです。いまだ争点がはっきりしていない時点で競合を先取りして製品を構想することは、それほどに難しいことです。

従来はこの「清掃性」が重要な勝負所になる、という意識の切り替えが迅速にいかず、いま一つ積極的に新しい訴求点を打ち出せなかったのです。それまでは、Ａ社のガスコンロとＢ社のガスコンロの安さ競争が主たる関心事だったからです。

これは「ガスを使う土俵」のうえでの競争ですが、その土俵を別の土俵が丸ごとひっくり返そうとしてきたときには、より高度なデザイン性、安全性を実現したガラストップコンロの上位機種をガス機器メーカーと共同技術開発することで、適切な対抗処置を迅速に打つことができました。それは、大阪ガスが「対電気調理機器競合」の視点から練ってきた大局観が役に立ち、問題意識を「早期立ち上げ」して、準備していたからです。

それでも最初のうちは、「コンロの価格が高くなるのに、こうまでガラストップにこだわる必要はないんじゃないか」という意見もあったそうです。ここで単にガス機器を売っているメーカーからの目線だけではなく、「ガスを使う行為そのもの」が生命線であるガス事業者の見地が持ち込まれる開発体制があったことが効を奏したのでした。

誰かが家元をやらなきゃ！

なぜガス機器の開発に、ガス機器メーカーだけでなく、大阪ガスのようなガス事業者が共同開発者として関与するようになったのか。その背景事情としては、ガス機器メーカーと家電メーカーの開発力の違いがあったそうです。

やはり家電メーカーの開発体制は、規模からいってもそのままではガス機器メーカーの体制よりも強いものがある。それと比較するとガス機器メーカーが日常的な競合の中で自社内に保有する技術資源は、相対的に短期的視野に立った範囲に制約されることになってしまいます。

特にガスコンロの清掃性がアピールされるようになった局面では、たとえばガスコンロで鍋を支える金属の台の部分、「五徳」の手入れのしやすさを向上させるために、これをコーティングする材料を大阪ガスが開発して、機器メーカーに提供したそうです。

つまり、五徳のコーティングはその一例ですが、単に「今社会にある暮らしに必要なモノをつくる」だけでは、他の暮らし方の可能性に対抗して暮らし方そのものをグレードアップするために必要な資源を持ち合わせるとは限らないのです。

「今の暮らし方にはまるモノ」をつくっていれば、当座の競争力が得られるということは、暮らし方そのものの洗練に取り組むことがお留守になります。つまり、「今ある暮らし方」とモノが心中してしまうのです。モノは磨きをかけられていても、それを使うライフスタイル自体が陳腐化して社会から見捨てられる、『『暮らし方』の上での『イノベーションのジレンマ(2)』』が起きてしまうことになりかねないのです。

それを防ぐためには、モノではなく、それらを構成要素とする全体、つまり暮らし方、生活をデザインすること、それに誰かが責任を取って、プロデュースすることを買って出なければいけません。

つまり、「ガスを使う暮らし方」、いうなれば「ガス道《どう》」の家元が誰か、社会にいなくてはいけない。そして、あたかも千利休が茶室・茶道具というハードウェア、それらを使いこなすソフトウェアの両方を統合・デザインしたように、ガス機器とその使いこなし方をライフスタイルとしてデザインしなければなりません。

この場合は、それをガス事業者が担当しているということなのです。そうでないと、顧客にとっての価値の実現が隔靴掻痒的になってしまう。モノをただ供給するだけで顧客満足は実現しません。消費者が消費するのは、あくまで「暮らし」であって、商品そのものなどでは決してないからです。

さらに、「家元」がガス機器メーカーと連携して何をなしえたか、面白いエピソードがいくつもありました。たとえば、火災防止用の温度センサーの技術を発展させて、「今、鍋が置かれているかいないか」を検知する鍋なし検知センサーを開発しました。そうすると、ちょっと鍋をコンロから外すと弱火にしたり、外したまま一分以上経つと自動消火するなどができるようになります。

それどころか、料理に合わせた火力の調節までコンロが自主的に判断して行うようになりました。これだけガスコンロが賢くなると、アシモフの「ロボット三原則[3]」のようなものが、こ

（2）アメリカの経営学者、クレイトン・クリステンセンが提唱した概念。持続的イノベーションに固執することで、顧客のニーズを越える品質を提供しつつ、画期的なイノベーションに対応できなくなる失敗を指す。

（3）アメリカのＳＦ作家、アイザック・アシモフが提唱したロボットが従うべき三つの原則。「①人間に危害を加えない、②前項に反しない限り、人間に従う、③前二項に反しない限り、自らを守る」からなる。

の分野でも必要になるのではないかなんて思うくらいです。

そういう「賢さ」の発揮のためには、多種多様な素材の調理容器の性質や形状についての知識が必要になりますが、それらのデータもガス機器メーカーは十分に持ち合わせていなかったので、大阪ガスから開発のために提供されたそうです。デザインする対象は暮らし全体である、と自認していればこそ、ふだんからそれらのデータを集めることの意義が理解されていたのだと思います。

また、コンロの天板をフラットなガラストップにし、鍋を支える五徳も鍋からの炎あふれを減らすために高さを低くすると、熱効率も良くなりますが、その副作用として、調理をしている人が「今、ガスコンロに火がついているのかどうか」が見えにくくなります。五徳の高さによってできていたすき間がなくなってしまいますから。

以前は、もっとはっきり火そのものが目についたわけですが、それを鍋が覆い隠すわけですから、確認するにはいちいち身をかがめて炎の所在を確認しなければならなくなりました。それをせずに済むように、新しいモデルではコンロ前面のスイッチが何色かに発光して、「今、火がついているか」や「消えているか」もわかるように設計しました。

そうすると、ちょっとコンロから離れてお洗濯ものを見に行っているお母さんも、いちいちコンロの近くに戻らなくても煮物の様子がわかって安心、というように暮らしの中の動作自体が変わってくるわけです。ケニアの家庭の風景をかまどが変えたようなことが、ここで起きたのです。これもまた、ガス機器メーカー単独ではなしえませんでした。表示装置の技術をふだんから各社がこのために保有しておくのは大変なことですから。

こうした大阪ガスの取組みは、つまりはガスを使う生活者の暮らしのありようを、グレードアップさせること、ガスを使う生活文化を貧弱なモノにしないことにあるわけです。そうしてより洗練されたガス文化は、業界他社も追随することになりました。

「ガス文化」をより豊かな形にさせるには、今あるツールを単に機能改善する延長線上に向かおうとするのではなく、絶えず「それを使ってどう顧客のQOLを向上させるか」を業界外部の社会との兼ね合いで考えなければいけません。

しかし、企業の開発組織の日々の取組み対象は、得てして技術的課題なので、目先のことばかりが目に入ってしまいます。組織構造も、そうした「目先の課題」に合わせて編成されてしまいます。

ある程度はしかたのないことですが、ガス事業者がそれをやったように、「これから市場での競争に勝つ評価尺度には、新しい別の要因が入ってくるんじゃない?」と技術者たちの問題設定に水を差すことを誰かがしなくてはなりません。そして、その「誰か」は、広く社会を見据えていなければならないのです。

■エコシステムの乗っ取り

今時の工業製品の製品技術というのは、たいていは実用化されるよりかなり以前に、まず原理的な研究がなされているのが大部分です。そうすると、その基礎研究を応用研究、技術開発につなげるまでのロードマップも、ある研究分野の内部に視野を限定するならば、かなり先まで見通せないこともないでしょう。

今はこういう技術が利用されているが、遠からず別のああいう技術に置き換えられていくだろう。その先にはまたこうなるだろう。そういう推測がそれなりにできるのは、何らかの技術的課題の解決手法についての知識が、学会などの場を通して研究機関や企業の研究所の研究者の間で体系的に整理され、共有されているからです。

そうすると開発技術者の営みというのは、「人の一生は重荷を負うて遠き道を行くがごとし」みたいになりがちです。しかしそれは、「ある製品の性能の評価尺度が一定だと仮定した場合」には合理的ですが、業界外からぬっと違う原理を利用した競合製品が出てきたときには、その評価尺度そのものも変わってしまうことになります。それに技術者がどう追いつけるでしょうか?

特に現在のような経済が成熟した状態では、量的拡大がそうそう望めないので、異分野に攻め込んだり攻め込まれたり、異種格闘技的になりがちです。端的に言えば、もし高度成長期のように電力需要の伸びに供給が必死で追いつこうとしているような状況なら、電力会社も「オール電化キャンペーン」などをする余裕もなかったでしょう。そうするとガスとの競合もこうも激しくならないでしょう（東日本大震災の影響で、この構図も劇的に変化しましたが）。

しかし成熟期には、自分たちが持っている技術知識や設備などの経営資源を別の用途に転用する、他用途開発のインセンティブが大きくなってきます。そうなると、企業の課題は単にソリューションを実現するための技術的課題だけでなく、「そもそも、それでどのような顧客相手に何を提供するのか？」という社会生態の構想、言うなれば文化をきちんと設計するという課題が前提になってきます。大阪ガスはそれをきちんとしている格好の例なのです。

ガス燈と電灯の競合以来の「ガス・電気一〇〇年戦争」についても、まさにガス事業者の「一〇〇年目の逆襲」といえるようなことが起きています。ガスを利用して家庭で発電する「エコウィル」や、家庭用燃料電池の「エネファーム」などですが、どちらも家庭でガスを利用して発電するわけですから、電力会社から電気を買う際の送電ロスがない分、エネルギー効率が良くなります。

こういうことができるのは、都市部にすでに充実したガス配送のインフラがあるからですが、それにガス発電機を接続させることで、各家庭にある豊富な家電製品と「相利的共生関係」になることができるわけです。

これはいわば、電力事業者が一〇〇年かけて構築してきた電力利用生活様式、そのデザインの下に整備されてきた「電力消費インフラ」を、ガス陣営が消費環境、エコシステムのまるごと乗っ取りをするようなものです。

こういう事業展開というのは、「暮らし方を新しく変えていく」戦略を持っているからできることで、確かにガス事業者というのは、そういう大局的見地に立ちやすいポジションにいるでしょう。しかし、本来はどんな事業分野の企業も、この「暮らし戦略」「文化戦略」はふだんから考えておくべきものでしょう。

「消費環境の乗っ取り」と書きましたが、率直に言って、今の都市生活について技術的可能性としては、オール電化はできてもオールガス化はできません。ガスでパソコンは動かないし、テレビも見られません。それは絶対の制約であります。

大阪ガスの社史資料を読んでいると、ある時期まではガス機器にはなるべく電気を使わないで済む設計にこだわりがあったようです。もしかすると、キッチンにコンセントが少なかったせいもあるのかもしれませんが（ウォシュレットの事例を思い出しましょう）、そうすると、たとえばコンロのスイッチだって電子式にできません。

しかし、「ガスと電気は競合しているんだから」と思って競合対象を排除しようとするのではなく、大事なのは利用者から見た生活の便利さ、快適さ、満足なのですから、そこにフォーカスを当てなければならないでしょう。思い切ってガス機器にコンセントをつなげば、コンビネーションレンジのような便利な商品も出せるし、ガスコンロにコンピュータを積んで勝手に火加減を塩梅してくれるような「賢い商品」も開発できます。

どれもこれも、生活者がお金を払うのは、モノではなく暮らしに対してです。そこで魅力を維持するには「生活者の今の暮らしにはまる商品」をはめに行くのではなく、「生活者の新しい暮らしをつくり出す商品」を考えて、「暮らしを変えに行く」意図がなくてはなりません。

これは事業ドメインにもかかわるので、たいていの会社では商品企画開発部門に暮らしを変える構想を練るつもりも権限もないようですが、はたしてそれで時代の変化に対応できるでしょうか。経営の責任かもしれませんが、そういう構想を練っておくということは、確かに必要です。むしろ、企業の最重要課題のはずです。

■文化人類学者を育てよう

本章はガス事業の歴史が非常にわかりやすい例なので取り上げました。最初は路上照明から始まったガス利用が、調理用熱源、空調へと用途拡大していった背景には、単に「それが技術的にできるようになったから」だけではなく、社会の消費者の誰かの暮らしのどこかにどう自社資源の恵みをはめ込むか？　という問題意識がありました。

そのときには、どのような「暮らしのデザイン」が望ましいのか？　といったビジョンをどこかで磨いておかなくてはならなかったはずです。念のために言っておきますと、もしかしたら一部の読者は、「そんなことは大阪ガスのような大企業だからできるだろうが、うちにはとてもとても……」と思うかもしれません。

しかし、そうではないのは、第6章で取り上げたフットマークによる水中運動文化開発のような中堅企業の事例もあるように、このガスの事例でも同じことなのです。「大企業の大阪ガスだから新しい用途の開発、文化開発ができた」のではなく、話は逆なのです。「新しい用途の開発、文化開発ができたから大阪ガスは大きくなり、今でも立派に存続している」のです。一〇〇年前に、「うちはガス燈の会社なんだから明かりのことだけ考えてたらええやんか、別に鍋釜のことは知らんがな」とかゆうてたら、同社はそれなりの存在で終わってたんやないんでしょうか。

そうならなかったのは、単に技術的課題を解くだけでなく、技術と社会をうまく結びつける課題を、具体的な生活デザインの問題として取り組んでいたからです。それができないで、「もう時代が変わったから御社の商品は社会で居所がないですね」とか言われて、姿を消した「昔の名門企業」は経営史には数多く出てきます。

それを避けるか避けられないかは、後から見れば技術的課題を解けたか解けなかったかの問題に見えてしまいますが、それだけと思うのは錯覚で、同時代から見れば、「それでは次は暮らしのどこに、うちの商品をはめていくか」という暮らし、文化のデザインの問題でもあります。極端に言えば、そういう新用途開発が続かなければ、どれだけ便利な用途が潜在しているにしても、生活者から見て、ガスとおならにたいした相違はありません。

お気づきの方もいるかもしれませんが、今回取り上げたような「暮らしのデザインから考える」というアプローチは、どうも文化人類学の問題意識に近いようなのです。冒頭に取り上げたケニアの岸田さんは栄養学の方ですが、ＪＩＣＡから海外に派遣される専門家には人類学者も少なくないし、岸田さんもあえて名づけるならば、やはり文化人類学的アプローチを取られたといえるのではないでしょうか。

具体的に、生活者の暮らしを、ミクロでは細かな動作の次元から、マクロでは地域のエネルギー問題の次元まで、ずらっと俯瞰して課題を設定し、解決策を模索するというのは、まさに文化のデザインとしか言いようがないと思います。実は私も、本書のような内容を着想するのに、文化人類学の人たちとの対話経験がすごく刺激になったりしているのですが。

大阪ガスの方に、この一〇〇年間さまざまなガス利用文化を企業として地域に普及させてきたということを伺って、ふと申し上げたのは、「御社はちょうど、ギリシャ神話で人類に火の使い方を教えたプロメテウスみたいなことをされたのですね。『なにわのプロメテウス』ですね」ということでした。

自社でももちろん技術も開発されたものの、それはあくまでもあるライフスタイルや文化を実現させるための手段であって、目的はやはり、まさに暮らしを洗練させ、便利にさせる、そのことのビジョンあっての技術です。行き着くところは文化の開発であって、それはまさにプロメテウスが果たしたような、社会に新しい暮らし方を広める、「文化英雄」としての達成をしたからこそ、社業も持続したのではないかと思います。

どんな商品も、それがモノであれサービスであれ、生活している人のライフスタイルにはまらなければ価値を持たないのは当然ですが、今ある暮らし方を前提にすると、そのパーツとしての商品も、これ以上改善の余地がないようなところに来てしまいます。

その袋小路を打破するには、生活自体を設計変更して新しくする、それが必要になるわけですが、そのときに暮らしの開発のボトルネックになるのは、私たち人類は自分たちのことをよく知らない、ということです。

なにしろこのホモサピエンスという種族は、他の動物と違って本能が「壊れている」ので、何かの新商品が自分の生活環境に入ってきてある必要が満たされたりしたら、さらに別のニーズが急に心に込み上げてきたりして、欲望に限りがありません。そういう変遷の激しい要素を含むシステムの設計は、その欲望の限りなさに着いて行かなければなりません。

もしこれが動物園で、他の種族の動物にとって便利な暮らしを設計するということだったら、その変転もたかが知れているでしょう。シロクマ舎にエアコンをつけてあげたら、「涼しくなったから、次は冷麦でも食べたいな」などと彼らは言いません。

しかし、ヒトという種族の生態は非常なダイナミズムをはらんでいて、ある欲求が満たされると、次の欲求を学習・開発してしまうという特徴があります。よくある「顧客ニーズをキャッチして」「かといって、顧客の声を聞きすぎてもいけない」という開発・マーケティング間の綱引きのレベルではなく、「なぜそれをヒトは欲するのか」から考え直したいものです。

ちなみにアメリカでは、こうした視点から人類学と経営学の交流は盛んに行われているようですが、日本ではまだまだのようで、これは日本の経営学研究の弱点といえるでしょう。経営学者は調査対象の企業を一歩出たら観察モードでなくなるようではいけないな、と私も自戒しています。

■摩天楼と通信カラオケ

そんな私が、仕事が遅くなり、ときどきタクシーで家路に着くときに、運転手さんに聞いたことがあります。こんなに広く、人口の多い東京圏で、よくこれだけさまざまな目的地にたどり着くことができるものですね、と。運転手さんは教えてくれました。

「昔はよくお客さんご自身に道を尋ねたものでしたが、お客さんも道を知らないときは、一生懸命地図を見て、それでも迷ったことがありました。今は、有名な目的地ならカーナビがありますし、どうしても迷ってしまったときは、すぐに道筋にあるコンビニへ駆け込み、目的地への道程を聞けば、初めて訪れる土地でも目的地にたどり着けない、ということはめったにありません」

こう考えると、地域人口三〇〇〇万人の世界最大規模の都市圏、首都圏でタクシーの価値を維持しているのは、カーナビとコンビニの存在なのかもしれません。商品の価値は、置かれている環境との相性によって高くもなり低くもなり、ついにはゼロにもなることがあります。

極端な比喩を使うならば、私たちがもしタイムトリップして江戸時代に行ってしまったとしたら、たちどころに家電製品は使用できなくなり、車もガソリンが切れればただの箱となり、すべてのものが機能しなくなります。そうなると結局は、私たちも当時の人たちのような生活を送らざるをえなくなります。商品の価値を支えているのは社会であり、社会を支えているのは商品です。

これらは、壮大な相互依存の中にあります。仏教の言葉に重々無尽という言葉がありますが、私たちが置かれている地理的特性や気候風土、歴史的文脈などで、私たちが必要とし、愛用する商品の形はさまざまに変わります。

これは前出の藤本先生から聞いたことですが、日本のレンズメーカーが、欧米のレンズメーカーと競合している状況で、欧米に先駆けて屈折率の高い（つまり、薄くて済む）樹脂素材のレンズを採用したのには、日本人の顔の横幅の広さが影響しているのだそうです。

顔が大きい、つまり瞳孔間距離が広い日本人にとっては、適切な視覚矯正を実現するためには、欧米人より屈折性能の高いメガネのレンズを必要としなければなりませんでした。それを普通にガラスでつくろうとすると、分厚く見た目の良くないものになり、ファッション的価値が下がってしまいます。それへの対応として、ポリカーボネートなどの新素材を日本メーカーは積極的に採用しました。

そういえば昔の学園ドラマには、牛乳瓶の底のような分厚いメガネをかけたガリ勉キャラが出てきて、よく主人公に絡んでいたものでしたが、最近はそういう演出は見なくなりました。つまりは三宅みたいな顔のでかい顧客のためなんだ、と藤本先生が言うので、印象に残ったものです。(4)

落語の世界の中に、風が吹くと桶屋が儲かる、という言い回しがあります。落語の中で、この言葉は、こじつけと強弁の積み重ねのギャグにすぎませんが、さまざまな商品がヒットする理由を考えたり、デザインの細部を分析したりしていると、その言葉もあながち嘘ではなく、少々大げさであるにすぎないと思えるようになりました。

前出のワイングラスの形もそうですが、社会のどこかで起きた変化がまず、直接関係がある商品に変化の圧力を加え、それによって発生した一次的変化が、周囲に波及し二次的変化を生む、ということは少なくありません。

アメリカで日本より先にケーブルテレビが普及した理由は、テレビ放送が始まる前から高層建築が発展していたから、というのはご存じでしょうか。ニューヨークのエンパイアステート

(4) そういう藤本先生自身は小顔という自己認識なのでしょうか……。

ビル竣工は一九三一年ですが、一度こうした摩天楼が建ってからテレビ放送を開始すると、ビルの陰になる地域では、電波を受信することが難しくなります。

アメリカでＮＴＳＣ方式のテレビ放送が開始されたのは一九四一年ですが、すでに超高層建築が多かった大都市地域では、テレビ塔から各戸に電波を直接送信するのではなく、各ビルディングに有線ケーブルでテレビ電波を届ける通信インフラが整備されました。このことは、都市部での多チャンネル化を容易にし、アメリカでは日本よりはるかに早く有線ケーブル通信を利用した多チャンネルのテレビ放送サービスが実現しました。それはテレビメディアのビジネスモデルも、日本と全く違うものにする原因となりました。

一方、日本では映画『ＡＬＷＡＹＳ　三丁目の夕日』の時代である一九五〇年代に、まだ東京都市圏が高層化する前にいち早く東京タワーという電波塔が都心に建てられたために、各戸まで有線のケーブルを引く必要はなかったので、テレビ工事は非常に楽なものとなりました。しかしそのことは、日本でケーブルテレビが普及し、各家庭で多くのチャンネルの番組鑑賞が可能になるためには、それからはるかに遅い時代まで待たなければならない、という結果を生みました。

その代わりに日本では、最初に各家庭、各ビルにまで引かれた通信ケーブルが、いきなり大容量のＩＳＤＮ回線としてまとまった投資がなされることになり、それは日本が世界で最初の通信カラオケサービスなどの大容量通信サービスが提供されるインフラとなりました。

つまり放送・通信インフラと高層建築物は、都市で三次元空間の場所取り合戦をやることになったわけです。先に地を占めた側は、後手に回った側に追加的費用負担をさせることになり、また、ビジネスの可能性も大きく影響されることになります。

商品は単独で価値を持つわけではありません。その商品の周りの社会に何があるか、それらとの相性はどうか、それらとの競合はどうか、いくらでも価値を左右する要素があります。モノをつくる際には、想像もつかないような因果関係が、普及のプロセスで明るみに出て、思わぬトラブルを生むこともあれば、思わぬ影響や副作用を生むこともあります。

それらを見越して、自社商品の魅力を高めようとするには、何が有効でしょうか。商品を開発した後でも、社会に素早く対応させる不断の努力も手段の一つです。もう一つは商品で構成される社会のエコシステム全体をデザインする、エコシステムを丸ごと魅力あるものとして、設計し実現するという戦略もあるのです。

そんな大がかりなことを誰ができるのか、と思われるかもしれませんが、実は日本の経営史上、非常に見事にそれを実現し、世界にも稀な成功を収めた一人の経営者がいます。その経営者がデザインした生活スタイルは、現在の日本の都市の通勤生活をしているサラリーマンのあまりにも当たり前の暮らし方になっているために、私たちは逆に、その巨人の存在を日々意識することはありません。

彼の名前は小林一三《いちぞう》といいます。阪急東宝グループ（現・阪急阪神東宝グループ）の創立者です。

■小林一三のしあわせ構想

小林について説明する前に、まず技術史と文化史の交点にあるゴシップを一つ紹介しましょう。今、たいていの人は鉄道というのは、電気や蒸気などの人工動力を使う輸送機関と思っていますが、一八二〇年代にイギリスで最初に鉄製のレールが敷かれた頃は、それは馬車事業者が馬車の乗り心地をよくするために整備したインフラだったのです。

マンチェスターからリバプールへ綿製品を運ぶ馬車は、雨の日にぬかるみに足を取られて難渋しているときに馬車の車輪も回りにくくなってしまいます。それを鋼鉄のレールを敷くことで効率良くものを運べるようになり、そこから産業革命の成果が世界に広がっていきました。

その馬車鉄道のレールに目をつけて、馬車ではなく炭鉱で坑道の排水に使われていた蒸気機関を積んだワゴンを動力源に使うことで、もっとたくさんの人や物を運ぶことができるようになるのではないか、と目を付けたのがイギリスの後の鉄道王たちでした。もう今では、馬車鉄道時代の名残りはほとんど残っていないので、その経緯を知る人は少ないでしょう。

しかし、想像してください。それまでは炭坑で坑内の排水などに使われていた蒸気機関の技術者が、直接自分の今の職務には関係ない街角の馬車運行の様子を見て、そこに「自社製品が割り込み、置き換わるすき間」の可能性を見つけて、実現につなげることができたわけです。

一人の人間の頭の中で、技術ネタと社会ネタが組んずほぐれつしている、そういうことをやっているどなたかが、あなたの組織にいるでしょうか。それがもしあなただったとしても、「そんなの考えている場合か」とか怒られたりしていませんか？

おそらく、小林一三の頭の中でも、そういうことが起きていたのだろうと思います。そして彼は、それを先頭に立って実現できる、経営トップの立場にいました。彼が成し遂げたこともまた、世界の産業史で輝くユニークな業績だったと私は思います。

小林は慶應義塾の理財科（現・経済学部）出身で三井銀行に入った人で、技術の専門家ではありませんでしたが、彼もまた世界を変えた鉄道王なのです。小林は公共交通機関が都市の人々の暮らしの中核としてライフスタイルを大きく左右することを大変深く理解し、その可能性を大いに活かしきりました。

彼がいなければ日本大都市の生活は今と全く違ったものになったでしょう。小林が創業した阪急電鉄の事業は単にレールを引き、列車を走らせ人を運ぶだけのビジネスではありませんでした。

小林は鉄道事業を展開することで、ある商

小林一三（1873～1957）　阪急東宝グループの創業者。彼の行った鉄道沿線の不動産開発や小売事業、文化事業などを融合させた都市づくりは、日本の私鉄経営モデルとなっている
（写真提供：共同通信社）

品をつくることができることを発見し、それを自社事業の主軸に据えたのです。鉄道会社だけがつくれる商品、鉄道会社以外の誰にもつくれない商品、それが鍵となりました。

鉄道会社だけが開発できた商品、それはまさに「駅前」でした。彼がたまたま経営を引き受けることになった関西の小さな私鉄会社は、最初は大阪の梅田から近郊の温泉街箕面へ続く小規模なローカル線にすぎませんでした。彼はその鉄道事業を宅地開発と結びつけるビジネスモデルを発明したのです。

彼は自社が敷設する路線の周囲に、併せて宅地開発用の土地を買収し、駅の設置とともにその周辺に通勤生活者用の住宅地を開発したのです。当時の大阪では重工業化の影響で都心の大気汚染が発生し、生活環境としての都心の魅力が下がっていました。彼はその社会的背景にうまく対応し、煙の都を離れて健康的な郊外で生活をしようと、大阪の中流市民層に呼びかけました。

大阪湾北岸、臨海部の山陽道沿いの漁村など、当時からあった集落を連ねた競合路線の阪神電鉄とは対照的に、阪急電鉄はそれまで田園地帯にすぎなかった六甲山南麓の田園地帯を突っ切る路線を選択しました。路線をまっすぐにしてカーブを減らし、駅間距離を長くして、阪神よりも早く大阪―神戸間を結べるということで、社名も阪神「急行」電鉄として、彼は後から阪神間の中距離乗客輸送市場に参入したのです。

まだ街ができていない地域に線路を通すことは、彼以外の鉄道家にとっては無謀だったでしょうが、彼にとっては町ぐるみ、鉄道ぐるみで社会をデザインできる格好の白いキャンバスだったのです。

彼は阪急の駅前に広場と生活用品を買えるスーパーマーケットをつくります。これは私鉄系スーパーの走りとなりました。日用品よりももっと贅沢な買い物のためには、都心のターミナル駅の改札を出たすぐの立地に、まさに改札の前に世界初のターミナルデパートを開設しました。会社帰りのお父さんや休日のお母さんたちがそこに生活を彩るさまざまな商品を買いに行き、阪急百貨店は関西でも格式の高い新興百貨店としてにぎわいました。高層階には食堂をつくり、ライスカレーなどの洋食文化を関西の庶民に広めました。

小林は阪神間住民たちの余暇も開発しました。都心のデパートとは反対側、郊外のターミナルには、温泉を開発し、遊園地と動物園をつくり、家族連れが楽しめるようにしました。温水プールを設営したときには、ボイラーの出力が足りずにうまく機能しなかったので、その温水プールはあきらめ、代わりに屋内プールの建物を劇場に仕立て直し、そこで少女たちに歌と踊りをさせることにしました。そのための訓練学校も開校しました。脚本も小林自身が書いたこともあるそうです。

こうして彼は鉄道王でありながら、宝塚少女歌劇団のいわば「座付き作家」にもなったのです。彼はまさに、暮らしの全部をデザインした巨人でした。

歌劇団が成功し、女優たちの層が厚くなってくると、阪急各駅前の映画館で上映する映画コンテンツの製作も手がけることにしました。女優たちの相手となる男優たちは阪急が沿線に誘致した、関西学院大学などの男子学生からオーディションで選びました。

こうして、阪急電鉄は流通とレジャーも傘下に収め、まさに当時の最も先端的ライフスタイル、阪急文化をプロデュースし社会に提案することになりました。彼こそ、第2章で述べたような、しあわせの大構想家だったのです。

■通勤生活の元祖

小林のブランドデザインは、現在も沿線の人たちの暮らしを規定し、彼を模倣した後発の企業家たちが東京圏にも阪急を模範に私鉄事業を展開しました。彼をうまく模範にして成功した関東の私鉄は、今でも沿線文化を武器としており、その沿線の地価さえも高くなっています。一方、彼をうまく模倣できなかった関東の私鉄は、いまだに駅前もごみごみとし、街としての魅力がさほどではありません。しかし、もう今となっては、再開発するのは至難の業です。

プロ野球球団さえ、最初に考えたのは彼でした。この事業については、競合路線の阪神のほうがファン獲得に成功したのは皮肉ですが、ライバル球団の創設から七〇年を経て、結局は阪急側が母体の鉄道事業ごと阪神を傘下に収めたわけですから、産業史というのは面白いものです。

小林は決して技術的な優位や大資金力を活かして、いきなり阪急東宝グループを築き上げたのではありません。最初は潰れかけのローカル線にすぎなかった会社を少しずつ育て上げ、やがては地域まるごとデザインしたのです。

同時代の人たちは、彼が後にこれだけの他分野に展開する事業を束ねる産業王になろうとは予想していなかったでしょう。起業したときの彼は、三井銀行から脱サラし、転職した雇われ支配人にすぎませんでした。

しかし、彼は結果として後にわかることですが、当時の日本で最も魅力的な暮らしのデザインを胸に抱いていたのです。あえてここで問いを立てますが、今どれだけの会社がこれだけ志が高い日本人の暮らしをつくり変える「陰謀」を抱いていることでしょうか。その意味で彼は、単に良いものを安くつくりたい、というような実直なものづくりの経営者ではなく、大興業師でした。

なんといっても彼の成功要因は、社会全体やライフスタイルの器を根こそぎデザインしたということでした。鉄道それ自体、スーパーやデパートそれ自体、遊園地や動物園それ自体、何か模倣困難な技術を実用したわけでも、特許で独占していたわけでもありません。

しかし、それら全部を組み合わせることは、彼にしか構想できなかったことなのでした。彼は自分の人生を懸けて、大都市居住の日本人の生活をデザインしました。今、あまりにも当たり前の暮らし方になったので、改めて彼の名前が取りざたされることはめったにありません。

電車に乗って職場に通う人たちは、そこに電車が通っていて、それに乗るのが当たり前になっています。

泉下の小林は、これを見て笑うでしょうか。彼はどこまで将来を見通して、自社の事業をデザインしたのか、それが知りたくて、多岐にわたる彼の足跡をたどるべく、私は史料を読んでいます。

晩年の彼は政界にも進出し、近衛内閣の商工大臣や戦災復興院総裁も歴任したので、彼についての史料は山ほどあるのですが、それらを読んでいて、時折ふっと妄想することがあります。

彼が人生を通して、最も楽しんだ仕事は、何だったのだろうか？ 阪急電鉄経営に携わったのも、支配人に就任するはずだった証券会社の設立話が立ち消えになったからでした。ですから彼は、歴史的偶然にも大いに導かれて、大鉄道王となったのです。

そんな彼の事業構想は、どれほど計画的で、どれほど即興的だったのでしょうか。もしかすると若い頃は作家志望だったという彼が、本来ずっとやりたかったことに近づいたのは、少女歌劇団の座付き作家であって、他のビジネスはすべてそこに至る準備作業だったのかもしれません。

彼にはもちろん大成功した企業家として、敏腕にして苛烈なところは大いにあったでしょう。そして同時に、商品開発者、文化の構想者としての彼には、世間の人々がどのように暮らせば便利か、楽しいか、それを必死で考え、くみ取ろうとした、優しさを大いに持っていた人であろうと思います。

沿線住民のために良かれと思う、その構想を次々と実現し続けた彼もまた、ギリシャ人に火を使う暮らしを教えたプロメテウスのように、優れた文化英雄だったと思います。日本で他に彼のような存在がいるか、実はあまり思い当たりません。

■IBMとニューディール

むしろ彼のような構想家としての例は、海外に類似を探すことはできます。IBMを成長させたトーマス・ワトソンの事例を挙げましょう。

もともとは金銭登録機のセールスマンであったワトソンはビジネス用の計算機のメーカーに迎え入れられ、一九二〇年代の大恐慌の時期にもパンチカード式の計算機を増産させました。

IBMの在庫はたちまち膨れ上がり、周囲はどうしてあんな馬鹿なことをするのだと思いましたが、そのとき政権を握っていたルーズベルト大統領が打ち出したニューディール政策で、アメリカの労働者たちの労働規制が厳しくなったのです。それまではどんぶり勘定で給料を払っていたアメリカの工場は、州ごとの労働時間の規制や、夜勤の労働時間の規制などに対応するために、急に労働者たちの個別管理が必要となりました。そのときに最もその人事管理の業務に適応していたのが、IBMの計算機だったのです。

ここから先は私の推測にすぎませんが、これが偶然でしょうか。ワトソンはもともと民主党の支持者としてよく知られていて、ルーズベルトの大統領選でも支援をしていたといわれています。おそらくは、ルーズベルトの政権構想にワトソンから労働規制強化という提案が事前になされていたのではないでしょうか。

もちろん、IBMについての資料にそれを裏づけるようなものは残っていませんが、もしこれが偶然だとしたら、後生の私たちはこのような「幸運な偶然」を人為的に起こすような工夫を構想するほうが賢明であるのは間違いありません。

これは、単に自社に都合の良い政策実現のためのロビーイングを頑張れということではありません。このような制度をつくったほうがアメリカの労働者たちがしあわせになりますよ、という提案に説得力がなければ、そのようなロビーイングが成功するわけもないからです。こうした社会への政策提案については、次章のハーレーダビッドソンジャパンの事例で紹介しましょう。

ここでワトソンから学ぶべきことは、社会でどのような制度があり、そこにどのようなサービスがあり、それを支えるどのような商品があれば私たちはしあわせになれるかといったビジョンを持つべきということです。そのビジョンを実現させるための根回しはもちろん、社会の各所にいろいろと必要です。

そのビジョンに同意しない人からは、それを陰謀と言われても、こうした社会の将来についての陰謀と陰謀が切磋琢磨するのが、社会の可能性を広げるのではないでしょうか。阪急の小林、ＩＢＭのワトソン、二人とも企業組織のトップとして、「しあわせのための陰謀」を練る作業の先頭に立っていたのだと思います。この作業のための参謀的スタッフがトップを支えるためにいるとしても、やはりトップ本人が積極的に価値のエコシステムのデザインを考えているべきでしょう。

読者の皆さんの属する組織のトップは、それを行っているでしょうか。行っているようでしたら、頼もしいことです。そうでないようなら、たとえば、本書のこのページを開いて、トップの机の上にそっと置いておくのも手かもしれません。さっそくトップ用にもう一冊買っていただけると、筆者としては正直ちょっと嬉しいのですが（笑）。

第8章 ステータスと仲間をつくれ

下町で生まれた革のストラップ

本章では、私たちが商品に求める価値の重点が移り変わっていくということを考えます。特に現代は、商品が顧客によって記号として選好される、まさにその記号としての価値を商品に備えさせるには、どうすればよいのでしょうか。

私たちが商品を消費する理由の一つに、自分のイメージをコントロールしたいという欲望があります。あるときは自分から見た自分のイメージをその商品を使うことによって高めたいと思います。またあるときは、他の人から見た自分のイメージを、やはりその商品を使うことによって高めたいと思うこともあります。

つまり、身もフタもない言い方をすれば、見栄の手段としてその商品を消費するということです。率直に言えば、私たちはもうめったに食べることに困ることも、体力の負担に苦しむこともありません。私たちの飢えを癒すものはふんだんにあり、私たちの労苦を除く機械もふんだんにあります。

私たちの胃腸も肉体もかなり救われたこの時代に、なお残っているのは心の飢えです。心が飢えている対象とは、私たちが心地良いと思う情報や、私たちが自分に価値があると思う情報です。これらが得がたい価値となっているのです。

「衣食足りて礼節を知る」と孔子は言いましたが、今まさに私たちの消費行動を説明するのに適した言葉です。ときには豊かになり、衣食足りた私たちは商品の購買や消費を通してでさえ、自分が美しかったり、善であったり、倫理的であったり、道徳的な価値を持っていることを求めようとします。あるいは、仲間との親しさも商品を買うことで手に入れようとしたりします。

私が大学院生だった頃、アルバイトで東京特別区の東側、城東のユニークな生活消費財企業を調査していました。その地域で開発された新しい商品がなかなかのヒットを飛ばすと、地元自治体の産業振興担当部署がその調査分析を発注してきたのです。

インタビューに行くと、「私がそれを開発しました」と出てくる中の多くが女性経営者だったことに驚かされました。そんな彼女たちには共通点がありました。それまで、高度成長期の前くらいに地方から集団就職で東京に出てきた旦那さんが、職人として腕を磨いて自分の工場を立ち上げ、下町で知り合った奥さんと結婚し、三〇年、四〇年と真面目に良いものを安くつくり続けてきました。

そして、とうとう海外生産の商品と競合するようになり、価格競争に疲れ果て、事業もうまくいかなくなり、ご主人が心労で寝込んでしまったりする。そんなときに、今までは旦那の顔を立て、経理に専念していた社長夫人の専務が、「なんとかして、うちの会社の立て直しをできないかしら」と一念発起するのです。

私と恩師ともども、長年調査をさせていただいている台東区千束三丁目のある靴ひものメーカーがあります。ここではI社と呼びますが、同社がやはり不渡り手形をつかまされて経営危機に瀕したとき、社長夫人である専務がなんとかして新商品を開発できないものかと悩んでいました。ちょっと話としてよくできすぎた、面白いケースなのですが、ここで紹介します。

通人の読者はよくご存じでしょうが、住所表記でいうところの千束三丁目は一般的には別の名前で知られています。江戸前落語に出て来る、いわゆる吉原とはここにあったのです。そして現代では面白いことに、この界隈は東日本を代表する革靴の製造集積地でもあります。多くの中小工場が靴の甲や底、あるいは革の部材、ひも、その縫製、接着などを手がけ、ネットワークとなって靴をつくっています。その工場と入り乱れて数々の風俗店のピンク色のネオンが軒を連ねています。

その界隈には何軒かが情報喫茶といわれる、その界隈にしかない業態の喫茶店があります。入店した客はコーヒーを飲みながらテーブルの上のアルバムを開くと、近隣のお店で働く美女の写真を見ることができます。つまり、これからどこのお店に行くのかを事前に品定めするお店だったのです。

最近ではインターネットで情報を事前にチェックすることができるようになったようですが、一九九五年当時は、まだ吉原のサービス案内に情報喫茶は重要な役割を占めていました。しかし、情報喫茶が情報を求める客でにぎわうのは夕刻からで、それ以前は、地域の靴工場関連のマダムたちの井戸端会議の場であり、風俗嬢たちの憩いの場でもありました。

I社の専務にして社長夫人の和子さんがコーヒーを飲みながら資金繰りについて悩んでいたときに、隣では風俗嬢がそのとき普及し始めた携帯電話のストラップについて愚痴をこぼしていました。「なんで電気屋さんが付けてくれるストラップって、あんなに安っぽいものばかりなのかしら?」

その頃の携帯ストラップは、メーカーがおまけでつけてくれる樹脂製の安っぽいものばかりで、ブランド品で身を固めた風俗嬢たちには、自分の身の回りでそれが一番みすぼらしいものだったのです。それを聞いた和子専務は思いつきました。「うちの工場で扱っている靴ひもをちょっと加工して金具を付ければ、そのままストラップになるじゃないの!」

高級な革でストラップをつくれば、このお姉さんたちがたくさん買ってくれるのではないか、と思い立った和子さんはさっそく試作品をつくりました。そしてNTTドコモへ飛び込み営業に行き、最初は門前払いされるなどの苦労の末、少しずつ高級革製のストラップは世の中に広まっていきました。それが日本で一番最初につくられた携帯電話用の革製ストラップだったのです。

ある晩、I家に一本の電話がありました。「今すぐ八チャンネルを見て」、と急いでテレビをつけた和子さんが見たものは、I社のつくった花柄のストラップを付けたケータイで電話を掛ける深田恭子さんの姿でした。

それは当時大人気のフジテレビのドラマ『神様、もう少しだけ』のワンシーンで、そこで同社の商品が主人公が使う小道具として使われたのです。別にメーカーの側からテレビ局に売り込んだわけではありません。その頃、女子高生が求めていたカワイげなデザインを最も体現していたのが、同社の商品だったのです。

大ヒットしたそのストラップでI社は不渡り手形の危機を乗り越えました。長年お世話になっている知り合いの会社の、しかもあまりにも面白すぎるケースなので、私はこれまで論文に書くことを躊躇してきたのですが、今回紹介しました。そして、このエピソードからくみ取れる教訓が、実はいくつもあります。

■信長の茶器の「物語性」

経済的に貧しいときには、私たちは商品に経済性と機能性を求めます。靴ならまず丈夫で耐久性があり、寸法も狂いなく、値段もリーズナブルであると、その商品は評価されます。

やがて機能的な靴に満足すると、次におしゃれであることが求められます。商品に「意匠」の価値が求められるようになるのです。実はこのときにはすでに、額に汗して安く機能的なモノをつくっているだけでは、職人的価値観がマーケットから少しずつずれ始めています。

さらに消費者の好みが成熟すると、機能性、デザイン性だけではなく、思い入れの対象としての「ブランド」を求め始めます。あるときは知名度の高いロゴであったり、あるときはあこがれの著名人が利用しているという事実であったり、つまり、商品の持つ象徴性です。これは意匠の価値ともまた違った「記号」としての価値です。

商品に求められる価値が最初は機能から始まり、次に意匠としての魅力も加え、最後に記号としてのシンボル性を求められたときに、企業はなかなかその変化に追いつくことはできません。特に職人気質の技術者は自分の技術に自信があるからこそ、意匠や記号に反感を持つことがあります。

もうちょっと硬い言い方をしますと、商品が最初に求められるのは機能性、経済性といった科学的価値です。それが基本的な水準を満たし始めると、なおかつその商品が消費者の感覚に訴えかける美しさ、つまり芸術的価値が求められるようになります。そして、その商品の美しさがある水準に達すると、美しいだけでなく、その商品を使用している自分に価値があるかのような思いを満たすことが要求され、あこがれの対象と自己同一化できるような感覚も求められたりします。つまり、宗教的価値が求められるのです。

間違いなく機能的に商品がつくられるようになることを工業化と呼ぶのならば、工業化の成功はやがてファッション化の結果を呼び、ファッション化の成功はやがてブランド化を生み出します。こうして商品に求められる「良さ」の尺度は、機能に加えて美、さらにはステータス、というように新たに加わっていくのです。

日本史が好きな方はニヤリとされるでしょうが、織田信長が部下への恩賞として、茶器を用いたことを思い出してください。彼の下で手柄をあげた家臣たちは、財産も手に入れ、権力も手に入れ、最後にはステータスを求めました。信長は巧妙に自らも茶の湯文化を尊んで見せることで茶会を開く権利、名物である茶器を持つステータスを高めることに成功し、領地や権限以外の報酬を生み出すことに成功したのです。

やはり台東区で、私が調査でつき合っていたある宝飾メーカーの方から質問されたことがありました。その方が言うには、「わが社の直営店で不思議なのは、一番ボロい店舗の御徒町駅前の店舗が一番売上が良いのです。社内でも理由がわからずに不思議がっています」ということでした。

「それはきっと御徒町という問屋街にある、いかにも一般客相手ではなく玄人相手の雰囲気のするボロい店であれば、掘出し物を安く買えるのではないかと期待されるからですよ。素人の男性客がやって来て、『オレはなんて賢い消費者だろう。外見にだまされず、玄人の目線で割安なものを買えた』と自己満足に浸って喜んでいるのではないでしょうか」

「なるほど……。では、その店舗はどうしたらいいでしょう？」

「もっと、掘出し物感を演出しましょう。お店はさらに質実剛健的に地味にし、店員さんは無口に無愛想に、包装紙は最低限にして省き、シャンデリアは裸電球にしてください。いかにもBtoBで、業界人が業界人に売るような演出をすれば、業界人はだまされなくても、一般人が探検気分でやって来て、楽しんで帰っていくと思います」

豊かになった時代の私たちは、商品にただの機能性だけでなく、美しさでもなく、体験の喜びまでも求めるようになったのです。しかし、それが一番主観に左右されるという面があります。

生きていくのに必要なものは満たされている現代だからこそ、私たちは商品に必需以上の価値を求めます。つまり格、箔、ステータスと呼ばれている現象です。私たちは単にその商品を直接消費するだけではなく、その商品にまとわりつく物語のゆかしさも消費しようとする貪欲さを持っています。

私たちは生活を何かと演出したがっています。平凡な暮らしに飽いている平凡な私たちは、ドラマチックな物語に事寄せて自分たちの生活に刺激を与えようとします。平安歌人たちが行ったこともない歌枕に自ら思い入れを深めていったように、私たちは好んで記号の意味に陶酔しようとします。

テレビの二時間サスペンスのラストシーンで毎回出てくる海辺の断崖絶壁が、劇的なラストシーンの舞台装置となったのは、実は松本清張の『ゼロの焦点』以降だそうです。あの作品が映画化されるまでは、能登金剛は単なる断崖絶壁であり、容疑者が半身で構えて朗々と犯罪を自白するイメージは全くなかったそうです。しかし現在では、私たちは断崖絶壁を見ると、否応なしにそういったシーンを思い浮かべるようになりました。

商品に物語を盛り込むことで、より商品の価値を楽しもうとするのは今に始まったことではありません。女房を質に入れてでも初鰹を食べたがった江戸っ子のように、フランス人はボージョレ・ヌーボーを買い求め、平賀源内は鰻を勧め、愛の告白にチョコレートを用いることをメリー・チョコレートとモロゾフはキャンペーンして広めました。

最近では、大阪の芸者遊びの小道具だった恵方巻きをコンビニ各チェーンが共謀して全国に広めようとしています。あの種の巻き寿司が急に美味しくなったわけではありません。それに由緒を感じさせようとする物語の構図ができあがったというわけです。

私たちが豊かになってついに最後に消費するようになったのは、商品の持つシンボル性、連想されるドラマ、物語の価値なのです。

なぜベースボールが「野球」と呼ばれたか

そんなときに、ラグジュアリーブランドが生まれるのです。ここでこれから述べるこのブランドの説明は、私自身のオリジナルのものではなく、日本有数のジュエラー、株式会社ミキモトの常務取締役を務められた、山口遼さんのアドバイスを活かしたものです。

ラグジュアリーの世界は、コモディティとは全く違った現象があります。「三宅さん、私がこれまで読んできたマーケティングのブランド論の中で、自分がミキモトの中でしている仕事に当てはまるモデルというのは、今まで一つもなかったよ」と、山口さんは私に言いました。私が思うに、正直、コモディティのマーケティング論は、ラグジュアリーを説明することができていない面が多々あります。

大学院生時代、アルバイトで神戸ファッション美術館の特別展のお手伝いをしていたときに、山口さんと一緒にヨーロッパの美術館に所蔵されている、高級ジュエリーを借り出そうとしたことがあります。そのときに、山口さんが何気なく、「たとえば、ダイアナ妃が生前身に付けていたジュエリーはおそらく今、イギリスの彼女の実家にいるスペンサー伯爵が相続している。自分は昔からあの一族とは仲が良いから頼んでみようか」と言ったことがあります。ミキモト時代のお得意様だったそうです。

山口さんによれば、そういうイギリスの貴族にとっては、ブランドというものは実は存在しません。それはなぜか。貴族たちは、何世代にもわたって、身に付けて心地良いものを選び、使用してきたために目が肥えていて、優れたものを選び、買おうとするときに、タグやロゴを見る必要がないからです。祖父や祖母の代から当たり前のように、そのお店と取引があり、当たり前のように良い物を選ぶことができれば、実はその店の屋号には大した意味がないのは当然のことです。

しかし、誰しもが貴族ほど目が肥えているわけではありません。やっと高級品を買えるくらいの経済力を身につけても、まだ貴族のような消費の教養を身につけていない人たち、すなわち成金にとっては、貴族がどこのお店でどういう商品を買っているかが大変参考になると思われるのです。そのときに、成金たちはロンドンの街で「ナントカ伯爵があのお店に入りマフラーを買ったようだ。何という店だ？　バーバリーっていうのか？」「カントカ公爵夫人はあのお店で香水を買っているそうだ。何というお店だ？　ゲランっていうのか？」などと情報を仕入れると、後から自分もそのお店に行って、同じ品を買うというわけです。

そのときにはまだ、成金たちにはその商品の良さそのものがわかっていません。しかし、成金たちは少しでも良い暮らしをしたいと思っている、その手がかりと思って必死に貴族たちの行きつけのお店を調べるのです。つまり、ブランドとは成金たちのためにあるのです。

貴族たちと成金たちが身の周りの物を買う店が、結果としてたまたま同じお店であるとしても、購買の手法が全く違うということはわかると思います。貴族たちは小さい頃から何気なく感じ学んできたセンスに則って、自分が良いと思うものを身に付けます。成金たちは自分たちでは商品の良さがわからないけれども、貴族たちが買うのなら、これは良い物だろうと信じて、その商品を買うわけです。つまり、貴族から見たら、ブランド消費ではないのに、成金から見たら、それと同じものを買うことがブランド消費なのです。

身もフタもないことを言いますが、よほどの仙人のような人は別にして、これにはあの人と一緒にされたくない、というような社会集団もいれば、あの人たちと仲間だと思われたい社会集団もあるものです。

マーケティング用語で、私はあの人たちとは違う、だからあの人たちと同じものを買うのは避ける、という効果をスノッブ効果といいます。逆に、あの人達があの商品を買うなら、私も同じものを買ってあの集団と同じように思われたい、という効果をバンドワゴン効果といいます。スノッブとは英語で「俗物」の意味、バンドワゴンとは、街にサーカスがやってきたことを告げまわる「楽隊馬車」のことです。

昔のアメリカ映画などに出てきますが、開拓時代の街を巡るサーカス団が、街外れにテントを構えると、明日からこの街でサーカスが観られるよ、と街中に告げて回る楽隊が、メインストリートを巡り歩きます。子どもたちは、風船などを楽隊にもらって、その岐路について歩きます。つまり、その列に合流して同じ集団に入りたい、という意味がバンドワゴンという言葉にはあります。

ここで、二×二のマトリックスを描いてみましょう。横軸には商品の良さがわかるかわからないか、縦軸にはお金の有無です（図8－1）。

お金があって、良さがわかる。このマスには貴族たちが属し、商品のロゴを見なくても、自

▶図8－1　文化英雄のマトリックス

お金が ＼ 商品の良さが	わかる	わからない
ある	貴族	成金
ない	学生	庶民

分たちの目で納得のいく商品を購入します。お金はあるが、知識がないマスには成金たちが属し、貴族たちが何を買うかを見計らって、後から同じ商品を買います。お金がなく、知識もないマスには庶民が属し、ブランド店には足を向けず、身近なディスカウントショップで、安いがうえにデザインが限られているものしか買えません。

ここで成金たちから見ると、庶民と同じものを買いたくないから貴族と同じ良い商品を高くなくてもいいから買おう、というのがバンドワゴン効果であり、庶民たちが買っているものと同じものを買いたくない、というのがスノッブ効果です。

マトリックスのマスがまだ一つ空白ですが、お金はないけれど知識がある、という枠には、実は第4章で触れたように、新しい文化を生む文化英雄たちが属します。生活を面白くする新しい商品を、自分たちは見分けることができるのに、世の中にあるそういった商品は高くて手が出ない、となったときに彼・彼女らは自分たちでなんとかしようとします。そんなときにその知識を持った人々のクリエイティビティが発揮され、ここから世の中に新しい流行商品が発信されます。

例としては、一般的に有名大学の学生たちなどがここに当てはまります。学費は親が払ってくれていても、生活費は自分でまかない、遊びのお金には事欠いています。しかし、外国の文化などを勉強する機会と語学力には恵まれており、そういった学生たちは自分たちで知識と教養を活かし、手づくりで新しいゲームなどをつくり出します。

たとえば、正岡子規が東京帝国大学の学生時代に、日本にベースボールを輸入した一人となったことは有名です。「ベース」の「ボール」なので、それを訳して「野球」となるはずがないのに、競技名が「野球」となったのは、一説には子規の本名「升《のぼる》」をいたずらで利用したため、ともいわれています（「野《の》」の「球《ボール》」）。

ラグビーという球技も、有名な学校の生徒が開発したものです。フットボールの試合中に突然、イギリスのパブリックスクール、ラグビー校の生徒が、掟破りのルール違反をしました。彼がボールを手で持って走り出したときに、ラグビーという競技は誕生したわけです。その競技には彼の出身校の名前がつけられました。

もし、ラグビー校がイギリスの名門校でなかったら、彼は単なるルール違反をした愚かな不良学生と捉えられ、世間は誰も彼のクリエイティビティを認めず、彼の新アイデアは埋もれていたかもしれません。正岡子規たちも、帝大の学生でなければ、「何か若者たちが怪しいことをやっている、取り締まれ！」ということになっていたかもしれません。

あの人たちがやっているのだから、何かカッコいい、面白いことなのだろう、という周りの反応はまさにバンドワゴン効果であり、彼らに対する憧れから、野球はステータスを築き上げたのでしょう。こうしてみると、スポーツでさえ最初はブランド商品であり、おそらくはその後もずっとブランド商品である側面があります。

ゲーム自体の面白さは別として、世の中でハイソサエティだと思われているスポーツのようなものもあれば、それほどでもない人たちが興じる娯楽と思われている競技もあるでしょう。

■われらの中のギャツビー

商品のブランド性を考えるという行為は、自分の欲望をのぞき込むような面があります。なぜその商品にひかれるのか、記号としての価値を考えるとき、ずいぶん私たちは自分の見たくない部分を直視することがあります。単純に燃費が良い車や、美味しい料理などを望むのとは違い、自分は自分をこのように思いたい、他人からこんなふうに思われたいという自意識が露呈するのが、この記号としての価値です。

山口さんと、ラグジュアリーブランドについて雑談をしていて、今のようなエピソードを聞き、私が整理しているときに、ふと言いました。「ラグジュアリーブランドというのは、スコット・フィッツジェラルドのあの小説、『華麗なるギャツビー』（原題は *The Great Gatsby*）、あの世界に出てくるものですね」「そう、まさにそれなんだよ」

ここでかつて早稲田のロバート・レッドフォードといわれた私なりに、あの小説をブランド論的にまとめてみます。

時代背景は一九二〇年代前半、舞台はニューヨーク近郊の入江のほとり、超高級住宅地ウェスト・エッグ。陸軍中尉ギャツビーは大富豪の娘デイジーに恋をするが、貧しいがゆえにその交際は周囲から反対され、二人の仲は引き裂かれる。ギャツビーは第一次世界大戦でヨーロッパに出征し東海岸を離れ、デイジーは後に資産家と結婚し子どもも産まれた。しかし五年後にデイジーの住まいと入江を挟んだ向かい側の大邸宅に引っ越してきたのは、相場師として成り上がり、巨富を得たかつての貧乏なギャツビー中尉だった。ある日ギャツビーは、豪勢なパーティーにかつての恋人、今は家庭を持つ身となったデイジーを招く。

ギャツビーの隣に住む友人の作家が、そのパーティに招かれて彼の屋敷を訪ねる。喧騒に疲れて書斎で休もうとすると、本棚にはずらりと分厚い本が並んでいて圧倒される。厚紙でつくった偽物ではないかと思って手にとって見ても、ちゃんと中も印刷されている立派な造本である。しかし、ページが切られていない（当時の本は読み進むと同時にペーパーナイフで袋とじを切り開いていく形式なので、ページが切られていないのは、つまり読んでいないということ）。

次にデイジーがやっとギャツビーの邸宅を訪ねていく。ギャツビーは精一杯デイジーをもてなそうとして自分の屋敷の中を案内する。どの部屋にもどの部屋にも豪壮な調度品が揃っていて圧倒されそうになる。ドレッシングルームには色とりどりの豪勢な服が並んでいる。ギャツビーいわく、「春秋のシーズンごとに、ロンドンの知り合いが良い趣味のものを見繕って、まとめて買って送ってくれるのです」（つまり、彼自身が自分の服を選べるというわけではない）。あまりにもきれいな色の高級なシャツがずらりと並んでいて、それを見ているうちにデイジーは泣き出してしまう。

映画ではこのデイジーの役をミア・ファローが演じていましたが、このデイジーの涙が、つまりラグジュアリーブランドという現象のどこかにまとわりつく哀しさを示しています。

もちろん現代では、貴族ばかりがラグジュアリーに権威を付与する役割を果たしているわけではありません。たとえば、アメリカではハリウッドスターなどのセレブリティがその役割を果たしています。アーノルド・シュワルツェネッガー知事によって、カリフォルニア州のハイウェイを優先的に走行できるハイブリッド車両としてトヨタの「プリウス」が認められると、ハリウッドスターたちは好んでプリウスに乗るようになりました。そうするとプリウスには燃費の良さだけではなく、あのハリウッドスターたちも愛用しているというオーラをまとうようになりました。

ジャズ音楽も、もとは黒人奴隷たちの民族音楽でしたが、それがアメリカ南部で西洋音楽と結びつき、独自の発展をしました。しばらくはまだ社会的に蔑視された黒人たちのユニークなジャンルでしたが、それを当時ステータスが高かった白人の文化人たちが認めることで市民権を得ました。

ジーンズもそうです。もともとはゴールドラッシュのときに、一攫千金を求めてカリフォルニアにやって来た鉱山労働者たちに愛用された丈夫なキャンバス生地を使った、あのインディゴ染めのズボンです。それをＵＣＬＡの学生など、当時社会で憧れられていた集団に認められたことによって、ポピュラーなファッションに変わっていきました。

日本でいうと、慶應の学生がどこかの工場の作業着を愛用すれば、世間はそれをファッションの一つとして認めるかもしれません。つまり今は貴族ばかりではなく、消費の権威たちが世界のあちこちに存在している時代なのです。著名な料理家が薦める調味料、調理用品や、著名な子育て評論家が薦める育児用品、著名な作家が薦める文房具などいろいろとありますが、元のパターンは宝飾と共通していることがわかります。

この意味では、社会的に権威がある集団たちには無料で試供品を配り、それなりに良い物であれば、その集団で愛用されて広まると、周りの人たちがそれを見て納得して、ブランドとしてその商品を求めるようになれば、そこにそれなりの値段で売りつけ、そこで試供品のコストを回収する、ということができるようになります。

私は、非常勤講師として東京女子大学に中小企業論を教えに行きますが、あの大学は首都圏有数のファッション性の高い学生たちが集まる場として有名です。学園祭シーズンには、あちこちのコスメティック企業に就職したOGから、大量の試供品のカンパが集まり、学園祭入場券代わりのパンフレットを買うと、私のようなおじさんにまで大量のシャンプーやマスカラ、ファンデーション、リップスティック、マニキュアやらなんやかやを山ほどもらい、思わず知人に配ってしまいます。

こうしてみると、流行が広まる街と流行が生まれる街は、微妙に違うことがわかります。ファッションでは「成金」的立場の消費者が集まる銀座や表参道が、売上回収の街かもしれませんが、そのファッションそのものやそのステータスの原型が生まれるのは、下北沢や吉祥寺ということがあるでしょう。

もちろん、商品の記号としての価値が重視されるからといって、機能や意匠が劣っていてもかまわないわけではありません。優れているのは前提として、新しい価値評価基準が積み重なっていき、適切に統合されなくてはならないのです。ただ、そのためには、「組織でこれまで活躍していた部署とはまた違う部署が台頭しなければならない」という課題があるので、なかなかうまくはいかないことがあります。

■ハーレーダビッドソンジャパンの躍進

その価値の統合においての、きわめて高度な商品開発の成功事例として、ここでハーレーダビッドソンジャパン（以下、ＨＤＪ）の事例を取り上げようと思います。この事例は、記号としての商品が顧客間を結びつける、その関係性だって商品価値になるというケースです。

日本のオートバイ市場は、もうすでに一九八〇年代のホンダとヤマハの激しいシェア争い、「ＨＹ戦争」の時代にそれを経験していて、さらに軽自動車の発達で実用品としての需要を奪われて、さらにその次の段階、「ラグジュアリー化」という局面を迎えています。これはつまり、「今さらオートバイに乗る人は『良い意味で伊達や酔狂』で乗る人であって、趣味的消費である」という段階ですが、この状態に対応できている企業とできていない企業があるのではないでしょうか。

ラグジュアリー化に対応して商品の価値を再定義する、そこが問題だということがまず腑に落ちない、という方は少なくありません。むしろこれまで製品・生産技術を磨くこと、性能を増強することが競争力につながる、そう思って組織能力を鍛えてきた組織が価値観を変化させることができない。そうしたケースを、私はあちこちで目にして、暗然たる気持ちになること

▶図8－2　日本国内の二輪車出荷台数

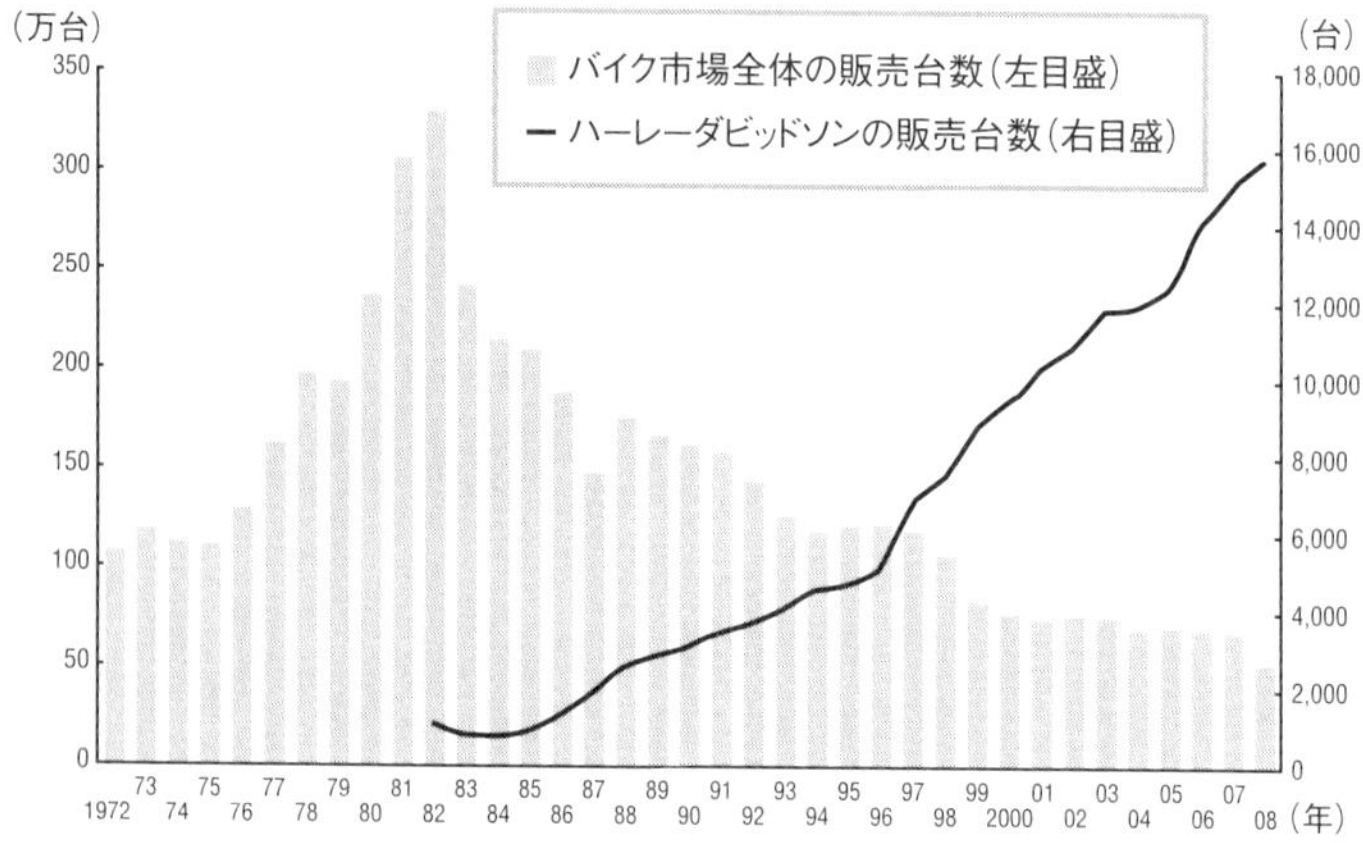

出所：二輪車新聞とHDJのデータをもとに著者作成。

が多々ありました。そんなときに、膝を打つ思いで納得し、学ばせていただいたのがＨＤＪの取組みでした。

ここで紹介するケースについては、ＨＤＪで一九年間社長を務め、その間に飛躍的に国内でのハーレー販売実績を伸ばされた奥井俊史元社長①から、大変密度の濃いインタビュー協力をいただきました。

アメリカでのハーレーのマーケティングの成功については、教科書に載る定番的事例としてかなり研究が蓄積されています。しかし日本でのＨＤＪの取組みは、またそれとはかなり違ったアプローチで成功し、それが評価されてアメリカに逆輸入されつつあるそうです。以下では、その成功の要因を探っていきたいと思います。

ともあれ、まずハーレーの躍進を示すグ

ラフをお目にかけましょう（図8－2）。

しみじみ見ても、これは誠におかしなグラフです。事前説明なしにこのグラフを見たら、折れ線グラフで売上が示されているＨＤＪの商品が、棒グラフで売上が示されている市場、その業界に属するものとは、信じられないのではないでしょうか。なにしろ、オートバイ全体のマクロ動向がこんなに顕著に縮小しているのと同じ時期に、それに属するある一社の売上は、こんなに顕著に伸びている。それで棒グラフと折れ線グラフがわかりやすくX字に交わっているわけですが、これではまるで、ハーレーはバイクの中に入らないようではないですか！　非常に劇的なグラフです。

しかも、この急成長したブランドのバイクは、競合品と比較してかなりの高価格で、日本人になじみのない外国のメーカーがつくったものなのです。そして日本には、そこと競合する技術力に定評のある世界的なバイクメーカーが、四社もあるのです。その四社の商品は、売上を落とし続けたというのに。四人のガリバーがいるハードな業界で、年間一〇〇〇台も売れていなかったバイクに何が起きて、こんな大躍進が起きたのでしょうか。

まず、オートバイ市場の長期低落のこの時期に、いったい何があったのでしょうか。業界の

（1）奥井さんは現在はアンクル・アウル・コンサルティングというコンサルティング会社を立ち上げられ、精力的に活動しています。

方に伺うと、競合する各バイクメーカーの商品が、お互い似てきてしまったということなのです。その背景には、マーケティングリサーチの技術、特に統計データ処理の発達があり、各メーカーは「日本の平均的なバイクユーザーの望んでいるバイクのあり方」を把握することが、過去と比較して相対的に容易にできるようになった。そうすると、その当然の結果として、バイク開発の「落とし所」がみんな似てきてしまった。

そうなった背景には、バイクの製品技術、物理的機能の成熟があります。端的に言いますと、「これ以上バイクの物理的性能を高めても、それにライダーの身体機能が追いついていけない」ということです。バイクをこれ以上高速に、高加速性能に、そして制御性を高めても、そもそも人がもう使いこなせません。なるほど、ライダーの反射神経が対応できないほどバイクが俊敏に動いても、それを人がコントロールできないほどのレベルであれば、そのことにも う追加的な価値は発生しないのです。

■下駄のようなバイクを再定義する

そのくらいまでにバイクというのは発達した。技術的には輝かしい成果としか言いようがありません。しかしそのことは裏返せば、ともすればバイクが下駄のようになってくるということです。移動手段がまるで履物のようになり、機能の差別化が難しくなってきたときに、そのままでは工業製品はコモディティ化してしまう。人の身体という、どうしようもない限界に直面している以上、これはどうしようもありません。

さて、それにどう対応するか。純粋に技術的解決を模索するならば、肝心の人の身体を改造強化して、より高性能化したバイクを乗りこなすサイボーグライダーを開発するのかもしれませんが、今のところそういうアプローチは石ノ森章太郎作品のフィクションの世界にしかないようです。

しかしそうなると、バイクを他の競合製品と物理的性能の面で差別化するということが、非常に困難になるということです。そうすると低人件費の途上国に生産を移して価格の叩き合いになるしかないのでしょうか。まだしも可能性があるのは、バイクの「燃費を良くする」（＝環境負荷を下げる）ということがあるかもしれませんが、正直それはいささかみみっちい、後ろ向きの商品の訴求点であって、さして代わり映えはしないのではないか。いやそもそも、バイク全体の販売台数がこれだけ減ってきたというのは、単なる市場の成熟の時期さえ通り過ぎて、バイクに乗る文化、習慣自体が衰退期に入ってしまったのではないかとさえ感じます。

そんな時代があって、バイクが潜在顧客に訴求するポイントが変わらざるをえなかった、その事実に、最も積極的に対応して成功したのがＨＤＪだと私は考えています。では、それはどういう手法によるものだったのでしょうか。

奥井さんが最初に行ったのは、バイクという商品の再定義でした。それにヒトが乗る、荷物も載せる、それで移動するというとき、バイクはつまり移動・輸送手段であり、トランスポーターということになります。物理的質量を持った輸送対象、ヒト、モノを移動させる、それがバイクに求められる機能である、という見方です。

そのために製品技術を駆使して、「ヒト・モノを運ぶ機械」としてバイクがデザインされていた時代は確かにあり、それは長く続いたのですが、一九八〇年代くらいを境に社会のほうが変化して、むしろトランスポーターとしての機能は四輪に任せるようになりました。自動車が安くなり、手に入りやすくなったということが背景にあるでしょう。バイクで物を運ぶことが全くなくなったというわけではもちろんありませんが（たとえば、今でもたいていのお蕎麦屋さんはバイクで出前をしますね）、バイクの使い方の中心が変わってきました。

そこで考えられたのは、バイクからそれに乗るヒトに心地よい情報刺激を伝達する、コミュニケーターとしてのオートバイです。奥井さんはそのように自社商品を再定義し、それに応じて商品の販売方法を変革しました。使用者にとっての商品の価値をデザインし直すということですから、これもまた立派な「ものづくり」の成功例といえます。

オートバイというモノは、輸送手段であると同時に、まさにそのオブジェクトが、それを見る人の目に視覚刺激情報を発信し、聞く人の耳に聴覚刺激情報を発信し、乗る人の身体に触覚刺激情報を発信しているということです。つまり、商品のデザイン、「意匠」としての情報に価値を求めるということです。

優れた販売実績をあげている都内のハーレー販売店を訪れてインタビューをすると、面白い話を聞くことができました。バイクの姿かたちを鑑賞するうえで、それが最も美しく見える角度というのはどこか。お店の方の経験則からいうと、左後方からハーレーに近づくときに、艶めかしいフレームとシートが描く曲面が見える、その「寝姿」が一番美しいんだそうです。ちょうどライダーがバイクにまたがろうと近づくときの風景になります。

それをアピールするために、お店に入ってきたお客さんが普通に店の中を歩き回ると、何気なくその角度から商品が目に入るように店舗レイアウトが工夫されていました。これはつまり、ハーレーというモノがヒトに対して、魅力ある、心地良い「視覚刺激情報」を発信して、人の目がそれを受信して、脳がそれを美しく、心地よい刺激だと感じるということの実践です。「バイクの魅力の一つにはデザインもあるよね」という付け足し的感覚ではなく、はっきりと、それを最も重点において、ハーレーが持っている情報が美しくお客さんに伝わる、鑑賞されるように環境を整備している。単純にお店の床面積の有効活用を考えると、ぎっしりと売れ筋のバイクを並べておけばよいということになりますが、それはコミューターとしてのバイクの売り方であって、それではハーレーの「美しさ」がアピールできないことになります。そこで思い切って広く通路を取って、展示車両の間を広く取って、ハーレーそれぞれのモデル、一台ごとの美しさが映えるようにしてあるのです。

こうした「ルック」の魅力というのは、非常な細部にまで及びます。ハーレーマニアの方々の中には、たとえばバックミラーのカバーがどうしても鏡面仕上げでなければならない、とそんなディテールにまでこだわる方がいるといいます。道を走りながらライダーの視野に入るそのバックミラーのカバーの曲面に、周辺の風景がチラチラと移り込んで揺れる、走りながらそれが視界の端に映る、それがなんともいえず素敵なのだそうです。

視覚刺激情報ばかりではありません。「サウンド」、つまり聴覚を刺激するエンジン音、そして「フィール」、触覚を刺激するシートから伝わる振動、ライダー用語でいういわゆる「鼓動感」、そしてガソリンのにおいまで含めて、コミュニケーターとしてのハーレーは、使用者の五感のうち、味覚を除く四感を刺激する。その心地よさでお客を魅了しようと思えば、店頭でそれがしっかりとデモンストレーションできていなければならない。そのために陳列レイアウトなどを考えるにはまず、バイクをコミューターとしてではなく、コミュニケーターとして捉えるように、売り手も自分の頭の中の定義を書き換えなければならないのです。

■ハーレーをラグジュアリーにするには

ハーレーの平均的なモデルが一台三〇〇万円ほどして、好みに任せてカスタムを加えると、また同じくらいの費用がかかるそうですが、できる人はそれをやってしまいます。なぜなら、「自分が一度気に入った見た目は、そうしなければ実現できない」からです。こうしたハーレーの価値のある部分が、単なる輸送力ではなく、感性刺激情報の部分だからです。情報というのは、つまり差異そのものであるがゆえに、それ自体がまさに「差別化要因」であって、他の要素では同じ「差別化」が絶対にできないからです。

バイクに求めるものが輸送力なら、二輪で運べるものは四輪でも運べるから四輪のほうがコストパフォーマンスが良くなれば、みんなが四輪を買うようになってバイクは売れなくなる。しかし、バイクに求めるものがそのバイクから自分が受ける刺激情報のコンテンツであるならば、他の情報では替えが利かない。そうすると、その「美しさ」にひかれた顧客を相手にすると、HDJは非常に強い立場に立てることになります。物理的性能ではなく、商品が使用者に発する情報そのもので勝負するということは、ハマればこんなに強い競争力になるのです。

ただしそのためには、ハーレーの美しい見た目、音、乗り心地、それらをきちんと来店者に伝える環境整備がなされなければなりません。モノとしての店舗デザインやレイアウトもそうですし、サービスとしてハーレーの美しさを体験する試乗にお客さまを誘導するマニュアルなどを整えていなければ、商品の売りが潜在顧客に伝わりません。それなりの値段のするバイクの持っている美しさを正確に伝えるためには、店舗にそれなりの投資をしなければならない。このことを奥井さんは、「店頭は美術館のように、商品の美しさを美しく伝えなければいけないのです」と説明します。HDJはそのために、販売店と二人三脚で店舗を「そのために」開発してきた。販売店に行くと、それがわかります。

わかりやすくするために対照例を出すならば、よく街中にあるような古くからの小さな「バイク屋」さん。昔は自転車を扱うことから始めたようなタイプの店舗は、今でも得てして店内にバイクをぎっしり並べて、その外観美を確かめようにも、どうしようもない圧縮陳列をしているようなところがあります。あれはまだバイクがコミューターである時代の売り方でしかありません。バイクの物理的性能は、そのことで損なわれるわけではありませんが、アートとしての意匠情報は、その環境では抹殺されてしまいます。

それをしないためには、はっきりとモノの商品力の訴求点が物理的機能でなく、ひとまず意匠情報にあることを自覚して、意識を切り替えなければなりません。そうでないと、潜在顧客に適切に伝達する、店頭の環境設計に配慮がなされないことになってしまいます。

食べ物にたとえるならば、食品を単に物理的機能物として定義すると、栄養価を機械的に表示すればよいということになりますが、食品を情報コンテンツ商品として定義し、その食品から使用者が受け取れる味覚刺激情報の快感を売りにするならば、それがきちんと来店者にいくらか伝わり、価値に期待を持たせるように環境が設計されていなければいけません。

たとえば屋台の焼きトウモロコシ屋さんを想像していただきたいのですが、あれはお店の人がきちんと配慮して、山吹色のトウモロコシに時折醤油をジュワッとかけて、いぶされた香りがモワッと拡散して、周囲のヒトの嗅覚中枢をドカンと直撃するようにしています。もしあれがそうした官能刺激情報を一切遮断して、中が見えないパッケージに入れられていたら、需要を喚起しないのではないでしょうか。

■大戸屋はなぜ二階にないのか

商品から発信される情報が価値となるということは、別に「意匠」（デザイン）に限った話ではありません。商品が持つ「意味」も商品の価値の重要な部分であるからには、それも適切にデザインされなければなりません。

「ブランドマーケティング論」が発達した現代で、私たちはふだんあまりにも気軽に「ブランド」という言葉を使っていますが、これはとても便利な言葉で、しかも連想が「モノのイメージ」に偏ってしまう。また、口にする人によってあまりにも指す意味の範囲に違いがあるので、ここではあえてもう少しくどくど細かく考えてみます。それはたとえば、「ハーレーのバイクを消費する行為」自体が、社会的にどういう意味を持って受け止められるか？　ということなのです。

「ある商品を消費する行為が、社会的にどういう意味を持つか」を考えて、その意味を制御するために商品を設計します。たとえば、外食チェーン店の大戸屋という企業がありますが、私の講義を受講している女子学生があのお店を褒めて、「大戸屋はたいてい二階とか地下にお店があるので、外から見えないから、私がそこで食べていても、『女のくせに自炊をサボって外で済ませている』と外から見る人に思われないかとか心配せずにすんで助かるのです」と言います。

男の私は、なるほど女性はそういうところまで気にするのは大変だな、そういう社会の性差にまつわる偏見は払拭されていくべきだよな、と同情しきりですが、これを大戸屋の側から見ると、外食サービス商品を設計するときに、「家事に手を抜く料理もできない女性が頼りにする外食サービス」という社会的な意味を和らげるために、お店の立地（もちろん、これも商品の設計の一部です）を操作したわけです。物理的機能にだけ注目すると、単に店舗の賃料を削減するためと見間違えかねませんが（もちろん、それもメリットですが）、「大戸屋の提供するサービスを消費する意味」を改善したことに注目したいところです。

では、バイクでのこうした現象について考えたいのですが、三〇〇万円するバイクを買うときに、たとえば家庭のお父さんがそれに乗るつもりにしても、実際に購入するかどうかを決断するのは、多くの日本の家庭では奥さんが決定権を持っているのが大部分だと思います（ごくまれに、家族に内緒で買って家から遠くにガレージを借りる人もいるそうですが）。

そのときに奥さんが、バイクの物理的性能を見てその善し悪しを論じられるでしょうか？　また、バイクの意匠の美しさについても、それが奥さんにとって直接的な魅力になるでしょうか？　それよりも、「うちの旦那がこれに乗ったら、どんなふうに見られるか？」という社会的要因の影響力が大きいのではないでしょうか？

端的に言えば、もしハーレーダビッドソンのバイクが、世間的にイメージが悪く、それに乗る行為が外聞が悪いものであったら、奥さんはそれを旦那さんに買ってあげないことでしょう。「あんたが遊びで乗るバイクがうるさいから、あたしが近所の奥さんに会ったときに気まずいじゃないの」と言われたら、それを押し切ってハーレーを買うことは相当難しくなる。実際に昔はハーレーに乗るときは、家からしばらく手で押して大きな道に出てからエンジンをかけていた人も多かったそうです。

そこで当時HDJの社長だった奥井さんは、アメリカの本社と交渉して、日本向けのハーレーは日本の厳しい騒音基準に対応した設計にさせました。そして販売店に対しても、純正のマフラーをつけたバイク以外は整備しないという方針を徹底させました。また、排ガス規制にもいち早く対応しました。

これは日本の大型バイクでは特筆すべきことで、競合する国産四社はヨーロッパ基準が準用される逆輸入車で規制を回避したりしていますが、もしどこのメーカーもそういう対応を取るなら、それはそれで目立たない、普通に思われるのかもしれませんが、日本向けハーレーが設計変更で日本の基準をクリアできるのなら、それと比較して日本メーカーの対応は「相対的に反社会的」ということになるでしょう。

これらの措置は、エンジンの排気音を小さくするという「商品の物理的機能の設計変更」をしたことになりますが、HDJがそれをした意図は、単にモノとしてのバイクの特性に手を加えたのではなく、それを通して「ハーレーのバイク」とそれに乗る行為が世間でどのような意味情報を持つか、それを制御・設計し直すことを目的としてなされました。

「排気音と排ガスを改善すれば、おのずとハーレーに乗ることの社会的意味は改善されたんじゃないの？」という想像はある程度はできますが、そうなるまでを社会の流れに任せるのではなく、能動的に二つの結びつきを強調し、促進していく点がこの事例の大事なところです。

■「外圧」を使いこなす

ＨＤＪは、ハーレーというバイクを、それに乗るライダーだけでなく、ライダーの家族から見ても親しみやすい商品に変えようとしました。そしてその努力は、ユーザーの家族に対してだけでなく、社会に対しても向けました。

奥井さんは、ハーレーという大型バイクが、顧客にとってより魅力的になるために障害となっている規制を緩和させるために、在日アメリカ大使館を訪れました。そして、大型バイクの免許を教習所で取得できるようにすること、高速道路でのバイクと乗用車の制限速度を統一すること、高速道路でのバイクの二人乗りができるようにすること、この三つの規制を緩和するように、アメリカ国務省から日本政府への働きかけを要請しました。

この要請は、もちろんＨＤＪが事業展開するうえでの制度的障害を取り除こうとするためでもありました。しかし、そればかりでなく、時代に合わなくなった規制の存在によってバイクのライダーがむしろ、より大きな安全面でのリスクを負わされていることの理不尽をなくそうとしたものでした（そうでなければ、社会的支持は得られないでしょう）。

そのために必要なデータ的根拠として、過去の規制成立の時代背景、その当時の環境が現在までに変化していることを、交通事故統計などから詳細に検証し、読めば誰もが納得するように奥井さん自身が資料をまとめました。結果としてこれらの規制は、一九九六年から二〇〇五年にかけて順次緩和されました。アメリカ企業の在日子会社であるＨＤＪは、確かに一般化できない事例でもありますが、それでもＨＤＪから学べることは多いと思います。

この一連の政治プロセスについては、私はある国内バイクメーカーの方からも、「日本の業界からも長年それを働きかけていたが、やはり奥井さんの『アメリカからの外圧を利用する』というアプローチが決め手になった」という証言を聞くことができました。アメリカからの外圧を利用できたのは、ＨＤＪがアメリカ製品を日本で販売しているからこその手段です。この意味では、ＨＤＪの奥井さんが仕掛けられたこの動きは、どこの企業でもそのまま見習えるものではありません。しかし、それならばこうした動きの前から、積極的に日本企業が自前の社会構想を持って、社会を、政治を説得しなければならないでしょう。

これは日本の産業よりはむしろ政治システムに対して思うのですが、日本国民が日本社会で便利に暮らすための制度環境の整備については、本来は外圧が加えられるから行うのではなく、もっと主体的・積極的に日本側によって策定されるのが望ましいのではないのか。いやむしろ、それが当たり前であるべきでしょう。

ところが、この規制については、業界では小所帯のＨＤＪがデータを突きつけるまで、時代に合った規制の緩和がなされていませんでした。これはむしろ、ＨＤＪよりよっぽど日本社会での存在感が大きいはずの、国産各メーカーの対社会提案の「手抜かり」だったのではないでしょうか。ビジネスと政治は、特にバイクや自動車のような公共性の高い商品については、やはり非常に密接な関係があるはずです。それも視野に入れた価値デザインの戦略性が、それも、「より魅力的な価値を社会に提供するために、できることは何でもする」、あらゆる手段を駆使するという無限定の戦略性が、企業や業界の側にあってしかるべきなのではないでしょうか。奥井さんの行ったことは、それを雄弁に示していると思います。

おそらくこのような「社会と輸送機器の良い関係を考える」視野を奥井さんが持っていたのは、奥井さんがトヨタ自動車の海外部門に在職されていた時期に、ルーツがあるのではないか。特に途上国で、さまざまな文化的背景が違っている、あちこちの地域にそれぞれ自動車が入っていく、そして社会と摩擦も起こしつつ、適応がなされていく、その様子を長年見ていたことがあるからでしょう。そして、こうしたスタンスは、つまりは商品の価値は商品単独ではなく、社会的文脈によって決定される。そのことを踏まえた、社会丸ごとのライフスタイルのデザイン、構想を展開することにつながりました。

その構想がきちんと練られているならば、相対的に国内メーカー各社より小所帯の企業でも、業界が社会に価値を提供するうえでのイニシアチブを握ることができる。これについては、事は交通規制ばかりの話ではありません。

■奥さんに「公認」されるために

ハーレーの販売店が、家族ぐるみでハーレーのある暮らしを歓迎するようなライフスタイルを体現するために、店舗レイアウトも工夫されていることを先に触れました。たとえば、ベビーカーを押してバイクの間を通り、商品を見て回ることができる店舗デザイン。ハーレーに直接乗るのは家庭のお父さんであっても、それを奥さん、お子さんからも友好的に受け止められ、理解をされるための「ライフスタイルのデザイン」が必要なのです。

このことは、ハーレーが単にバイクとして他のバイクとばかり競合しているのではないことを示します。実際にハーレーに乗っている方々のコミュニティの文化について調査する過程で、ハーレー専門誌の中でも最もポピュラーな枻出版社発行の月刊『CLUB HARLEY』の高橋大一編集長（当時）にインタビューができました。いろいろと参考になる話を聞けたのですが、なかでも高橋編集長が一言、「ハーレーがこれだけ人気が出た要因の最大のものは、家族の理解が得られるようになった、ということです。家族から見て、ハーレーが歓迎すべきイメージを持つ、奥井さんはそれを何よりもめざしたんだと思います。自分の旦那をかっこいいと思いたくない嫁はいないじゃないですか」とずばっと言われました。手で膝を打ちました。

他のバイクはなんだか騒々しくて、「自分の夫にこうあってほしくない」と思ってしまう奥さんも、ハーレーだったら、夫が乗ってもいいかな、なんなら私もタンデムで後ろに乗っかって二人で走ったら、さぞかしカッコいいかな。そう思えるようになったといいます。そういう話を聞くと、そういえばこの『CLUB HARLEY』を発行されている枻出版社のそれぞれの雑誌には、「パパ、カッコいい！」と家族が思うためのツールがよく取り上げられています。ラジコン、キャンプ、釣り、熱帯魚、どれも家庭で大人が楽しめる趣味ばかりです。どれも、家計簿の中では「パパが男を上げるためのおこづかい」に含まれるものではないでしょうか。

ということは、これらの道具類は一つの目的、「家族の中でパパがメンツを保つ」、その手段として競合していることになります。その中で、ハーレーはバスフィッシングの道具やダッチオーブンに競り勝っている。つまりここでは、「パパが自分のことをカッコいいと思いたい、そして家族からもカッコいいと思われたい」という欲望を満たすためのいくつもの選択肢があって、その中でハーレーが選ばれた、という見方ができます。このときには、ハーレーが他社のバイクとどう機能的に競合しているかどうかを見ても意味がありません。

そうではなく、「パパがカッコついている暮らし」として、そのために「ハーレーがある暮らし」と他の「キャンプ用品がある暮らし」「バーベキューセットがある暮らし（もちろん、ここではお肉を焼いたり切り分けるのはパパの重要な役目です）」「釣り道具がある暮らし」が競合している。そのためにデザインされた今のハーレーと比較して、昔のハーレーはバイクとしては魅力的であっても、家族や社会との関係性への配慮が足りなかった。しかし、「それを買うことが家族に歓迎されない大きな買い物」を、今時誰が買うでしょうか。

こう考えると、ハーレーは競合相手がライフであることを見据えていて、国産他社のバイクは、まだ他社のバイクとの競合しか見えていないのではないでしょうか。

どんな商品も、社会から歓迎されてこそ価値がある。極端に言えば、それを買って使うことで社会的に孤立する商品など、どこの「いい大人」がお金を出して買うでしょう。バイク業界のアナリストに聞くと、欧米にはいわゆる「暴走族」というのは、ほとんどいないんだそうです。なぜかというと、バイクが出す爆音があまり社会の迷惑として感じられない。裏返すと、日本ではバイクの爆音を気にする人が多いので、「不良青年」がそれを逆手に取って、嫌がられてまでも自己アピールすることを選ぶグループがいて、それが暴走族になる。世間からワルと思われても構わない、むしろ思われたい、そういう人が選ぶ乗り物に、いつの間にかバイクはなってしまっていたようです。

しかし、そういうイメージの乗り物に、ハーレーが想定している顧客のような高所得者の、そして、おそらくはそれなりの社会的地位がある人が、乗ろうと思うものでしょうか？　乗れば反社会的に見られるようなイメージの乗り物は、避けたいと思うのではないでしょうか。そして、そういう人の家族も、うちのお父さんにそんな乗り物に乗ってほしいと思うでしょうか？　他のブランドはともかく、パワフルなアメリカンスタイルのバイクであるだけに、なおさらハーレーというブランドは、そこをなんとかしなければならなかったのです。

しばしば製品の開発プロセスでは、問題にされるのは製品の物理的機能です。何らかの機能をきちんと果たす、競合品より良く果たす、それが課題の中心になります。そしてつくった後は、そうした機能性が、潜在顧客から見てきちんと評価されるかどうか、ということは単にレトリックの話であって、また、その製品を使う行為自体が社会的にどのように受け止められるかということは、ものづくりの問題でさえないと思われてしまっている。そのことは、「まあ広告宣伝部門がうまくやってくれるさ、それは私たちが考えることではない」という扱いをされがちです。普通、開発部門はそういうことは考えない、という企業が多いでしょう。

しかしそれは、エンジニアリングとマーケティングが統合されていないという大問題を看過してしまっているのです。二つが分断されてしまっていると、「製品」の機能の問題は機能の問題、「商品」の社会的意味の問題は意味の問題、二つが別々に取り組まれることになってしまう。しかし、ハーレーの例を見ればよくわかるように、モノとしてのハーレーがこうなっているので、ハーレーを使用するという社会的現象もこうなっている、というように、二つは複雑に絡み合っているものでしょう。絡み合っている両面を統合してこそ、モノとしてのハーレーとコトとしてのハーレー、それがうまくリンクすることになります。

端的に言えば、モノとしての走るバイクはつくった、しかしそのバイクが、社会的にどう受け止められるか、それを使う行為が、社会的にどのような意味を持つか、それは知らない。しかし、もうバイクはつくってしまった。だから、このできあがった「ブツ」をなんとか「良く意味づけ」することはもう川下の責任だから、そっちに任せた、ということになってしまってはいけません。モノのイメージ、意味というのは、そんなに都合よく、モノができあがってから左右できる、コントロールできるものでしょうか。

モノをつくるときから意味まで一気通貫でデザインする戦略を構想する、そうであればこそ、奥井さんはハーレーというバイクが日本社会で反社会的なイメージで見られないようにするために、アメリカ本社と交渉して、ものづくりにまで手を突っ込んだのでしょう。ハーレーのようなブランドの個性の強い消費財の分野で、海外の一販売子会社がそれを行うことは、かなり異例なことと思います。

■「御社の商品はステータスシンボルたりえますか？」

そして、その商品の社会的な意味づけが適切になされたときに、ハーレーのバイクはどのような効用を顧客にもたらすでしょうか。このＨＤＪのケースから一番面白い論点を探り出すために、読者に、ここでちょっと本気になって、消費者としてのご自分のお気持ちを内省してもらいたいのです。多くの商品開発組織では、想定顧客を広く取って、老若男女、いろんなお客さまに自社商品を気に入ってもらいたい、お客さんをなるべく選り好みしない、という言葉にされざる前提があるのではないでしょうか。

しかし、それは価値を製造する側の、それもマス商品として扱いたい側の都合ではないでしょうか。生活者としての私たちは、自分のプライベートの場で、広く「平均的な人」として扱われたいと考えるでしょうか。たとえば誰かに、「いろんな多様性を持った人たちとネットワークを構築したいですか？」とか、抽象的に聞けば、そう考えるかもしれません。しかし、実際に自分がSNSでどういう人と交流しているか、趣味の仲間はどういう人たちか、出会いがあればみんなとつき合う、そんな博愛主義者でしょうか。

あの人たちとはつき合いたくない、と排他的に考えるような対象が特にいなくても、世間の誰とでも話が合うでしょうか。まして、わざわざ好んで交流するような趣味の気晴らしの集まりでは、相手を選んで、気の合う相手だけでつき合いたいのではないでしょうか。私たちは、職業人としての自分を支えるための人間関係を築きつつも、時にそれに疲れ、安心してそこにいる居場所、共同体、コミュニティに飢えているのではないでしょうか。

本書を執筆するにあたって、直接顧客の方と交流し、実際にハーレーを販売している販売店の話を聞くために、優れた実績をあげていらっしゃるディーラーを何軒か訪ねました。そのうちの一軒、ある北日本の県庁所在地を中心に何軒かの拠点を展開されている業者さんから、面白い話を聞けました。

その方は以前は国産バイクを中心に販売していて、一九八〇年代のホンダ・ヤマハ間の激しい競争、いわゆる「HY戦争」に巻き込まれ、そのときに「もうモノとしてのバイクをたくさん売ることで利益をあげることには無理がある」と感じて、扱う商品の中心を国産から外国製の輸入バイクに転換したそうです。そしてそのときに、来店客に商品をアピールする切り口を、単に機能ではなく、「そのバイクにみんなで乗って楽しむ仲間がいるライフスタイル」に切り替えたのだそうです。

一例を挙げると、お店に出入りするライダーの方たちのグループを組織して、みんなで近県のサーキットに走りに行くイベントを企画した。それも普通にやってはサーキットを借りる費用が高くなりますから、早朝割引で安い時間にみんなで走れるように、現地には前夜に入って旅館に泊まることにした。なんだかサークルの合宿のようでワクワクしますが、これが大好評を博したおかげで、この販売店は国産から輸入に主力商品を切り替えるとき、あまり、谷を経ずに済んだそうです。

ハーレーに乗るお客さんたちが、バイクにただ「走る機能」を求めるのではなく（それはもう当たり前のこととして）、それで「走って楽しい体験」を求める、そしてその体験が楽しくあるためには、やはり仲間がいなくてはならない。マズローの欲求段階説[2]を事々しく持ち出すまでもなく、人には帰属の欲求があって、それは大人になってからは、なかなか段取りをつけるコストも大変で、誰かが事務局をやってくれるならお金を払ってもいい、と思う生活者が増えてくる。その流れをＨＤＪはうまくつかまえて、こうしたクリエイティブな各地の販売店と二人三脚で、お客さんに提案できた。よくあるバイク屋さんが通りすがりの素人には入りづらい雰囲気を醸し出していることと、対極にあります。

その後、奥井さんがＨＤＪの社長に就任されて、積極的にハーレーのユーザーたちのコミュニティ、ＨＯＧ（ハーレー・オーナーズ・グループ）を組織され始めると、各販売店では、「新しくハーレーを購入されたお客さん」が「すでにハーレーを購入していたお客さんのコミュニティ」にうまくなじめるように、販売店からスタッフがツーリングに同行するようにしました。その時間はきちんと給料が出る「職務」だそうで、もちろんそのときに「この間お買い上げになったあのアクセサリー、調子はどうですか?」とか、「そろそろ点検されては?」みたいな営業もされる。これを「充実したアフターサービス」というと、バイクが商品でその後は付け足し、みたいなニュアンスがありますが、むしろモノもサービスも全部引っくるめて、ライフスタイル支援がセットで商品なのです。

こちらの販売店の方に、ここ十数年の間に、ハーレーのユーザーたちに何か目立った変化はありましたか?　と伺うと、「以前は建築業の方がよく乗っていたので、バイクのカスタムも、昔の『トラック野郎』（菅原文太さんと愛川欽也さんのあれです）みたいでしたが、近年はお医者さん、弁護士さん、都市銀行の支店長さんのようなお客さんが増えてきて、カスタムも変わってきました」とのことでした。

つまり、奥井さんが経営に携わられていた時期に、ハーレーは「ワイルドなアメリカンバイク」でありつつも、社会的ステータスが高い人たち（おそらくそのうちの「ちょいワル」を気取りたいタイプ）のステータスシンボルになったということでしょう。

ここで一つ注記をしておきますと、もちろんハーレーに実際に乗っているライダーたちに、「あなたは社会的階層のシンボルとして、この決して安くはないバイクに搭乗されているのですよね？」と聞いても、決して素直な答えは返ってこないでしょう。事は人間の心のあまりにも柔らかなひだの奥に触れる話題なので、そこを意識すればこそ、ライダーたちは「いやいや、このハーレーの走りが、馬力がいいんですよ」と機能性にこだわった証言をするでしょう。商品のシンボル性に惹かれたと、自分で素直に認められる方はそうはいないでしょう。

しかし、だからといって、「やっぱり機能が大事だ」と片づけることで、わけがわからない要因を軽視しようとする悪癖が「ものづくり畑のひと」には頻繁に見受けられるので、それには釘を刺して置きたいと思います。だって、そうおっしゃる方自身が、まるで世間での見栄とか体裁とかに、無頓着でいますか？

（2）アメリカの心理学者、アブラハム・マズローが人間の欲求を段階的に分類し、究極的には自己実現に至るとした説。

■呪術としてのラグジュアリー

前章で私は、「人類学者的ものの見方を導入すべき」と申しましたが、本章ではそれを少し言い換えて、皆さん民俗学者にもなりましょう、と言いたいのです。たとえば、「ハーレーマニア部族」なる集団がいるとして、その部族にとってはこのような行為、モノはステータスシンボルであるが、別の部族にとってはこれは非常にカッコ悪い、ダサいものであるかもしれない。アメリカ先住民のトーテムポールを研究し、東北の寒村の道祖神の祠に何が祀られているかを分類するように、あるシンボルがあるコミュニティを束ねるきずなになっている、それらを見極めて、自ブランドをそこで有利に意味づけ、部族民たちの認知に根づかせることができるか。

得てして、エンジニアリングとマーケティングの間で、野球の「お見合いゴロ」のようなことが起きています。お互いが相手の担当分野だと思って、価値創造のためになすべき作業を押しつけあっている。しかし、ものづくりといわゆる「コトづくり」が切り離せるものであるわけはないのであって、二つを「統合する」というよりも、それは実際は不可分の一つの行為、「価値のデザイン」という営みであるはずです。しかし、多くの企業組織は、二つを分けることが前提の組織構造になってしまっています。具体的にはどのようにするべきか。まず、「自分はどちらか片方の人だ」という自己認識を改め、「もう片方」の守備範囲にも、果敢に手を突っ込んでいくことだと思います。

インタビューしたハーレーの販売店から、大変面白い話題を教えてもらいました。今その地方中核都市でハーレーに乗ることを楽しんでいる年配のライダーたちは、若い頃は、年に一回、故郷に帰って村祭りに参加しているような人たちだった。高度成長期に地方から都会に出てきて、社会的にも経済的にも成功しようとしながらも、年に一回、地方に帰って自分が生まれ育ったコミュニティに戻ることで、自分のアイデンティティを確認していたのだと思います、というものでした。

しかし今、その地方のコミュニティは非常に衰えた。都市に出て成功した人たちが、年に一回でも故郷に帰ることにも意義を見つけづらくなった。しかしそれではやはり、アイデンティティを確認できず、寂しくなるのではないか。一昔前なら、企業コミュニティがその役割をいくらかは代替できた、していたのでしょうが、それはもう職場には期待できる時代ではない。そのときに、自分がやりたいことをやって、その趣味が理解し合える友人が欲しくなったときに、ハーレーというのは打ってつけだったのでしょう。

その販売店の方が幹事を引き受けて、忘年会を繁華街の居酒屋でやると、ハーレーのライダーたちがクルマで集まり、飲みながらひとしきりハーレー話で盛り上がっては「運転代行サービスを頼んで」(!) 帰宅するのだそうです。ハーレーを買えるユーザーというのはそれなりの財力と社会的立場を持った人たちなので、飲酒運転のリスクは決して犯さない(もちろん、飲酒運転は本来誰もやってはいけないことですが）。忘年会も非常に大人のいい雰囲気で落ち着いたものになるそうです。ハーレーに乗るお医者さんや弁護士さんたちも、医師会や弁護士会では迂闊に広げられない胸襟を開かれるのだと思います。

これが東京であれば、仮に上野浅草あたりのそれなりに経済的にも社会的にも成功したおじさんやおばさんたちならば、みんなで歌舞伎を見に行ったり、日本舞踊を習ったり、夏は暑気払いに鰻を食べたり、自分の人生を楽しくする友達と、イベントを催すことに熟練していまず。私も末席に呼んでいただいたりして、ずいぶん勉強させてもらいましたが、思い起こすと、そういう人生を楽しむ会のスタイルは、もう何百年もかけて、江戸の庶民から受け継がれ、磨き上げられてきたものです。

ですから、東京という都市社会に古くからいる人たちは、それが板についている。しかし、最近（二、三〇年以内くらい？）になって東京に来た人、あるいは近年人口が拡大した都市地域の新住人たちは、今から何かネタを見つけて、それを楽しむスタイルを自分たちでつくり上げなければならない。ハーレーのバイクは、そこにうまくはまったのです。

工業化とか都市化とか、とにかく近代になって社会に起きた変化は、伝統的に農村社会で成り立っていた古いコミュニティを壊す方向に働きました。それでも経済的に豊かになることを日本の社会は選んで、多くの人が都会に出てきて、出てくる前よりも経済的に豊かにはなりました。その裏側の寂しさの問題は、職場がコミュニティとしての役割を代替することでなんとかしのいでいましたが、もうそういう時代ではなくなりました。そのときに、つながりを提供するサービスが価値になった。その目的に合わせて、バイクというモノも適切にデザインされたからこそ、ハーレーのバイクは優れた社会的価値を持つようになったのです。

ここで読者の方に改めて自問してほしいと思います。「貴社の商品のユーザーの方は、良い関係の友達を見つけているでしょうか？　御社はその手伝いができていますか？」　どんなものでしょう？　もちろん、商品の物理的機能も大事ですが、さらになお、社会的機能を視野に入れていらっしゃるでしょうか？　今の日本社会で、人が生きていくうえで二つのうちのどちらが基本なのでしょう？　どちらが希少なのでしょう？

最近は、貸し別荘を借りるときにライダーを顧客に想定して、ハーレーのバイクを商品にセットする業者もいると聞きました。ちょっとマニアックな暮らしのツールのほうが、新しい文化を背負った新しい「部族」を生み出す、新しい関係の仲間をつくる力があるのでしょう。ハーレーの事例は、それを雄弁に物語っているのです。

第9章 ビジネスの外側に目を向けよ

■会社と役所と大学でパイプをつくる

本章では、ビジネス組織である企業が、組織原理を異にする行政組織や教育機関と交流することで、従来は獲得する機会のなかった有用な知識を入手し、商品開発に活用することに成功した事例に触れます。日本の産業の活路の一つは、こちらにあると私は考えています。まだまだ日本では未活発な活動ですが、読者にとっても、この方策に興味を持つきっかけになるのではないかと思います。

その日私は、ある企業さんにお邪魔して、かなりの長時間、そちらの進んだものづくりの事例について伺っておりました。こちらは根が欲張りなもので、一度インタビューをさせていただくといろんなことを聞きたい、事前に準備してきた質問はもとより、そこから派生して浮かんだ疑問、思わぬ話の転がった先、ふとしたエピソードからゴシップ、余談に至るまで、聞きたくなります。

そう思うと対座の時間も長くなりがちで、率直に言うと営業妨害ですから、いかんいかんと思いつつも、あれもこれも掘り下げてしまいます。企業インタビューというのは、平均すると映画一本観るくらいの時間ですから、一時間半から長くて三時間ちょっとくらいになります。

それだけの時間を座っていると、普通は腰が痛くなってきて、ちょっと腰をひねってみたり、お尻をずらせて見たり、背中を伸ばしてみたり、あっちこっちいろいろ叩きながら質問をしたりして、どうも大変な思いをしますが、その日に限っては、なんだか心地よい気分でずっとインタビューをしていました。

気づくと気持ちよく椅子に身体を預けたまま、ひとところに落ち着いて座っていられるのです。椅子に抱かれているような。あれ、なんかこの椅子は座りがいいですね。「実は弊社の商品の中でもこの椅子は、特に開発に苦労をした、特別な椅子なんですよ」。おお、それは面白そうです。では、この椅子についてもまたひとしきりお話を聞かせてくださいませんか？と、また時間が延びてしまいまして、われながらずうずうしい限りなのです。

■椅子が違えばいろいろ変わる

そういう運びで開発の経緯を聞くことになったのは、株式会社内田洋行の商品、「パルスチェア」というオフィス用の椅子についてです。最初はふとした出会いでしたが、この椅子の開発経緯からは、さまざまな教訓が読み取れると感じた次第です。

まず、読者の皆さんに想像を巡らせていただきます。椅子という人工物は、人類史のとても古くからあるものです。日本では平座の伝統があったので、大衆に椅子に座る習慣が普及したのは戦後のことといいますが、世界では古代エジプトから椅子というのは使われていた。そういえば有名なラムセス二世の座像が、アブシンベル神殿にありますね。

その頃から椅子というのは椅子であって、ともあれ役目を果たしてきたのであれば、デザインとしても非常に成熟していて、現代社会で何か本質に手を加えるような余地があるものか？　今さら何か椅子を改良できるでしょうか？　それがどうも、まだまだ余地があったようなのです。

ここで写真を二枚紹介します（写真9－1）。この二枚は、同じ一人の少年が車椅子に座っている様子を写したものです。片方の写真は、少年がひどく体をねじっていて、なんだか苦しさに打ちひしがれているように見えます。比較してもう一枚は、至極

▶写真9－1　椅子が支えるQOL

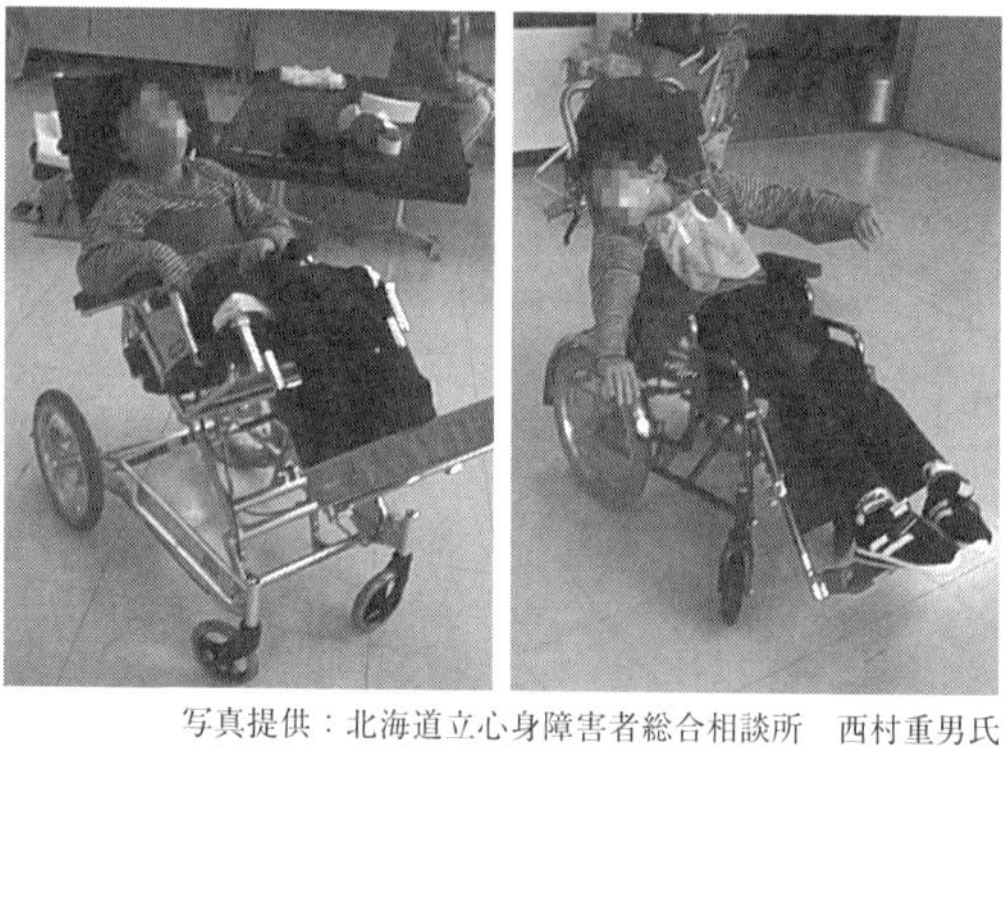

写真提供：北海道立心身障害者総合相談所　西村重男氏

安定感を持って、端然と椅子に座っています。被写体は同じ少年で、どこに違いがあるかというと、椅子が違うのです。

この背景を説明しましょう。この二枚の写真は、北海道大学大学院の保健科学研究院生活機能学分野研究室教授の八田達夫先生と同大学受託研究員で北海道立心身障害者総合相談所のリハビリテーションエンジニアでもある西村重男先生に見せていただいたものです。

この写真の少年は、実は重度の障害を持っています。「パルスチェア」の開発にあたっては、こうした障害者のために特別につくられる人工物、いわゆる「オーファンプロダクツ」の開発で得られた知識が活かされているのです。このケースは、こうした産業界の外で獲得された知識をビジネス活動に導入し、利用するという意味でもなかなか画期的と思います。

読者の中には、ご本人あるいは近しいご家族のどなたかが、身体に障害を抱えているということもあるかもしれません。そうでなくても私たちは街角で時折、身体障害を持つ人が、こうした身体をねじった姿勢で車椅子に座られて街を移動しているのを拝見することがあるのではないでしょうか。

こうした身体の変形は、それ自体がまず障害の症状そのものと私は思っていたのですが、実はそうではないのです。脳性まひなどの病気を患っている人も、その病気それ自体の病状として身体の変形が起きるわけではありません。つまり、身体の変形が障害そのものなのではなく、障害を抱えた環境で生活しているうちに、その生活の状況によっては、障害者の身体に変形が発生するのです。つまり身体の変形は、障害者の生活のケアのパフォーマンスによって場合によっては発生してしまう「二次障害」なのです。

ということは、まひを患われている人が、適切なケアに基づいた環境で生活をしていれば、身体の変形はかなりの程度抑制でき、また改善できるのです。そのことに取り組んできた西村先生と八田先生によれば、その環境の鍵は障害者が座る椅子にあるそうなのです。その雄弁な証拠が、先の二枚の写真です。

健常者でも一つの椅子に長く座っていると、身体を楽にするために姿勢をいろいろと動かします。そんなとき、考えてみると椅子に座るにも、頑張りが必要というか、体力がいることがわかります。楽に座っているようでも背中や腰の筋肉を使っているわけで、それで身体が疲れていると、きちんと椅子に座るのも大変なときがあります。

ところが、まひなどの障害を持たれている方は、まさに四六時中、自分の身体を車いすの上に置いて生活しています。しかもこの方たちは、身体も虚弱で筋肉も発達していない。健常者よりもはるかに「座る体力」がありません。そういう人が、椅子に座って少しでも身体を楽にしようとすると、健常者よりももっと激しく身体のどこかを突っ張ったり、ねじったりひねったりずらしたりしなければなりません。

小さい頃から障害を抱えている方が、そうした環境で身体が成長すると、その姿勢を一日中とっている椅子の上でねじれ、もだえている形に身体が変形してしまうのです。西村先生に聞くと、そうやって身体を「ある形」に保ち続けさせられるのは、非常に苦しいことなのだそうです。これは磔《はりつけ》の刑に処されているようなもので、当事者にとっては重篤な問題なのですが、それへの対応は、今まであまり思わしくありませんでした。

二人の先生は、この問題を解決するために、「人が椅子に座る」ということから、見直しをしました。これはつまり、「椅子の再発明」といえるでしょう。椅子のコンセプトから見直すと、どういうことになるのか？　そこから手を着けることになります。つまり、椅子は何のためにあるというのか？　椅子という人工物が解決すべき問題は、何なのか？

■生活行動を支援するための椅子

こうした障害を持つ人のための椅子の従来の設計思想は、こうした使用者の身体変形を直接的に「矯正」しようとするものでした。つまり、椅子に座る人の身体が曲がってしまうなら、それに逆の力を加えて、身体が曲がらないようにしようとするのです。身体が傾くなら、これも逆方向に戻そうとします。

二人の先生は、このスタンスに疑問を持ちました。使用者の「姿勢を正そう」とするアプローチでは、使用者の身体変形を防ぐことにあまり効果がなく、しかも、座ることの「苦労」を減らさないどころか、むしろ増している面があります。それでは、椅子は何のためにあるというのでしょうか？

　確かに身体の変形は望ましくない現象ですが、それを防ぐために身体の変形に真っ向逆らう形の椅子をつくっても、使用者のＱＯＬが改善する効果がどうやらあまりないのです。椅子の使用者の身体を、変形に逆わせようとしても、楽に座れるわけではない以上、椅子の上で身をよじらずにいられるようになるわけではありません。

　そこで西村先生が始めたのは、それぞれの患者さんの身体の状態に応じて、北海道内各地から来る脳性まひの患者さんたちのために、車椅子の調整をするときのスタンスを変えることでした。無理に身体変形を防ごうとして、椅子に使用者の姿勢の矯正をさせようとするのではなく、使用者が楽に座れるように試みたのです。つまり、まず「椅子は何のためにあるのか」から見直したのです。

　車椅子の調整の様子を、西村先生が仕事をされている場所の一つ、札幌医科大学附属病院にお邪魔して拝見しました。使用者が車椅子に身を置いている状態で、ちょうど自動車の車体の下を修理するときのように、車椅子の下に頭から潜り込んで、使用者の方の身体のどこに力が入っているか、どこに重みが加わっているかを手触りで確認し、できるだけ使用者が楽に身体を預けられるように、椅子の上のクッションの形や位置、配置を変えていくのです。

　微妙な三次元の起伏を造形するのに、それがまるで砂場で砂山をつくるように自在になされているので、いったいどうされているのかと不思議でした。よく見ると椅子のシートのメッシュ地を利用してクッションを縫い合わせるように紐で結索させていたり、簡便に位置変更ができるように椅子の構造もパイプ材とネジで構成されていたり、さまざまな工夫がありました。これは企業のプロダクト・プロトタイピング手法にもいろいろと参考になるのではないかと面白く観察しました。

そうやって、彫刻家のような職人技でまず「使用者が楽に身体を預けられる椅子」を何台もつくった段階では、理論的根拠があってどうこうというよりも、洋服をオートクチュールで仕立てるように、使用者一人ひとりの身体へのカスタマイズを文字どおり手探りでしたのです。それは西村先生の長年の実践から、経験則として積み重ねられていた「傾向と対策」を、現場で先生が身体知として身につけ、それをまた現場で再現するというものでした。

しかしそのままでは、西村先生が体得したノウハウを普遍化するまでにはまだ距離がありました。現場でそうやって造形されたたくさんの椅子を北大の八田先生の研究室に持っていき、椅子の座面・背面の三次元曲面を、三次元計測機で計測・分析すると、西村先生が手探りで造形した椅子に、共通点があることがわかったのです。

それは、椅子の背面にあった、「第三のカーブ」の発見でした。椅子の面は普通、お尻（骨盤）の後ろを支える面と胸の後ろを支える面、二つの面で構成するものと思われていました（昔風のごくシンプルな事務椅子は、まさにこの二カ所だけしか面がありません）。そして多くの健常者は、それで特に不自由を感じないで椅子に座っていられるわけですが、西村先生の手づくりの椅子に座る人たちの座りやすさにとっては、それだけでは足りなかったのです。

西村先生が個々の利用者の方々の体格、状況に対応して手づくりした椅子には、どれにも骨盤の後ろと胸の後ろを支える二つの面以外の、第三の面がありました。それは、胸郭（あばら骨）の下を支える面でした。

西村先生が長年の試行錯誤でめざした椅子とは、障害を負われて、「座る体力」さえ弱い人たちが、楽に座れるためのものでした。それを模索していくうちに、先生手づくりの椅子は、ある共通点を持つようになりました。三次元計測機でそれらを計測・分析して発見されたそれは、「胸郭の下を支える面」だったわけですが、ではなぜ、椅子に「胸郭の下を支える面」があると、車椅子の使用者にとって楽なのか？　それがわからなければ、西村先生の経験を広く応用することができません。

八田先生と西村先生がたどりついた仮説は、以下のようなものでした。まず、単にお尻と胸の後ろを支えるだけの椅子と違って、あばら骨の下を支える面があるということは、胸郭をしっかり支え、その部分をリラックスさせるという効果があります。

胸郭がリラックスし、楽になるとどうなるか？　では、いったい胸郭の中には何があるのでしょう？　心臓や肺、食道や気管があります。これらの器官が楽になるということは、まさに呼吸や血液の循環、飲食物の摂取が楽になるということです。これは、文字どおり人のＱＯＬの根幹にあたるものです。西村先生が経験則でたどり着いた椅子の形は、まさにそのＱＯＬを向上させる形だったのです。

私はこうした解説を聞く前に試作品の椅子に座ってみて、身体が非常に安定していることに気がつきました。まずお尻がどっしり椅子に抱え込まれていて、前にずれないので、骨盤がしっかり支えられて胴体がしゃんとします。背中を後ろに預けると「第三のカーブ」ががっしりと受け止めてくれるのです。

すると自然と胸襟が開き、深呼吸したかのように胸から腹もリラックスして、意識することなく自然と腹式呼吸になり、声がお腹から出てきて、よく響くようになりました。椅子一つでこれだけ変わるのですね、と聞くと、パルスチェアが人のお尻の後ろ・胸郭の下・頭の裏を支えるのは、ちょうど赤ちゃんをだっこするときに抱える場所と同じなんだ、と伺いました。

旧来の椅子は、単に人間の身体をある物理的重量を持った物体として捉え、その重量を下から支えようとするだけのものでした。しかしこの新しい椅子、「第三のカーブ」を持った椅子は、その重量物の中にある内臓などの身体器官を視野に入れ、その生活活動を支援しようとする、まさに「生命維持装置」の一部としての椅子であったのでした。

そう考えると、この椅子のコンセプトが旧来のコンセプトとは画期的に差別化されていることがわかります。この「第三のカーブ」以外にも何カ所か、新しい椅子のコンセプトに基づいた形状の工夫がありますが、その結果、使用者が椅子の上で身をよじる傾向が減り、身体の変形の程度も軽減されることになりました。その実例が先の写真の少年なのです。

■人の「弱さ」の可能性

この経緯は、非常に興味深い教訓をはらんでいます。ここで考えていただきたいのが、「弱さ」の貴重さという問題です。どんな人工物もつまりは、何らかの人間の弱さを補い、彼らの問題を解決する助けになるものである、というのが人工物開発の大前提ですが、そうした「弱さ」というのは、ふだんはあからさまに目に見えるものなのでしょうか?

「座るにも体力がいる」と上で述べました。障害を持っていない多くの生活者は、長い時間椅子に座っていても、ちょっと身体が痛くなって姿勢をずらしたり、少し席を立って背中をトントンしたり、そういうことで、なんとかしのいでしまいます。

それだけの適応力を持っているのはありがたいことですが、しかし、そうはいっても、「椅子に座っていると、実は身体にこのような負担がある」というような問題が顕在化しないわけです。本当は、そんな負担が身体にかかっているのができるだけ少ないほうが良い椅子であるはずなのに、そのことが一般的な生活者の旺盛な体力ゆえに、見えにくくなっています。

しかし、「座る体力さえあまりない」使用者たちが、椅子に座って、身体への負担をあからさまに顕在化してくれることで、私たちは普通ではなかなか気づかない、当たり前に見過ごしていたような、「椅子の改善余地」を、認識することができるわけです。これは、弱さゆえに発揮される貴重な能力といえるのではないでしょうか。

▶図9－1　繊細さが顕在化させる問題の本質

椅子に潜在している問題点を、「頑健な」使用者は気づかずに耐えしのいでしまい、改善点が見えるようにならない

「繊細な」使用者は問題をはらんだ椅子に適応しきれず、その結果として改善点が見えやすくなる

この人たちが弱い、もろい存在であればこそ、椅子が抱えていた問題があからさまに発現しました。それへの二人の先生の観察が充実し、椅子という、成熟の極みにあると思われた人工物のコンセプト革新にまで至ったとすれば、この「弱さ」は、椅子づくりに携わる人々にとって、貴重な情報をもたらした性質なのです。ある種の人たちが持つ弱さ、それゆえの敏感さが、椅子が解決する問題の本質を、わかりやすく露呈してくれたのですから（図9－1）。

社会の高齢化、そして医療技術の発達によって、昔ならば助からなかった人も助かるようになることで、日本の消費社会には今までも、そして今後もいっそう、「弱い」生活者が増えていくことは確かなことです。しかし、その人たちが抱えている問題に対して、そこまで弱くない人たちが想像を及ぼすのは簡単ではありません。

そのときに、およそこれ以上センシティブな人はそういない、というような障害者たちの抱える重篤な問題を解析して解決を試みることは、よりいっそうのＱＯＬの向上を図り、その問題の本質を考えるうえで貴重なデータをもたらします。

健常者は、ある意味で「鈍い」生活者なので、実はここにある問題に気づかず、見過ごしてしまっている。しかし一度、障害者という敏感なセンサーを通して暮らしのデザインを見直すと、より深く問題意識が開発される。そして、できあがった椅子に座ると、これまで知らなかった心地よさの感覚が開発されます。そして他の椅子に座ると、それまでは気づかなかった居心地の悪さが感じられてしまう。つまり、より優れた椅子の価値を感じられるように、私たちが学習するのです。

お金で買えない情報

もちろん、商品としてのオフィスチェアができるまでには、八田・西村先生たちによる「コンセプトモデル」を量産可能な商品として、内田洋行の開発技術者たちが再デザインする必要がありました。その洗練プロセスにも、非常に興味深いトピックがいくつもあるのですが、紙幅の関係で今回はそれ以前のフェイズに重点を置いています。

ともあれ、「オーファンプロダクツ」の開発過程で見直された椅子のコンセプトが、うまくオフィスチェアとして形づくられ、この章の冒頭に述べたように座っていて非常に心地よい椅子として実現したわけです。

「パルスチェア」は、こうして革新された新しい椅子のコンセプトと、それを具体化するABS（アクティブ・バランス・シーティング）理論に基づいて、オフィスチェアとしてデザインされました。モデルとなった車椅子は、それぞれの使用者の体格・身体変形に対応してカスタム的に調整されたものでしたが、パルスチェアはメッシュ状素材の弾力性の部位による差異を利用して、椅子に座る使用者の体格に合わせて「椅子の側が対応して変化する」ように設計されました。

そして、できあがった椅子は、特に障害を持たない使用者にとっても、長時間快適に座れるオフィスチェアになっていました。というのは、椅子の一般的な使用者も、「身体を楽にして座ること」が全く問題なくできていたわけでなく、ただ障害者よりも適応力が高いので、椅子が抱える不都合を無意識に我慢してしのいでいただけだったからです。

椅子に座ることに問題を抱えているという意味では、「健常者」と「障害者」の間にあるのは極端に言えば程度の問題にすぎず、ただ健常者だけを見ていては、その問題が見えにくかった。しかし、それは障害者にとっては切実にＱＯＬにかかわるシビアな問題なので、解決への模索を通じて、それだけ問題の本質に迫ることができました。

モノであれサービスであれ、人工物を開発するときには、それによって何かの「問題」を解決しようとします。そうでなければ価値がありませんが、椅子のように古くから存在して、すでに成熟しきっているかのように思われる人工物の場合には、「それがあることによって何がどのように便利で、どのような問題が解決されるのか？」という問いを問い直すことがこの場合には有効だったわけです。

しかし、こうした「人工物が解決する問題」を新たに設定することは、普通は容易ではありません。この場合には、長年にわたって障害者ケアのための車椅子改良を手がけていらした西村先生の、言葉以前の身体感覚の蓄積があり、それによって手探りで試作されてきた椅子の共通点を八田先生の研究室で三次元計測することで浮かび上がらせ、その解析と障害者のＱＯＬの関係を理論化することで、椅子の新たなコンセプトを創造しえた。それを内田洋行が採用し、商品化の過程で商品としてより実用的にすることによって、オフィスチェアがより普遍的な機能を備えて、多様な体格の使用者に便利に使えるようになったわけです。

こうした新コンセプトは、もし椅子の開発が終始ビジネスパーソンによってのみ手がけられていたならば、得られにくい識見だったでしょう。というのは、このケースのようなプロダクトの本質から問い直す問題の設定は、「売れる商品をつくる」という目的から見ると、事前の時点からは、しばしば迂遠に見える手段だからです。

たとえばオフィスチェアなら、今オフィスチェアを使っている顧客に使い心地を問い質してみる。こういうことはいろんな会社でやられているでしょう。しかし、そうした顧客モニターのインタビューは、本当の「問題の新設定」に至る道の、まだ途中でしかないのです。

その有効性を大いに認めつつ、でも本音を言うと、顧客モニターへのグループインタビューは、しょせんはそこに「良い情報提供者」としての役割を演じる期待が生じます。そして、その期待に引きずられてモニターがよけいなサービス精神をつい発揮してしまい、さも意味ありげな「良くできた使用者の感想文」が、できあがってしまう傾向が否めません。

実は私自身も、知り合いの業者さんのマーケティングリサーチに協力するときに、「いかにも『なるほど』の商品改良エピソード」になる落としどころを意識して、迎合的にしゃべってしまうことがあります。それは嘘の意見ではないにせよ、やはりビジネスの一環としてのリサーチは、「所定の時間内に何か成果の形をつくらなくては」というプレッシャーを免れえないのです。これは実は、そうしたリサーチを請け負う業者さん自身が、常日頃から「陥りやすい罠」として注意されていることです。

こうした製品開発上のヒントになる情報や、その他さまざまな営利事業に役立つような情報の収集、いわば「産業諜報」とでも呼ぶべき行為は、ビジネスの成果をあげるために非常に重要な要素です。しかしパルスチェアの事例を調べると、この開発ストーリーにあるような本当に画期的な情報は、ビジネスとしてのリサーチではなかなか手に入らないと思えてなりません。

ざっくばらんに言いますと、ビジネスに役に立つ情報の中でも、本当に画期的、革新的な情報は、ビジネス的手法で手に入れるのが難しいのです。というのは、ビジネスの一環として経費を使って情報を収集・提供しようとすると、関係者が職務に忠実であり、職業的に「健気」であればこそ、「期待されたような調査成果をしっかりとあげたい『色気』」が人情として生じます。それに逆らって、「調べてみたら全然違ったところに、はるかに深い本質がありましたよ」というイレギュラーな情報は、調査スポンサーの事前のイメージを裏切り、ときにそれを超越するものですが、これを調査報告にまとめるのは大変手間がかかってしまいます。

もちろん調査というのは、本来はそうした「調べてみてこそわかる予想外の情報」を入手するために行うものですが、ビジネスの場では得てしてそれは理想論です。まだしも定量的調査であれば、厳密に統計的手法を駆使してバイアスを減らすこともできますが、商品コンセプトについての示唆のような定性的情報調査では、それもできません。

■産官学連携の可能性

企業というビジネス組織も、大学などの研究組織も、共通するのは知識を獲得・行使することによって、制御したい対象を制御できるようにする、という共通点があります。しかしビジネス組織には、事業展開のための合目的性・合理性を常に意識する、せざるをえないという特徴があり、また、それは制約でもあります。特に、事業構想・企画に際しての調査・研究については、それは一つの「縛り」になります。

言うなれば、事業組織には目に見えるものが、それを見ようとしてかけたメガネの色に左右されてしまう。この場合は「ビジネスというメガネの色」です。「ビジネスに活かすつもり」でものを見ることは、どうしても裸眼の観察から遠ざかってしまいます。

この限界を超えようとするには、どうすればよいのか？　パルスチェアのケースに一つの答えがあります。つまり、このケースのようにビジネスの論理とは違った論理で動いている、ビジネスの外の世界から情報を取ってくるということです。西村先生、八田先生と内田洋行の開発チームの場合には、産官学連携というのがその一つの手法として成り立ちました。

ビジネスパーソンが日々、何かの問題を解決しようとしているように、研究者もまた、何かの問題を解決しようとしています。優れたパフォーマンスの事例もあれば、パッとしないケースもあるのは、どちらの世界でもそうですし、アカデミズムのメガネに色が付いていないわけではないでしょう。

しかし私が日頃、研究者として企業の方と交流して思うのは、お互いがかけているメガネによって、お互い見えているものが違うな、そして、片方には見えていてもう片方には見えていないものの中に、その見えていないほうのもう片方にとって、非常に有益な可能性がある要素が少なくないな、ということでした。

特に、このことは「問題意識」について確言できるかと思います。産官学連携というと、理系の研究者の先進的な研究成果がハイテク系のイノベーションの材料として企業から期待されるというケースが多いですが、それ以外にもビジネスに利用できる資源というのがあって、それが「それを解こうとしている問題についての認識」です。

パルスチェアの場合でいうなら、椅子にそこまでのソリューションを求めるだけの「問いの設定」が、企業の側だけで成り立ちえたでしょうか？　北海道の二人の先生が、長年にわたって泥臭い調査研究をなされていて、椅子に対して非常に深い洞察をされて、それだけ高次の要求があることを把握し、それへの対処を理論化されていた。これは単なるソリューションとしての工学・技術知識の提供だけではなく、プロブレムそのもの、問題意識の設定が成果の重要な部分だったといえるでしょう。

ビジネス的合理性、合目的性の追求はビジネス組織としてもちろん当たり前ですが、その「合目的性」の対象となる目的の設定において、ビジネス組織は研究機関と比較して長期的視野に立ちにくいかもしれません。産官学連携については、産官学の三者がそれぞれ違う文化や価値観を持っているがゆえの齟齬もありますが、その相違があるがゆえに、三者が相補的に連携できる可能性があるわけです。

そしてそれは、企業の「問題意識の開発」という成果につながります。ビジネス上の成果をあげるためにも、ビジネス組織はビジネスの世界の外から知識を輸入すること、それが必要なことがあると考えます。

二人の先生との交流で、内田洋行の開発チームの人たちの意識や感覚も、かなり変わったと伺いました。インタビューの最後に、西村先生がおっしゃいました。

「自分たちの研究から得た知見を、企業の人たちの商品開発に提供したのには、理由がります。脳性まひを患って、人生のほとんどの時間を車椅子の上で寝たきりの姿勢で過ごす、そういう人たちを見て、多くの健常者たちは、この人たちの人生に何か意味があるんだろうか、と考えるかもしれない。しかし、この椅子の開発の例のように、障害者の人生も、違う立場の人たちにとって何か役に立つことがある。だから、たとえ寝たきりでも、どんな人生にも、そこには厳然たる意味がある。そう思っているし、それを社会に伝えたかったのです」

この言葉を伺って、私はとても腑に落ちました。新しい価値を開発するために、社会に目を向け、観察を働かせる、そのとき必要となるのは、どんな観察対象からも何かしらの洞察をくみ取ろうとする姿勢であり、その基盤には、「どんな人生にも意味がある」という意識、この感覚ではないかと思うのです。

私がこれまでお話を伺ってきた、優れた商品企画者たちは、皆さんがこういう感覚を、必ずしも口に出さなくとも、確かに持っていたと思います。西村先生たちは、障害者支援の現場で実践に取り組まれていて、ものづくりが専門ではありませんが、それでも両者の間に通じるものをはっきりと感じた次第です。さて、読者の皆さんはどう感じるでしょうか?

第10章 地域コミュニティにおける商品開発

■読者への挑戦

いきなりですが、本章を始めるにあたって、読者の皆さんへの挑戦をします。

では、ここで「意図しない行為」をしてみてください。では、皆さんできた人だけ続きを読んでください……。そうですね。ここで挫折してしまいますから、よしとしましょう。そうです、人間は「意図しないこと」は、なかなかできるものではありません。人間がしようとすることは、当たり前ですが、みんな「意図したこと」です。

それに何の問題があるのでしょうか。合理的に、計画的に、そして戦略的に、意図したことを着々と実践し、目的達成に向けて前進するのが、良い経営ではないのでしょうか。誠にそのとおりです。

何が良い目的で、何がそれに照らして合理的な行動なのか、それがよくわかっている分には、着々と意図した行為を積み重ねていければ、それに越したことはないのです。

しかし、その目的や合理性の決定のための判断材料というのは、どうやって手に入れればよいのでしょうか。自分の適切な意思決定のために必要な情報がわかっていれば、それを集め、分析すればよい。ただ、その最初の「どんな情報を集めるべきか」という判断が間違っていれば？　それに従って集めた材料から得られる判断も全部間違ってしまいます。

では、その判断のために必要な情報を適切に集めるところから、一つ高次のレベルに行って考えましょう。それでもやはり、判断のために必要な情報を集める事前の判断基準が間違っていれば、そこから根こそぎ間違ってしまいます。それでは、そのまた高次を考えて……。いやいや、どこまで高次に行ったって、自分がこうしよう、こういう情報を知ろう、とする出発点があって、そこから「意図的に」歩き出していると、結局、最初の段階の間違いを訂正できなくなる危険があります。

意図というのは、一種のフィルターです。そして、自分にとって最も手強いフィルターは、自分自身の意図です。自分の意思で自由に歩いているつもりでも、自分の思いどおりに歩ければこそ、自分は自分の思わないところには決して歩けない。こんな自由ほど不自由な状態があるでしょうか。

おまえを閉じ込める牢獄とは、すでにおまえ自身のことだ、というようなメッセージが、イーグルスの名曲『デスペラード』でも歌われていますが、人間は、自分が意図したこと以外ほとんどできません。なんと絶望的な制約でしょう。そして今、グーグル先生が何でも教えてくれる時代ですが、ここでもやはり制約があり、自分が入力した検索ワードに関連することしか、広大なネットでたどり着くことができません。それなのに、何でも便利に調べられる気になっている。自分がそれを知らないとさえ自覚しないことには、絶望的に手が届きにくいということに気づかなくなっている！

あるいは、アマゾンで本を買うときに、私たちは大変重宝していますが、あのサイトのリコメンド機能で推薦してくるのは、「この本を買った人は、こちらの本も買っています」という、「社会のみんながすでに関連性を認めた関連図書」のみです。ここでは、他の誰もがそう思わないけれど、自分だけは関連していると思う、新しい関連性の発見ができません。なので私は、ときどきは街の巨大書店に出かけ、「自分にとって有用性が事前に見込める本」が置いてあるコーナー以外の場所も歩いて、ざっと見て回ることにしています。そこででたらめに、パパッと知らない著書の本を手に取って、思わぬ発見をすることもあります。

考えてみれば、インターネット以前は当たり前のことだったのに、今は目的の本棚に一直線で行って、隣の本棚にすぐ目をやって、そこからまっすぐ帰ってくるようなネットショッピングが当然のように、私が教えている学生は思っています。あと半世紀もすれば、「ランダムウォーク的買い物」の可能性を知っている世代がほとんど社会からいなくなるかもしれませんが、そのとき、あっちの本棚とこっちの本棚の思潮の「共鳴」に気づく人は誰かいるのでしょうか……。

書店のコーナー分けがずっと変わらなくなり、知識の新しい結合は起きなくなり、本を読むことは祝詞《のりと》のテンプレートを読むことに近くなり、読者の感想は著者と出版社の予想を裏切らなくなる……。みんな、読みたい本、読もうと思った本をきちんと手に入れ、きちんと読んだから、それでよいと思っている。ああ、何と合理的で効率的なコミュニケーションでしょうか。

■情報獲得の合理・合目的性

ここまでの章でいろいろな商品開発の事例について分析してきましたが、今までにない新しい市場をつくるような商品を開発しようとするときに必要なことは、新しい問題の設定である、ということは何度も強調してきました。本章でも、いくつかの商品開発事例を紹介しますが、新しい問題設定をするうえで鍵となった新しい問題意識、知らなかったトピック、これらの未知の知識を外から得るということがテーマになります。

近代的で合理的な組織というのは、今の自分に必要な知識を集めたがるものです。それは、組織の生産性からいっても当たり前のことです。今の仕事に必要のない知識は、集めるだけ無駄なコストになります。また、意思決定の妨げにもなります。

理屈を言えばそうなのですが、では、何の知識が今の自社には必要で、何の知識が必要でないのか、それを見分ける知識というのは、どうやって求められるものなのでしょうか。

ある役立つ知識を手に入れるための知識、それもまた役立つ知識です。その役立つ知識を手に入れるために役立つ知識、そのまた知識を役立てるために役立つ知識……、というようにさかのぼっていくと、最初に私たちに役立つ知識というのは何なのでしょうか。誰が見ても客観的に評価できるような良い知識とか役に立つ知識というのは、あらかじめ決まっているものなのでしょうか。そんなはずはありません。

それならば、どんな組織も同じような知識を求めようとして手に入れるのではないのでしょうか。実際には、たまたまある時点である組織が持っていた知識に応じて、新しい知識を獲得しようとし、そしてまた、新しく獲得した知識に応じて次にどのような知識が必要か、という判断材料にする、というように、それぞれの組織の歩みは多様です。たまたまどこから歩き始めたかということに影響されて、それぞれの組織は違う道を通って歩いていくのではないのでしょうか。

ウィンストン・チャーチルに、「私たちが建物をつくる。しかる後に、建物が私たちを形づくる」という言葉があります。知識にも同じような側面があります。私たちが知識を獲得します。そして、その獲得した知識が、次に私たちがどのような知識を獲得しようとするか、その判断材料になります。

新しい知識を獲得しようとする労力は有限です。その限られた機会を活かして、今の自分に役立つ知識を手に入れようとすることはきわめて合理的ですが、ここには罠もあります。

残念ながら、今の自分にはわからないけれど、もしかしたらたまたま、この知識も知っていれば、将来もっと自分の役に立つかもしれない、ということを私たちは意図して知ることはできないのです。知らない知識の利用可能性については、事前に知ることはできません。

それは当たり前のことですが、このトートロジー（同語反復）は組織が知識を利用するうえでの本質的な制約を示しています。私たちは意図した情報を入手することはできます。しかし、私たちが事前には必要と思えない情報を意図して手に入れることは非常に難しいことです。

偶然や縁など、それらが生活に不可思議性とともにポジティブな影響をもたらすことが、これからどんどん減っていくのでしょうか。

■会社は情報のクリーンルーム

意図したことしか起きない、意図しないハプニングが起きない環境というのは、見方を変えれば、アクシデントが起きない環境であるといえます。たとえば半導体工場のクリーンルームのように、外から極力異物が入らないようにコントロールされた環境では、思いどおりのものづくりができます。不良品ができる率もきわめて低くなります。

私たちは、身の回りを思いどおりに動かしたいという欲求があります。そして、それを動かせれば確かに非常に便利で得るものも大きい。ものづくりや生産においては思いどおりのものができることのメリットは計りしれません。ただし、それができるのは設計図がすでにあるからです。

特に製造業企業の技術開発系の方々と話していてよく感じる傾向は、この人たちは、自分たちの問題意識や技術的課題に照らして、まだわかっていないことについては非常にアンテナを向けていらっしゃる。けれども、そういう自分たちが「まだ知らないことさえ自覚しないこと」へのおそれの感覚が開発されていないのではないか、ということです。

今取り組んでいる課題、そのベタな階層のことについては一生懸命に知識を獲得しようとしています。しかし、その階層以外のこと、特に高次の視点から自分たちが知らないでいることについての意識が薄い。先に挙げた『デスペラード』にある「おまえ自身が牢獄である」という制約を考えに入れていないのです。

このことの要因には、この組織人たちがふだん取り組んでいる仕事が、何かを制御することと、そのために不可測要因を排除することが当たり前になっているからではないかと思います。ですから、もちろん誰を責めるとかそういうことではありませんが、みんな自分が知らないことさえ、自覚しないことは意識できない。それを指摘してあげられるのは、それこそ岡目八目の傍観者のような人でしょうが、社内で傍観者になっていては立場がまずい、ということになりがちです。

ちょっとした笑い話ですが、仙台市の観光振興担当部署が中国人観光客を多く誘致しようとして、ある時期までは伊達政宗を売りにしていたそうです。しかし、中国人にしてみれば歴史上の豪快で野蛮でときには残酷な英雄がいくらでもいる国から来たのに、よく知らないローカルなヒーロー（失礼！）に魅力を感じるわけがありません。あるとき、それに気づいて、東北大学に留学してきた中国の国民的作家、魯迅のゆかりの地を訪ねるツアーを設定したところ、大人気になったそうです。

これは、たまたま何かのきっかけで自分たちが何か必要な知識を知らなかったことに気づいたからニュースになりますが、もしかしたらおそらくは、自分たちが何かを知らないことに気づいてないがゆえに、業績不振になっている、という事業がそこここにあるでしょう。私たちは「何を知らないかさえ知らない」ということにどこまで誠実に取り組み、向き合えるでしょうか。

企業組織は、今日の商売のために誰かが合理性を心がけて設計したものです。それはつくられたとたんにしがらみとなり、チャーチルが建物について啓蒙したように、設計者の意図を離れて将来の自分たちを制約します。

しかし、何か新しいものをつくろうとそのコンセプトを考え、設計しようとするときには、たかの知れた現時点、事前の時点での自分の思い込みに縛られているとしたら？　それ以上の知識を盛り込むことができなくて、良いものができるわけがあるのでしょうか。

思いどおりのものができて喜んでいるその裏側では、「思えないものをつくれない」という限界が実は横たわっています。たいしたことを思いつかないがゆえに、たいしたこともできない危険性をどうすれば意識できるものでしょうか。それを打破する事例を紹介しましょう。

■知識はマネジメントできるか

ナレッジマネジメントという一分野が経営学にあります。確かに組織が持つ知識資源の管理をしようというのは経営学の重要な側面です。それは大事なことですし、うまくいけば有益なことはよくわかります。しかし、知識のマネジメントについては、やはり大きなパラドックスがあることを指摘しなければなりません。

そもそも知識をマネジメントしようとする人のものの見方、その人の持っている知識自体の制約自体はどうやってもうまく管理することができません。マネジメントされるのが人知なら、しようとする側も人知です。マネジメントしようとすればするほど、マネジメントしようとする主体の持っている、たかの知れた狭い視野の認識に制約されます。

つまり、マネジメントは何かを自分の思う良いほうへコントロールしようとする人間の行為です。それは確かに生産的でありがたい方法論ではあります。しかし、何かを意図しようとすればするほど、意図せざる良いハプニングから自分を遠ざけることになります。周りが思いどおりになればなるほど、思いもよらない良いことが起きなくなります。

このパラドックスを経営学はいつまで経っても超えることはできません。そこで幅を利かすのが、部署の壁を低くしようとか、セクショナリズムに気をつけよう、などというテクニック論です。部署過剰の弊害をなくす部署をつくったよかったたね、というような……。たくさん、「人為」という薬を飲んでおいて、あまりにも飲みすぎたと思うと、もう一つさらに薬飲みすぎの薬を飲んで問題を解決しようとする行為に見えます。

ナレッジのマネジメント、それがうまくできればすごいなと私は思いますが、実際には、企業にＩＴシステムを売り込みたいコンサルタントの「文書マネジメント」プロモーションの宣伝文句になっている傾向が強くはないでしょうか。

特に、自分で情報を集める局面において、私たちの新しい認識はたいてい、意図した範囲からしか刺激を受けないということを忘れがちです。あらかじめその知識の価値がわかっている知識により詳しくなったところで、ものの見方がそう大きく変わるわけではありません。本当に自分を啓蒙する（蒙を啓《ひら》く）という意味では、私たちは意図せずめぐり逢う知識との出合いを確保しなければなりません。

本当に役立つ知識というのは、何を知らないかも知らない、ただ何かを知らないということの自覚から始まるのだとすれば、どうすれば今の自分の古い陳腐な合理性、設計主義、意図のしがらみから逃れることができるのでしょうか。私は、その解決策は企業というクリーンルームの外、社会という雑駁なフィールドにあるのだと思っています。

それは、合理的に設計された制度や組織とは本質的に相反するものです。今日の生産性のために私たちは、自分たちが収穫を得ることのできる畑から雑草を取り除こうとしてしまいます。確かに、今日の生産性のために、よく管理された畑は有益なものです。

しかし、みんなが同じ畑を持って同じ品種を栽培していては、新しい結合は生まれなくなります。そうすると畑はやがて枯れていく。そうなりかけたときには、野山やジャングルに出ていくべきではないでしょうか。なぜかと言えば、私たちの今日のものの見方はしょせん、昨日の私たちが手に入れた知識でしか支えられていないからです。

一九世紀の博物学の時代に世界中の島やジャングルに博物学者たちが出かけ、まだ使い道がわからないさまざまな品種の種を採取しました。今、私たちはそれらの中から選ばれた、今の私たちにとって有益な品種に囲まれて生活しています。明日には、何が雑草で何が役立つ作物かということを見分けるためには、野生に触れなければなりません。明日の作物は今日の雑草から選ばれるのですから。

では、それはどうすれば見つかるのでしょうか?

■「まもるっち」が生まれた町

この事例は「世間話」から話が始まります。しかしこれは、れっきとした商品開発の話です。

少し前に、東京のある地域で、「つばくれおじさん」のことが話題になりました。下校中の小学生に声をかけて、唾液を採集させてくれと言い、時には女の子の口を押さえつけようとしたりするという、変質者がいるという話です。こう書いていてさえ不愉快な話ですが、ましてその地域で子育てをしている保護者や学校の教員にとっては、内臓がでんぐり返りそうな不安感を催させるものですが、そういう存在が遺憾ながら、この社会には、いるのだそうです。

しかし、警察の方に伺うと、これを「事件」として処理することは難しいというのです。子どもから唾液をもらうことを禁止する法律はないからです。それを売り買いすることは、近年は都の条例で禁止されるようになったそうなのですが。ですから、この変質者の行為は、遺憾ながら取り締まってもらいようがありません。また仮に、子どもたちに対して威嚇的な行動を取ったとしても、それに対して警察が動けるかというと、とてもそんなに機動的な対応はできないのです(1)。

「不審な人物」に子どもが声をかけられる、いわゆる「声かけ」の事案は、決して少なくはないそうです。また、仮にこれが誘拐などの重大事件の端緒となるとしたら、やはりそれも、最

(1) 幸い、この「つばくれおじさん」のケースは、東京都迷惑防止条例違反(常習卑わい行為)の疑いで二〇一一年六月一四日に容疑者が逮捕されました。

初は「声かけ」という形から始まります。その段階で不審者たちの行動を抑止できたら、防犯効果は大きいでしょうが、なにしろ相手が狙ってくるのは、頑是ない子どもたちですから、大人の目が届きにくく、なかなか対策が難しいのが現実です。

「不審者情報」が教育委員会から出され、担任の先生から保護者にも注意が促され、PTAの会合の席でも情報が交換される。しかし、これという対応がしにくい、それなのに時折、あまりにも痛ましい事件が起きたのをニュースで耳にすると、不安感は増すばかりです。変な評論を加えて「顔が見えない社会」とか呼んだら、それはますますもつれた糸のように見える。あまりにも事態は混沌としていて、どう対処すればよいのか、「問題」として取り組むにも手が着けにくいものです。この時点では、まだぼんやりとした「望ましくない事態」にすぎません。なんとかならないものでしょうか。

品川区の製造業企業の経営者たちで結成された、「ものづくり品川宿」（以下、「品川宿」）というNPOがあります。この品川区という地域は、もちろん京浜工業地帯の中心地で製造業のメッカでもあり、また大崎・五反田というビジネス街・繁華街もあり、宿場町としての歴史がある古い街もあり、また臨海地区の開発も進み、交通インフラも発達し、人口約三三万を擁するコミュニティとして、大都市圏ならではのさまざまな顔を持った地域です。

「品川宿」は、そんな「地場」にあってそれぞれが活発に事業を展開する、ひとかどの「ものづくり人」が集まった組織です。多様な活動を通して社会に貢献しようと立ち上げられた組織でもあり、また参加者の性質上、一つの活発な「異業種交流会」ともいえます。

二〇〇三年の春先に、この「品川宿」の月例会の席で、理事の一人である自動車部品などの金属加工を手がける中堅メーカーの社長さんがある話題を持ち出しました。それは、その社長さんのお嬢さんの住むマンションに最近空き巣が入り、危うくお嬢さんがその空き巣犯と行き会いそうになってヒヤヒヤした、というトピックでした。

出席者たちの中にはいわゆる「町工場のおやじさん」が多く、直接自分や家族の生活にもかかわるだけに、そういう「地域の問題」には敏感に反応しました。そういえば、最近近所の子どもたちが「変なおじさん」に声をかけられたという嫌な話も聞いた、保護者だって気が気じゃない、そういえば大阪でも痛ましい事件があった、何か対策はないのか、いっそ、「ものづくり」によって、それになんとか対応できないものか？

「どんなものがあれば、何らかの『不審者対策』ができるのか？」「子どもたちが声をかけられたら、すぐに周囲に知らせることができればいい」「音を出す防犯ブザーはもう持っているが、それだけでは心もとない」「通信機器を使えばどうか？　それでセンターを設置して通報を受け付ければ？」「ＰＨＳを持たせれば？」「子どもには、まだそういうものは持たせたくない」「機能を限定して、保護者にだけ通話できるような専用の機器をつくれるのでは？」と、話は進みました。

オブザーバーとして参加していた品川区の産業振興課の担当者から、区がすでに行っている地域の防犯対策と連携するとすれば、地域のボランティアの協力者が駆けつけることも可能かも、というような話も出て、参加者はみな真剣でした。

「こんなものがあれば、こんなことができるはず」という大まかな概念設計と、「どのような技術で、どのような性能が実現できるか？　どのくらいのコストで製造できるか？」というある程度の実現性の見込みについて、ほんの二時間ほどの会合の間に、ブレーンストーミングを通して話が整理されていきました。

かつて「電機・通信の品川」といわれたものづくりの街で、それぞれが独自の製品を手がけてきた製造業経営者たちが知識を持ち寄ると、そのくらいスピーディに、「まだ世の中にないもの」のスペックを煮詰めることができました。ここから、後に「まもるっち」という愛称で実用化され、区と共同で運用する「近隣セキュリティシステム」サービスの開発が始まっていきました（図10－1）。

ここで、ひとまず、ぼんやりとしていた「望ましくない事態」は、「子どもたちに通信機器を携帯させて即時に通報できるインフラを整備し、地域住民がそれに素早く対応できるように

▶写真10－1
初代のまもるっち携帯子機

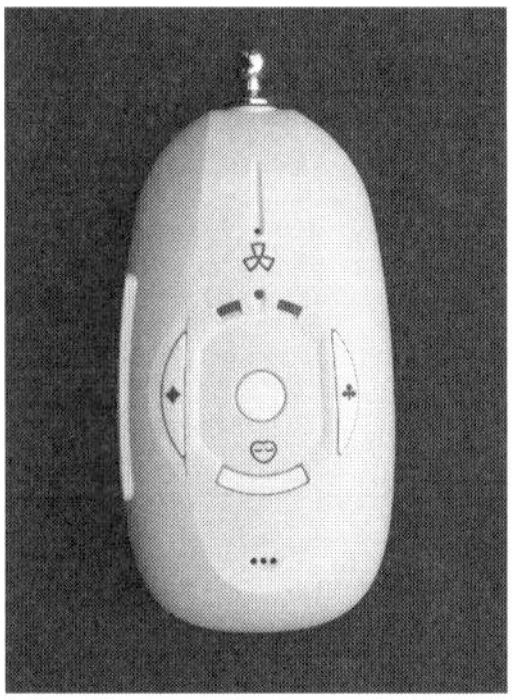

写真提供：品川区

▶図 10－1　当初の「まもるっち」運用の構想

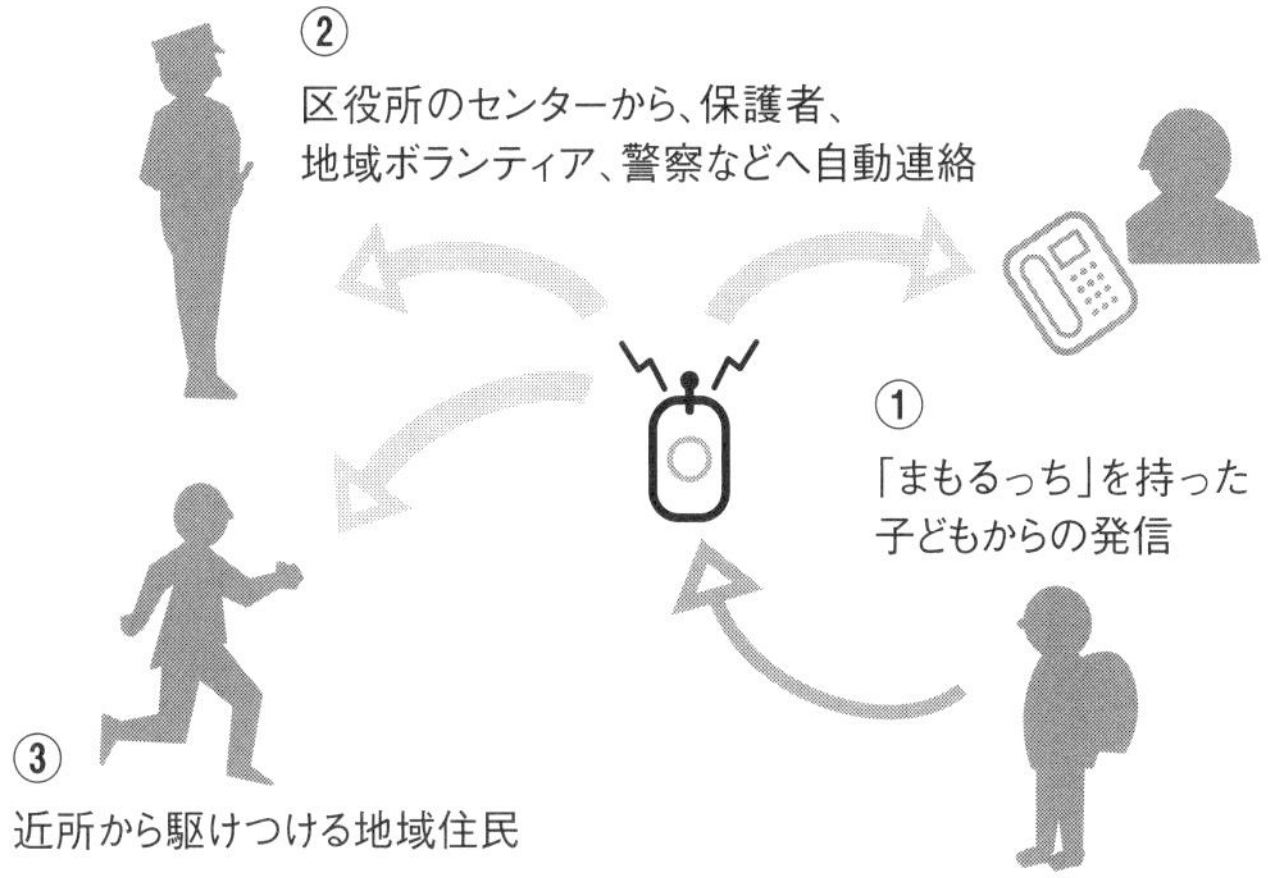
②
区役所のセンターから、保護者、
地域ボランティア、警察などへ自動連絡
①
「まもるっち」を持った
子どもからの発信
③
近所から駆けつける地域住民

することで、不審者を抑止するシステム」で解決する問題、として定義されたのです。

つまり、解決手段の提示によって、問題そのものも輪郭をくっきりとさせました。ある問題がはっきりと設定されると、さまざまな問題解決に対応してきたベテランの経営者たちが、何か貢献できそうな見通しがつけやすくなった、といえるでしょう。

第6章での設計情報転写論の説明を思い出せば、「形」と「働き」を分けて考えて問題と解決手段の新たな組合せを模索することがここでもなされていることに気づくでしょう。そして、今まで問題と見なされていなかった問題を新しく意識化すること、その問題の解決手段の仕様について知識を持ち寄って積極的に洗い出すこと、これらのプロセスがすでに透けて見えるでしょうか。

■世間とのすり合わせ

「品川宿」で「まもるっち」開発に携わったのは、いわゆる「オンリーワン企業」の錚々たる実績を持った技術者たちでした。そんな「頭の中に三次元ＣＡＤがある」ような、ものづくりの大ベテランの集団が、新しいコンセプトの機器の設計に際して、文字どおりゼロから発想を積み上げて、「何か新しいものをつくるために結成された」しがらみのない柔軟な組織でした。

しかも、主たる開発メンバーは大崎から大井町にかけての「ご近所さん」でコミュニケーションも取りやすく、通信サービス事業者とのつきあいもかねてからありました。子どもたちに持たせる「子機」の組立成型手法なども「勘が利く」人材が揃っていて、まさに「得手に帆を上げて」、勇んで開発に取り組みました。そして、まずＰＨＳのインフラを利用したプロトタイプを試作し、二〇〇五年六月、区内三カ所のモデル小学校の児童に配布しました。

もちろん「そういうものが社会で試用される」こと自体が初めてのことですから、通信技術上の調整の必要が生じることは予測されていました。それに対応するために、まずモデル校から実用化の検証作業が行われ、具体的な技術上の問題点が少しずつ浮き彫りにされ、そしてまた、それを解決することで欠点をつぶしていくプロセスが展開されました。

そちらのほうは着実に成果があがりましたが、同時に運用上の最も大きな問題が顕在化することになりました。それは、「まもるっち」を実際に携帯するユーザーである子どもたちの、予測困難な「振る舞い」の問題でした。

試験運用時に問題になったのは、事前の予想をはるかに上回る「誤発信」の多さでした。これもまた、事前にある程度は予測されていたものの、子どもたちは大人の想定を上回るそそっかしさで、「まもるっち」の警報ピンを家庭や教室や登下校路や、地域のあちこちで抜いてしまいます。そのたびに勤務中の保護者の携帯電話に連絡がいき、地域の協力ボランティアに連絡がいき、学校や警察にも連絡がいき……。てんやわんやになってしまいました。

この問題に対しては、ピンを引っ張る強さや時間の調整などの端末の設計改善で、ある程度は対応したものの、それでもまだセンターが受信する警報の大部分が誤発信であるという事態に変化はありませんでした。しかしここで、さらに物理的にピンが抜けにくくすることは可能ですが、そのことで本当に必要なときに子どもの力で咄嗟にピンが抜けなくなっては本末転倒になってしまいます。

だから警報ピンについては、ある程度の「敏感さ」を保っていなければなりません。しかし、あまり誤発信が続くと、保護者や協力者などの地域コミュニティが、「意図せざるオオカミ少年」に慣れてしまって、やはり本当の緊急事態に対応できなくなってしまいはしないか？　そういう懸念も生まれます。

いざというときに子どもたちがどのような判断で行動をするのか、保護者はどれほどの安心を期待するのか、逆にいざというときでないときに子どもはどれくらいそそっかしいのか、それに対応する際に誰がどのようにフォローするのがよいのか、思っていたよりもはるかに問題は複雑だったのです。単純に「ピンが意図せずに抜けにくくなるようにすればよい」ということではありませんでした。

この問題に対しては結局、児童からの通報を受信したら、そのまま協力者たちに自動的に連絡するのではなく、区役所のセンターでいったんオペレーターが子どもたちとやり取りをして状況を判断し、誤発信をフィルタリングすることになりました。図10－1の②を自動化せず、その前に人間が介在するプロセスを割り込ませたことになります。

子どもたちの誤発信それ自体は、やはりどれだけ注意を促しても、ある程度は発生してしまいます。それを無理に封印することで、いざというときに子どもたちが躊躇なく警報ピンを引けなくなるのを避けようというねらいがこれにはありました。それも実際にサービスを試験運用して、「社会的反応」を見計らってでなければできない判断でした。

■要素間のつじつまを合わせるまで

ひとまずここまでを整理してみましょう。「品川宿」の開発担当者たちは、ハードウェアの設計開発については、自他ともに認める実績を積んだベテランばかりでした。これはつまり、何らかの物体、「もの」がどのような状況でどのように作動・機能するか、その「振る舞い」、挙動の予測と制御については、それなりの知識を持ち合わせているということです。

だからこそ、端末の内部でどのような技術要素を組み合わせれば、どのくらいの性能がどのようなスペックで実現できるか、見通しをつけ、それを具体的な設計図に落とし込み、試作までスピーディに持っていくことができました。

技術革新が激しいモバイル通信分野でも、急速な環境変化に対応してデバイスを改良していく可能性も事前に想定されていました。実際に「まもるっち」は、後に通信インフラをPHSから携帯電話に移行させて、GPS機能まで搭載するような機能の拡張も実現されました。それまでにないコンセプトの新商品を形にするうえでの技術的問題の解決という点では、優れたパフォーマンスということができるでしょう。

つまり、「まもるっち」という商品が消費社会でうまく機能して、消費者に利用されるためには二つの課題がありました。まず、ハードウェアの側、電気通信機器としての動作、機器の「振る舞い」が、開発者の意図したとおりにコントロールされることがまず前提となるわけです。しかしそれに加えて、「まもるっち」を実際に利用する子どもたちや保護者、地域の協力者、つまり社会の側、世間の「振る舞い」のほうが、必ずしも開発者の予想の範囲内で収まるわけではありませんでした。それで当初の構想どおりには商品がうまく機能しなかったわけです。

つまり、ハードを使いこなす地域社会住民が持ち合わせているノウハウ、ソフトウェアの側が、ハードと整合していませんでした。しかしこれは、「人間がそういう状況で、どう行動するか?」という文化的な問題でした。それについては、準備がなかったし、あらかじめの時点では準備のしようもなかったのです。

物財であれサービス財であれ、人工物をつくって商品価値を持たせるということは、煎じ詰めれば「要素間のつじつま合わせ」と言うことができます。その人工物が全体としてねらいどおりに機能を発揮するように、適切に諸要素が組み合わされなければならないということです。

もしそれが既存のコンセプトの商品を技術的に改良して差別化するときならば、組み合わせてうまく性能を発揮するためにすり合わせが必要なのは、商品の内部の要素、部品間の関係にすぎません。そして一般的に「人工物の製造」というのは、その部品間の関係を調整して全体でうまく機能を発揮するようにする行為だとされています。いわば「部品間整合性の改善」です。

しかし、世の中にそれまでなかった新しいコンセプト、新企画の商品がうまく世間になじんで意図した機能を発揮するには、モノが良ければそれで良いわけではありません。その商品に関与して、それを取り扱い、消費する人たちの振る舞い、その人たちの行動のありよう、考え方、問題意識、価値観とうまくフィットしていなければなりません。

それを調整するのは、部品という要素を組み合わせた製品全体が、その外側の世間のさまざ

▶図 10－2　要素間のつじつま合わせとしてのものづくり

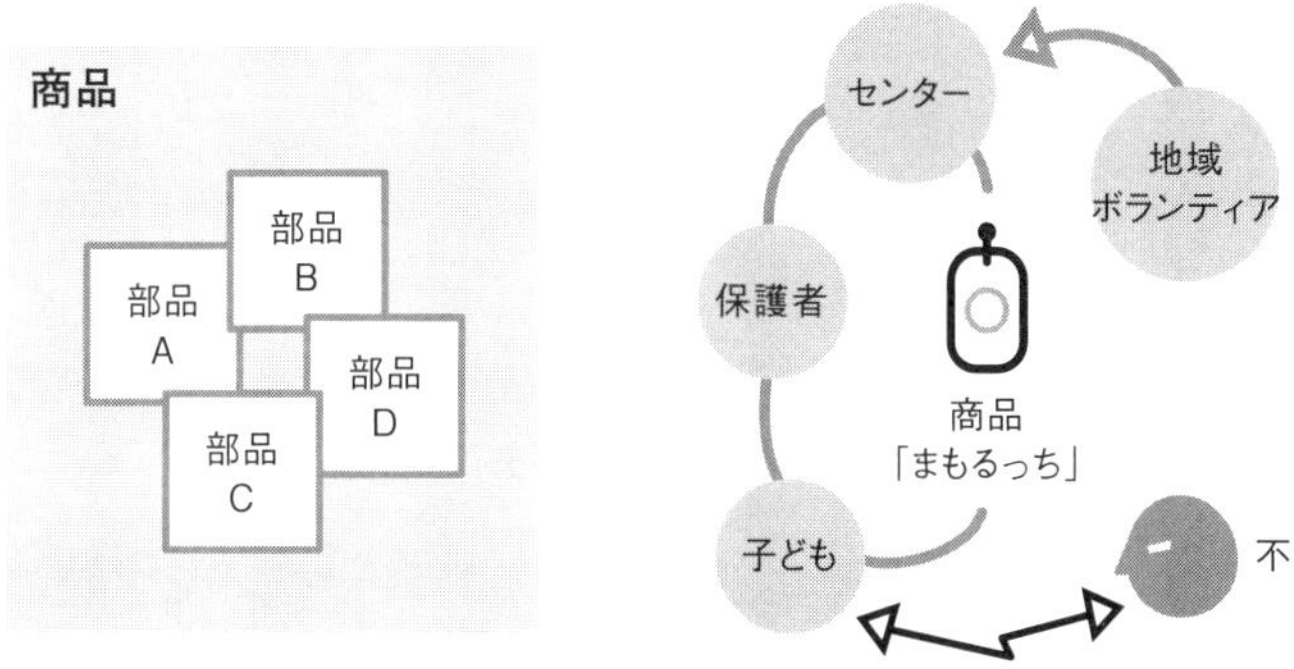

部品同士のつじつまを合わせて商品をつくる

商品の関係者たちの「振る舞い」のつじつまを合わせて「ライフスタイル」をつくる

まなアクターとこなれたつきあいをしなければなりません。そうしてうまく働くようにする、「商品の対世間整合性の改善」をしなければなりません（図10－2の右側）。

■ユーザーの「振る舞い」を予測する

商品の部品がどのように振る舞うからそれらをどのように束ねるか、という工学的なテクノロジーの問題を解くためには、どのようなハードルを越えなければいけないか？　事前の時点ではぼやけているものの、この課題は、事前に予測し、ピックアップして記述し、網羅することが、それについて経験を積んだ人にならば、ある程度の精度で可能です。

それは、ちょっと乱暴な言い方をすると、しょせんは物理法則に従う「モノ」の問題だからです。「モノ」がどのような挙動を見せるか、その原理はすでに科学的にかなり解明され、専門家たちは、この技術的な問題は効率良く解決することができます。

しかし、その「モノ」をいざ世間に投げ込んで、それが周囲の「ヒト」とどのようなやり取りをして、どのようなアクシデントが起きるか、その専門家はまだいないのです。

なにしろ相手がモノではなく「ヒト」ですから、そしてそのヒトは、工業部品と違って、さまざまな個性があり、状況に依存して多様な行動を取り、その再現性は低い。しかもそれが子どもたち、保護者、地域の協力者、ひいては不審者に至るまで、利害が複雑に交錯する「ヒトビト」であります。

その多数のアクターたちの行動を、どのようにコントロールして意図した結果に導くか、それについては、誰もまだその原理や法則性などについて、知らないし、わかっていないのです。だから、それらについて事前に記述して備えることは、できるはずがありません。

商品を新たに企画するという行為が、単なる性能の改良と違ってなかなか難しいのは、ここにあるのです。商品の内部の要素間のつじつま合わせの問題と、商品とその外部の諸アクターの間のつじつま合わせの問題は、そもそも性質がまるで違います。それらの「振る舞い」についての知識がかねてからあるかないか、という点で、取り組みようが全く違わなければなりません。

■世間での「おさまり」

モデル校での試験運用段階で、すでに「まもるっち」は激しい設計変更を行うことになりました。しかも、それは通信技術の発達に対応するという事前に予測されていたスペックの改良だけではなく、そもそもユーザーの振る舞いとハードウェアがうまく整合しないので、機能設計から見直すことになった、という意味で深いレベルのものでした。

機器そのもの、ハードウェアの設計変更のみならず、それをどのように取り扱えば全体のシステムが円滑に運営されるかのノウハウ、いわばソフトウェアも蓄積されていきました。多くの誤発信と少しの「正発信」をふるい分け、子どもたちからのＳＯＳにどのように対処するか、初めは誰にもわかりませんでした。「必要な情報を必要な対象に適切に伝達する」といっても、具体的にはそれはどれだけの情報を誰に伝えることなのでしょうか？

「いざというとき」に有効に機能するために、ふだんから携帯率を上げるためには学校でどのように指導すればよいのか、また、家庭では保護者も機器の性能をどれだけ期待するのか、それも誰もまだ知らなかったのです。防犯上万能なツールであるかのように期待しすぎたら、どのようなリスクが発生する懸念があるのか、地域の協力者にはどのようなタイミングでどれだけの出動を呼びかけるのか？　課題は山積していました。

たとえば一つの事例で、子どもがピンを抜いて警報が発信され、センターがそれに対応すると、どうも誤発信であったかのような反応があったとしても、もしかすると、それは不審者が子どもを脅してそう言わせているのではないか？　という可能性を考えなければなりません。単に子どもの反応だけから判断するのではなく、「まもるっち」のマイクが拾う周囲の環境音から総合的に判断しなければならないし、保護者に安全を確認するところまでフォローし続ける必要があります。

しかしそれは、確率的には低い可能性なので、たいていの場合は、保護者から「単なる誤発信に対してくどすぎる対応」と思われてしまう。また、これは緊急性が高いと判断してセンターから一一〇番で警視庁に通報しても、警視庁の側が適切な対応をとれるか。「品川区ではまもるっちという機器があるので、区役所内から直接の通報が来ても、事件は通報が発信されたセンターとは違う場所で起きていることがある」という理解をしておいてもらわないと、そのことの説明に追われて迅速に対応できないことがある。品川区役所の担当課長さんは、こうした膨大な「関係各位」に対する説明をすることになりました。

満足解の模索

端末や機器の側、ハードウェアを開発するうえでの問題解決は、目的に対応して駆使しうる解決手段のうち最適のオプションを選び出すという、「理詰め」で判断が下せる種類のものでした。しかし、そのハードがよく機能するための各関係者の行動様式、つまりソフトウェアの開発は、「ヒトビト」がどう振る舞うかという、文化的問題であって、何が最適だと合理的に決定できるものではありません。「とりあえずこのように行動するように打ち合わせたら、それなりにシステムが機能するのではないか」という、「満足解」の模索にならざるをえないものでした。

そうしてマニュアル化されていったノウハウは、「まもるっち」にかかわる多くの人のまさに「振る舞い」のありようをすり合わせていったものでした。いわば、「まもるっち」も社会に適応しつつ、社会も「まもるっち」に適応することが同時並行的に進行したプロセスだったわけです。

この時点で、まだ他の何とももどんな競合さえもしていないのに、この新企画商品は、そのコンセプト以外はあらかた当初の設計から形を変えたわけです。そしてそれは、「まもるっち」の関係者たち、つまり子ども、保護者、地域の協力者、システム管理者、ひいてはその人たちの連携によって行動を抑止されるであろう潜在的不審者も含めて（！）、それぞれの「振る舞い」を機器の側も織り込みつつ、また、コントロールしようとするための、「折り合い」をつけるものでした。

第6章を思い出していただきたいのですが、フットマーク社の「アクアスーツ」の開発の事例は、それまでになかった「水中運動用水着」を新たに企画開発するケースでした。その過程で、着脱性や保温性などの、商品に求められるスペック要素間のトレードオフをどうやってバランスを取り、解決するかという問題を解くものでした。

試作品を現場に出してみることで、具体的な消費者の体温の上昇とプールの水によって奪われる熱量の綱引きのデータを取り、どのように差配するのが、塩梅が良いのかという解を求めることが課題でした。それも確かに「現場でいろいろとやってみなければ解けない問題」なのですが、問題は技術的なものであり、水中運動用水着というコンセプトさえ創造されれば、そのスペックは事前に最適解が決定されていて、それを開発担当者が発見するタイプのものでした。

「まもるっち」のケースは、最適解にたどり着くのではなく、ある満足解についての社会的合意を形成すれば、それが「今のところの正解」である、という性質の問題でした。

もし、「まもるっち」のコンセプトに基づいて本気で最適解を求めようとすれば、機器を取り巻く「関係各位」がいざというときにどのように振る舞うかをすべて把握しなければなりません。しかしそれは、神ならぬ身の人間である開発者には不可能なことである。それは「まもるっち」が実際に発揮する機能に関係する要因が多くて、限定しようにも難しいからです。

「アクアスーツ」は、それがまだしも単純でした。

ということはやはり、「まもるっち」は、ハードがまずどのように機能するか、という技術の問題を解決するだけではなかったのです。さらに、それを社会がどのように使いこなすためにどう振る舞うか、という文化の開発の問題を解決しなければならない商品企画でした。それは一般的な工業製品の開発よりも面倒な苦労をたくさん伴いました。しかし、文化を開発することの意義は、むしろこの後に「効いてくる」ことになります。

■「家元」の優位性

その後「まもるっち」は、二〇〇五年一二月に品川区立の全小学校へ、翌年二月からは区内在住の私・国立小学校生の希望者に対象を広げて、二〇一二年度の開始時点では約一万四〇〇〇人の小学生に配布されています。登下校時の携帯率は九七％に達しています。二〇〇六年度から一二年度までの間に、区の教育委員会に報告される「不審者からの声かけ事案」は四分の一になり、確実な抑止効果をあげているといえるでしょう。緊急対応が必要と判断されて保護者・学校・地域の協力員・警察などに連絡されたのは、二〇一二年度は一〇月までに一〇件、いずれも大事に至る前に事態を収拾できました[2]。

区役所内のセンターに詰めているのは、警備会社から派遣された専門のスタッフですが、い

(2) 二〇〇七年一一月には、小学三年生の男児を殴りつけた男が「まもるっち」からの通報で逮捕されるに至っています。また、未遂に終わった連れ去り事案もありました。

ずれも子育て経験がある女性のオペレーターが配置されて、興奮した子どもたちが安心するように語りかけるなど、人選からよく考えられています。事案によっては、恐怖で口がきけなくなった女の子のケースなどもあったそうで、これはオペレーターがよほど子どもの心理をおもんぱかった対応をし、周囲の環境音からも状況を判断するといった配慮がなされたように、ノウハウが蓄積されています。

いざというときに、子どもがどのような行動を取るかという「振る舞い」の問題に対応して、ハードウェアの細部の設計も改良されていきました。設計の細部では、知らない人には「どうしてここがこうなっているのか」わからないような工夫もあります。たとえば、不審者が「まもるっち」を介した通話を妨害しようとしてもしにくいように、ハンズフリーで胸から下げた状態でも十分周囲の音声が拾えるような、低集音性のマイクが子機に搭載されています。

また、誤発信の際には一見不便なようであっても、一度警報ピンが抜かれると、センターが安全を確認するまでは電波の発信は誰がどうしようとも止まらないようになっています。これも、いざというときに不審者がどう行動するかを踏まえると、合目的的なスペックが採用されているわけです。これもやはり、ハードを取り巻く社会的なソフトウェアとじっくりすり合わされた結果の蓄積であって、デザインが非常に成熟してきている、ということがいえます。

そして、地域社会が一度この「まもるっち」のハードとソフトに適応すると、ユーザーたちが積極的にそれが「あるのが当たり前」という生活感覚を開発していきます。子どもたちや保護者、地域協力者たちの生活様式に新企画商品が定着するということは、社会の認識面で事実上のスタンダードが確立される、ということです。

キーボードのQWERTY配列の例を出すまでもないでしょう。ある生活上の問題解決手法を策定するうえで、白紙の状態から一つのライフスタイルが普及するコストと、一度普及したスタイルを書き換えるコストを考えると、まず最初に白紙の状態から普及させるほうが生産的でしょう。

もし他の通信サービスのキャリアが「まもるっち」の機能を代替する商品を市場に投入しようとしても、また同じ作業をするでしょうか。そのスペックや構造は、一度なじんだ消費者との相性を考えると、嫌でも「まもるっち」類似の形を取らざるをえないでしょう。

仮に携帯機器の充電の保ちや電波の接続性が改善されるような、何かの技術的ブレークスルーで、圧倒的に性能の面で凌駕したとしても、それは一度社会に定着した文化・行動様式の優位性そのものを覆すものにはなかなかならない。これが、ある商品を「技術的に追い越せても文化的には後追いせざるをえない」という状態です。いわば、技術者ではなく、「家元」の優位性です。

都市化する社会にあって、子どもを不審者から護る手段の必要性は、これからもずっと絶えないでしょう（それ自体は遺憾なことではありますが）。ではそのときに、いち早くこの問題に取り組んで、世間的に収まりの良い形を模索し、構築した「まもるっち」は新しい習慣のモデルになりえます。、品川区周辺地域のみならず、世界各地の大都市でも採用される可能性がある、文字どおり「世界商品」化するポテンシャルも持っていると考えられます。

そのときにやっと、「品川宿」から始まった新商品企画は、真価を認められるようになるでしょう。

■社会を変える大局観

新しい企画の商品を社会に投入しようとするとき、その商品は否応なしに社会と摩擦を起こし、社会に適応せざるをえません。しかし、社会が商品を変えるときに、商品も社会を変えている、それが商品の持つ「新しいコンセプト」の力です。トートロジーのようですが、それまでになかったコンセプトの商品は、やはり社会のそれまでになかった側面、未開拓の可能性のありようを規定します。

そうやって一度社会とすり合わされた新企画商品は、単なる先行者の技術的あるいは生産規模上の優位のようなものではなく、社会がどのような問題意識の下で、どのような生活様式をよしとするか、という文化の深層まで、影響を波及させていくものです。

「まもるっち」の例でいうなら、ひとたび品川区という地域で消費社会とすり合わされ、生活者の認識を規定するほど深いところでデザインされた商品は、すでに自分の周囲に「自分と相性の良い社会」をつくり出している、とまで言うことができるでしょう。

それは後追いで書き換えることがきわめて困難になります。仮に突然、通信インフラの不調か何かで「まもるっち」のサービスが停止されたら、どうなるでしょう。地域の消費者はライフスタイルの再設計まで迫られることになるのは、携帯電話を家に置き忘れたときの当惑を考えれば、想像がたやすいのではないでしょうか。それほど、社会はこの商品によって「より安全な子どもたちの生活」の可能性をすでに開発されているわけですから。

「商品企画」の戦略とは、つまりは新企画で社会を変えるくらいの行為です。そのことはつまり、いっそ新しい社会をつくる、それだけのビジョンを持っておく、ということです。ハードウェアだけを見れば、「まもるっち」がそうであるように、設計変更のやり取りをくぐり抜けて、開発が受動的になされざるをえなかったかのように見える面もあります。

しかし、そうやって苦心の改変を強いられたハードウェアが、新しい社会、その文化そのものをつくるツールだと思えば、どうでしょうか。つまり、新企画の商品によって、つくられる最終商品は、新しい社会のありようそのものと考えるわけです。社会に需要が潜在している商品をつくろうというのではなく、新企画商品を受容する社会そのものもセットで形づくろう、という意図があります。そういう視点からのパフォーマンスを考えて社会に働きかけよう、という「大局観」を持って企画から開発、生産の流れに事業努力を落とし込んでいきます。

それによって、事前の社会的洞察に基づいた推算以上に、事後的に新企画商品が社会にフィットしたものになっていく。それは社会の側にも商品にフィットするように働きかける戦略があってのことです。

「まもるっち」は、自治体が開発に関与するという特殊な事例ではありますが、これは社会の側の振る舞いも変化する、ということを説明するのに適しているため、特に取り上げた次第です。しかし、読者の皆さんの身の回りにあるどんな消費財も、モノであれサービスであれ、そもそもその商品のコンセプトから創造された事前と事後を比較すれば、社会のライフスタイルのありようそのものを変えていることが理解できるはずです。

どうせ社会を変えてしまうのが新企画商品であるならば、どのように社会が変わればより良いのか、ビジョンがないようでは無責任である、それだけの可能性を持った行為が、商品を企画するという行為であると思います。

子どもをネットの害から護る

「まもるっち」の当初の構想からモデル運用の頃には、誰も想像がつかなかったことですが、五年ほど前から急に、いわゆる「学校裏サイト」問題が取りざたされるようになりました。子どもたちがネット接続可能な携帯電話を持っていると、ネガティブな感情をぶつけ合って、陰湿ないじめにつながるような書き込みや、わいせつ画像なども掲載される「学校裏サイト」にアクセスしてしまう。しかし、保護者も教員もそれを把握して対応することが難しいのです。

しかし、品川区の小学生の間では、保護者との通話と防犯通信機器としての「まもるっち」が配布されているので、子どもたちがあえてケータイを欲しがる傾向が少ない（得てしてこういうものは、「友達もみんな持っている」というのが購買理由になりがちですが）ので、「裏サイト」の害からは比較的免れているのだそうです。

「品川宿」の技術者たちが最初に企画構想を始めた頃には、具体的に「裏サイト」のような存在はむろん想定していませんでした。それでも、「子どもたちがアクセスできる情報をハードの段階から厳しくフィルタリングする」ことを商品のスペックとして織り込んでいた背景には、ごく健全で真っ当な教育観や社会観が商品コンセプトを貫いていました。

結果として、それが予期せざる社会の変化に対しても、期せずして有効な対策として通用することになったのは、地域社会で生活する企画・開発者たちが、大人としての常識を持って、ユーザーやその集団に関する見方、つまり、成熟した人間観と社会観を駆使して機能設計を行ったからといえるでしょう。

その意味では、成功する企画とは何かトリッキーな知的ジャンプである面もないとはいえません。しかしまた、健全な常識や道理の推すところを真っ当に突き詰めて、それと社会の乖離に問題を見出す営みでもあるのです。

■新商品が開けるパンドラの箱

最後に、「まもるっち」が世間になじんでいく経緯で起きたエピソードに触れます。

ある小学校の男子生徒が、続けざまに「まもるっち」の誤発信を起こしてしまいました。当然その警報は区役所のセンターに伝わるわけですが、そのときの男子生徒の対応の物腰から経験を積んだオペレーターが不審に感じて、彼の事例はただ単なる誤発信ではないのではないか？ と推測しました。学校に問い合わせてみたところ、同級生にいじめられて、「まもるっち」で殴られたりしていたようなことがわかり、担任が改めていじめに対応することになった事例があったそうです。

もちろん、このようなハプニングは、「まもるっち」を運用するうえで想定されていたものではありませんし、たまたまの例でもあるでしょう。しかし、ここからわかるのは、新しい人工物が世間で使いこなされていくうちに、それは使い手によってさまざまな事前の想定外の特性を見出され、それがひょんなことからまた新しい認識を導くこともある、ということです。ここからまた、何か新しい問題の意識化、解決につながることもあるかもしれません。

今までになかった新企画商品を消費社会に新しく投げ込むことは、時に予期せざる反応を呼び起こして、多くの波紋をあちこちに広げていくという意味で、まるでパンドラの箱を開けるような行為です。それでも、商品を目にし、手にする社会の側が、それによって、より良い暮らしのありようを開発していく。その可能性が確かに新商品によって広げられていきます。

それをまた企画者が自らに有利なように取り込み、ビジネスを広げ、消費者のライフスタイルを豊かに洗練させていく。新企画によって開けられるパンドラの箱の一番底には、確かに何らかの「希望」が、確かにあります。

新企画の商品を世に出すには、ハードウェア開発後に、それが適切に社会で機能するか、ユーザーと関係者たちの文化、行動様式、ソフトウェアがうまく構築される必要があります。しかし、実際にはそこまで見据えた戦略を考えているでしょうか。

そして、その商品が革新的であればあるほど、このソフトウェアの構築プロセスは事前の予測が困難な要素が増えますが、それを商品に取り込んでいくことで商品と「世間」の相性を高めることができます。性能の改良と違って商品の新企画は、それを使う社会のありようそのものを変えるからです。

ということは、商品と社会をセットで開発するつもりで、最終商品である「暮らし」をデザインするビジョンを持っていなくてはなりません。そのために必要な知識を、「ものづくり品川宿」の技術者たちはどこから入手したでしょうか。

地域社会の一員として、この「おやじ社長」たちが「ご近所」から得たヒントを、自分の仕事と結びつけて活かすことができました。ここにはマーケティングリサーチの専門業者に発注して得られる情報とはまるで違った、問題意識そのものを新しくする情報があるのです。

■意図せざる知識獲得

前章の「パルスチェア」と本章の「まもるっち」、二つの商品開発の事例を紹介しましたが、これらの共通点は、「最初の問題設定のきっかけになった情報は、事業組織の手によって意図的に手に入ったものではない」ということです。

パルスチェアのときは、障害者医療に携わる研究者たちが、日々の実践から「第三のカーブ」に気づき、そこで得た知見の情報が「たまたま」オフィス用品業界の有力企業である内田洋行のオフィスチェア開発チームの耳に入ったのです。

まもるっちのときは、ものづくりのベテランが「地域住民」という立場で議論していたときの「ご近所のゴシップ」からヒントを得て、その同じ人たちがたまたま製造業に携わる企業家でもあったという「時間差一人二役」だったわけです。

「会社員」という立場は、職務遂行のためにもふだんは「会社員フィルター」のついたメガネをかけている。しかも、それがあまりにも日常的なので、そのことをめったに思い出さなくなっていると、傍から観察・研究をしてきた私は「研究者フィルター」を持っている立場から思います。それらをかなり自由自在に外し、掛け替えられる達人も、ごくまれにはいるようですが、そんな人はめったにいません。

それでは、新しい問題の開発のために必要な知識を社会から取り込むためには、何かそういう「良い偶然」が勝手に起きるのを待つしかないのでしょうか。たまに起きるそんなハプニングをできるだけ活かすこと、それも有効ではありますが、そもそものハプニングの可能性を増やすことはできないのでしょうか。しかし、可能性を人為的に増やせるなら、それは普通のプロセスではないでしょうか？

社会に対してオープンな組織、というよりもむしろ、社会がすなわち商品開発組織であることの意味は、この「意図せざるコミュニケーション」にあります。終章では、本書のまとめとして、この問題を掘り下げます。

終章

希望はどちらにあるか

■明日のためのビジョンを持てるか

第2章で紹介したライフネット生命社長の出口治明さんに出会ったときに、出口さんがおっしゃっていました。出口さんにとっての仕事とは何かということを聞くと、それは世界経営計画のサブシステムである、と答えられたのでした。

つまり、この世界をどう理解し、何を変えたいと思い、自分はそこで何ができるか、何を分担するのかということなのだ、とおっしゃったわけです。

私が非常になるほどと思ったのは、そもそもこの世界をどんなふうに持っていきたいというビジョンがなければ、今まで世の中になかったような新しい商品が生み出せるものだろうか、ということでした。それは実は、生命保険という大きな社会システムを担う制度としての大きな商品ももちろんですが、日本で数百人くらいしか使わないであろう障害者向けの商品でも、やはり同じことです。

どういう世界が望ましくて、自分はそれにどうやって今の世界を近づけていきたいのか、そのために自分は何をしていくのか、そのツールとしてどんな商品を自分は開発するのか、という意識なくして何かしらの新しい価値を創造できるものでしょうか。

確かにある意味では、これは不遜で僭越な考えかもしれません。私たちが何も考えなかったとしても、やはり世界は動いている。その中でずっと昔から続いていて、未来まで続いていくであろう生活の平凡さは、それはそれで愛おしいものだと思いますが、新しい商品を開発するということは、あえてその不遜さの一翼を担うという行為にほかなりません。

ビジョンも何も持っていないとすれば、私たちの仕事は非常に楽なものになります。とりあえず今取り組んでいる仕事を、よりコストパフォーマンス良く成し遂げるだけでも、確かに私たちはしばらくの間、付加価値を創造できてきたかもしれません。

それだけで良いとするなら、いろいろな無駄を省くことができます。今自分が取り組んでいる課題に直接関係がない情報を手に入れようとする必要が全くなくなります。それぞれの部署がやるべきことも、固定することができます。それならば、部署間で無用なコミュニケーションをする必要はなく、最低限のコミュニケーションで所定の目的が達成されるという期待を持つことができます。

社会のダイナミックに変化する可能性を見くびると、こんなにも仕事は安易になります。そうした組織では何が発達するでしょうか。

それぞれの個人の情報を取捨選択するフィルターが、どんどん今日の仕事のために特化していきます。それぞれの部署の情報を取捨選択するフィルターも、全社でのフィルターも、今日の仕事のために特化して、目がどんどん細かくなっていきます。効率もどんどん上がります。そして、知らないうちに起きている社会の変化からどんどん目を背けることになります。

もしかすると、そのフィルターの向こうで、今のビジネスモデルの基盤を脅かすような変化が起きているのかもしれない。だとしても、当面それを見ないようにすることこそ、今の組織や仕事に適応しやすくなるという状態に私たちは容易く陥ってしまっているのではないでしょうか。

ここで、また大きな組織を批判しましょう。自分のいる企業は確かに事業不振が続いている。しかし、まだ潰れはしまい、まだこれまで築いてきたものがあると思っているうちは、フィルターの存在にさえ気づかないままです。

「もしかしたら、近いうちにうちが潰れるかもしれないし、わが社には資源の蓄積もないため、常に社会の変化に耳を開けていないといけない」という危機意識を持っている企業ならば、いくらか事情は違います。自分で自分にかけているフィルターに敏感になり、それをときには外してみようという意識が維持されます。

大きな組織の人々は、理屈ではこのようなことはわかっているかもしれません。しかし実際は、自分でこれまで目を向けていなかったものに目を向けようとしても、なかなか動きに動けない。職務権限や予算や部署内の立場などのハードルを明日から超えることにしようか、という日々が続いている状態ではないでしょうか。

■事前決定論の罠

この本では、今まで技術や機能に偏ったものづくりではなく、新しい問題の設定から根こそぎ開発する手法で、ひいては新しい文化を開発する手法について考えてきました。実は経営学の製品開発論の分野でも、この種の新しい問題設定に基づいた新しい商品の開発をいかに行うかについては、まだあまりにも考察の蓄積が少ないのです。

新しい商品を開発するとは、そのことによってどのように社会を変え、どのような未来をつくるか、その構想から形に落とし込むということです。そのときに、マーケティング論でよくいわれるような、メーカー側がまだ気づいていない消費者の潜在ニーズをきちんと目をこらして発見しよう、という「潜在ニーズ発見論」には、私はあまり共鳴できません。

もちろん、第6章のフットマークの事例のように、商品を使用する生活者がどのように考えて行動しているか、リサーチすることは重要かつ有益なことではありますが、そちらばかり考えることで、罠にはまっている可能性も忘れてはいけません。その罠とは、「生活者が望む商品や生活の形はあらかじめ決まっているが、それがわからないだけで、したがって、あらかじめ決まった形のニーズが今は見えないだけで、あらかじめ存在している」という事前決定論的思い込みです。

実際には、生活者はいろいろな暮らし方に魅力を感じ、新しい問題設定に適応し、かなり自由にさまざまな価値を享受するように価値観が変化する可能性の幅、偶有性が存在していると考えなくては、説明がつかないことが多すぎるのです。

もし私たちが感知していないだけで、あらかじめ人間にとって有益なライフスタイルやしあわせな暮らし方の形が潜在的に存在しているならば、いろいろな社会で発達する消費文化や商品の形というのは、なぜこれだけ多様なのでしょうか。

現代では、技術知識や資源の制約条件はグローバルなレベルでかなり均質化しており、経済力格差こそあれ、それはある暮らし方が早く普及するか遅く普及するかぐらいの違いに収斂していてもおかしくはないはずです。

しかし、そうした観察が成り立つのは、実は新しい文化を開発するマラソンの第二集団より後ろでしかありません。最先端を行くフロントランナーにとっては、自分が開発する文化が事後的に社会のニーズとなるのです。

確かに生活者の行為に対する観察は有益です。しかしそれをする主体の意識が事前決定論にとらわれていては、商品開発主体の創造性を大きく損なってしまうでしょう。

もし自然の物理法則のように、実はあらかじめ消費者が望んで暮らしの形が決まっているというのなら、商品開発者たちは自然科学者のように、堅実にその心理を覆い隠しているベールをはぎ取っていけばよいことになります。自分から素敵な暮らし方、よりしあわせな暮らし方を構想して社会に普及させていくような、そのような怪しき創造性の発揮を求められるいわれなどない、ということになるでしょう。

なぜこうなってしまうのでしょうか。そのほうが実は気楽だからです。「正解」は自分たちにかかわりのない、あずかり知らないところですでに決まっていて、それを頑張って探しに行くというのなら、問題は調査研究の作業量と効率に還元されます。そこでは開発者たちは愚直な作業者であればよくなり、社会のビジョンを構想するうえでの意思決定の責任を後で問われるような心配をしなくてすむようになります。

こういう問題には第5章でも触れましたが、「良い商品」の正解はすでに決まっているという仮定に立つなら、戦略とかビジョンとかなんとか難しいことはあまり考えずに、ただ無難に「調べ物」をこなしていても、外野から文句を言われる心配がありません。そして、それはいかにもカガクテキで「理系」出身の担当者たちの長年親しんだ世界観にもフィットするので、開発組織内に無用な波風も立ちません。

しかし実際には、「良い商品」の正解が何かという問いの答えは、あらかじめ決まっているものではありません。こちらの働きかけようで正解にも不正解にもなりうるのです。なぜならば、商品の良さというのは文化的・社会的文脈における価値の問題であって、技術論で完結しうる機能の問題ではないからです。

そのことを前章までひたすら力説してきましたが、だとすると、「正解」を探しに行っている開発主体は、そのことで本来は自らのつくる商品を「正解」にするための働きかけに回すべき労力を空費していることになります。

これにトップの問題も絡んできます。私が大企業の開発部門の方にインタビューをしていて、自己紹介をしているときです。「もともとは中小企業やベンチャー企業の研究をしていたのですが、その後、新しい市場を創造するようなユニークな商品開発に興味を持ちまして、今は企業規模にはこだわらず、そういう新しい商品の研究をしています」

こう言うと、先方はある程度はリップサービスもあるのでしょうが、多くの方が同じことを言います。「いやあ、うちだってただ人数が多いだけで、内幕は中小企業みたいなものですよ。泥臭いことをひたすら泥縄でやっていて、経営学の本に出て来るような格好いい戦略なんて、誰も考えていませんよ」「いえいえ、そういう点こそ大事だと思うので、そのあたりのお話を聞かせてください……」

ここで研究者の自己批判につなげるとすれば、やはり主としてアメリカからの輸入学問として始まった日本の経営学は、日本の土俗的な組織風土をきちんと捉える枠組みの構築がいまだ十分でない面があるでしょう。少なくとも「現場」の融通無碍で臨機応変な文化なればこその強みをしっかりと評価することが遅かった、ということはいえると思います。

ただ、一つ指摘をするとすれば、確かに日本の大企業も生産や開発の現場は、ベタで泥臭い泥縄な風土という意味で土俗的な「中小企業」のイメージに通じるかもしれません。しかし、優れたパフォーマンスを発揮する中小企業は、現場は現場でベタで泥臭いなりの強みを模索しているうえに、トップはトップで必死に商機を求めて社会を探索している人が多い、ということを見逃してはいけないのです。

ユニークな商品開発の実績を上げている中小企業のトップは、これまでに本書で紹介したフットマークの磯部成文さんが典型ですが、全身をハリネズミのようにいつもアンテナを張りめぐらせて、何か社会で新しい商品が受け入れられる可能性はないかと探っているものです。

それでは大企業の場合、やはり現場は「中小企業」的であったとしても、トップも「中小企業」的といえるのでしょうか。多くの大企業のトップは、企業組織が大なるがゆえのさまざまな問題に対応するための仕事が山積していて、社会の探索どころではないのでしょうか。

すると、どうなるでしょう。現場は泥臭く日々の仕事に対応しているものの、トップはその現場からは手を出しにくい業務には手を着けません。つまり、社会の変化に対応して新たな市場を創造するような新しい商品の可能性を構想模索する、その商機を見出すことがおろそかになってしまいます。

その結果、その会社の商品はコストダウンくらいしかすることが残っていない成熟商品ばかりになってしまいます。組織が取り組む新しい問題に結びつく、社会の探索は誰かがやらなければならないはずなのに。ベタな現場でも忙しいトップでもない、新しい「立場」をつくるべきではないでしょうか。つまり、この本でこれまで触れてきた、「問題開発」を専門的に行う部門です。

それならわが社には「企画部」がある、という声もあるでしょう。しかし多くの「企画部」組織でなされていることをよく見れば、実は機能設計プロセスを「企画する行為」と呼んでいるだけにすぎないということがあります。たとえば「冷食加工ロボットの次世代モデルを企画しようとしています」みたいな表現をよく聞きますが、それではもうすでに何を開発するかはほぼ継承的に決まってしまっています。つまり、企画しようというときにすでに思いっきり過去の惰性が働いています。

それでは、新しい問題の開発から手を着けるような、根こそぎ新しい商品の企画に携わるには、どのような組織・人材がふさわしいのでしょうか?

■問題開発者向きの人材

その問いに答えるためには、率直に、私のこれまでの観察から得たところをまず披露すべきと思います。これまで私が取材させてきた、ユニークな商品開発の実績を持つ人たちには、これから述べるような共通する傾向がありました。

社会を観察していれば、いろいろな人がいろいろなことに困っている可能性が垣間見えます。ただ、たいていの人は、それにより掘り下げて取り組もうとはしません。しかし、何かが意識のアンテナに引っかかる、というタイプの人がいます。

その場合、いったい何がアンテナに引っかかるのでしょう。それは、自分だったらこれはこういうふうにやったら解けるかも、というように、意識が取りかかろうとする前から無意識に選んでいるのです。そのように意識化する前から共鳴していなかったならば、これを問題開発の題材として取り組まなかったのではないかという事例は、しばしば観察されます。

なぜそう推測できるかというと、結果としてうまく成果に結びついた事例を多数見ていると、結局は身近なところに解決手段があったものばかりだからです。それは偶然でしょうか。いや、どうも偶然ではないのです。

では、なぜ人間は身近な資源で解ける問題に取りかかって、身近な資源で解けそうにない対象には、なかなか取りかからないのか、ということを考えると、まずそれを選択しているのは、着手のときに原因があるようなのです。なぜかといろいろと考えると、おそらくこうではないか、という仮説を立てられるようになりました。

たとえば、こういうことを課題としようと取り組んで、それがなかなか解けなかったら、取り組んだ主体にとっては、自分の精神的負担や気苦労になります。そうすると、自分の気苦労になることをわざわざ背負い込むことは、誰にとっても嫌です。ということは、おそらくそういうものは、そもそも無意識のうちに目を背けている、目に留まらなくしている節がありま す。

この問題に取り組んでみようと思うとき、すでに人間は、なんとなく自分と相性が良さそうなものを選んでいます。いろいろなアイデア商品企画者の話を聞いていると、そう思わざるをえません。「取りかかってみたら案外すんなりいけた」という話をよく聞くのは、おそらく取りかかる前に自分と相性が悪い問題は、無意識のフィルタリングで落としているのでしょう。

心理学的には、これと似た現象には「カクテルパーティ効果」という名前がついています。にぎやかなパーティで、なかなか他の音は聞き取れないのに、どういうわけか自分の名前だけは呼ばれているのが即時に聞き取れる。これはつまり、本当は音声情報としてはもっと多くがきちんと耳に届いていて、それらの音声から自分に関係がありそうかなさそうかというフィルタリングも、人間は気づかないうちに行っている。関係なさそうな情報は、意味あるものとして意識にのぼらせることさえしていなかっただけ、ということです。

これと似たことが、どうも音声情報ばかりでなく、目に入る文字や何かの機械が動いている様子や、人の動きや、見慣れぬ挙動をする素材など、いろいろな観察すべてで起きているのではないでしょうか。そうだとするならば、ものづくりにせよサービスにせよ、これまで豊富な体験から自分の引き出しにネタが多くある人こそ、それらになじみの良さそうな現象を社会で見つけやすい、ということがいえるでしょう。

そうすると、たとえば消費者アンケートの限界もわかります。具体的なソリューションのネタから遠いところに多くの生活者はいます。その人たちが商品の改良ポイントなどを言っても、結局は非現実的なものといいますか、解けそうにないことを言っている可能性が高いということになります。

もう一つはメンタリティの問題です。たとえば第3章で紹介したファイン株式会社のレボUコップを開発した清水和恵さんです。首を曲げられないで水が飲めないでいる人たちを見たとしても、もし清水さんが優しい人でなければ、「そういうことってあるわよね。しょうがないわよね」で終わっていたでしょう。清水さんだけでなく、ユニークな問題の開発に成功する人は、例外なく気配りが行き届いて、優しい人柄の方ばかりです。

つまり、自分はそれで困ってないけれども、もしかしたらそのことで困っている人がいるのではないか。あるいは、自分たちでこれは当たり前だと思っているけれども、人間がそういう苦労をせずにすむなら、させないであげるのが、商品を開発する人間のやるべきことではないのか。そう思わなかったら、問題の開発や発明なんて何も始まりません。

新市場を創造するような新商品の開発が不活発な組織にも、探してみれば実はこういう人材が隠れているのではないかと思います。しかし、その人たちが活躍して真価を発揮するためには、まずその人たちが社会で情報を集めてこられるような制度の整備と、それが成果につながるという自覚を確立しなければなりません。そのためには、さらに工夫が必要です。

■必然的偶然を起こすには

先にも触れましたが、私は東京城東の下町をかなり取材してきましたが、そこで「ユニークアイデア経営者」と呼ばれるタイプには、親切で面倒見がいいという共通した性格がありま す。私が東京で一人暮らしをしていますと、「三宅さん、ご飯食べていきなさいよ」とか、「お正月はどうせ一人なんでしょ。だったら、元日からおせちを食べに家にいらっしゃいよ」とか、「何か暮らしで困っていることない?」などと、こちらが恐縮するほど気軽に誘ってくれます。

良く言えば親切、悪く言えばお節介にもなるのですが、そうやってふだんからいろいろなことに気を配っているので、新しい問題に気づきやすい。これはまずは人柄の問題です。学歴とは全然関係ありません。結局は他の人の悩みも、自分のことのように悩める性格というのが、新しい問題を開発できる必要条件なのです。

こういう事例を面白がって製品開発研究者の集まる席などで話すと、「三宅さんのこの話は面白いけれど、その話を聞いていると、その商品を企画開発するに至ったきっかけというのが、そのとき元ヤクザの悩める老人が訪ねてきた、という話みたいに偶然のことが多いですね。それは事例としてはユニークでも、理論的応用はどうなりますか?」とよく聞かれました。

私も最初はレアな話すぎて、論文になるかなと思ったのですが、やはりこれは単なる偶然とは違うのです。一人のアイデア社長を追いかけていると、いろいろなユニークなアイデア商品を出しているのがわかります。そのアイデア商品がたまたまこういうコップか、こういう介護用品か、こういう水着かというのは、それは運命的な出会いで、運とか縁がなせるものです。

しかし、そういう縁に引っかかるように、そういう運に引っかかるように、社交性を広げて、いろいろな人の問題のきっかけの情報をいつも心に引っかかるような態度で生きるかどうかで、とにかく何かのきっかけには当たる、つまり、安打数が全く変わってくるわけです。

たとえるならば野球では、いくら天才打者のイチロー選手でも、打ったヒットがどこに落ちるかは、かなり偶然です。しかし、やはり打率が高い打者、低い打者の差があるわけです。具体的に何を目がけて成果をあげる、までは制御できなくても、何かの成果には喰らいつく、たどり着くというのは、良いほうにコントロールできているわけです。

商品開発で打率が高い打者というのは、そういうネタに引っかかりやすいところにいて、潜在的な解決手段に近いところにいて、しかも情に厚い人だと思うのです。そしてさらに、その人が勇気を持ってそのネタを掘り下げることがやりやすい立場にいることが条件のようです。

私がよく取材するアイデア経営者というのは、だいたいがオーナー経営者かその夫人です。なぜかというと、ふだんから一番自由な発想ができるからです。上司に報告する責任がありません。自分が最上司だからです。そうすると、「あんた最近、なんであんなおじいちゃんの愚痴聞いてんの？」と言われないで、自分が堂々と胸を張ってできるわけです。

他にも、社会から問題が転がり込むという共通点があります。ユニークなアイデア社長みたいにある程度有名になると、町内中から、こんなことに困っている、あんなことに困っているという悩みが転がり込んできます。多くはすぐ解決できる問題ではありませんが、ここにはたくさんのヒントが詰まっています。

たとえば、ある会社が新しい市場創造のための事業展開のヒントになるような情報を社会から求めるといって、マーケティングリサーチ会社に頼んだとしても、マーケティングリサーチ会社にはこうした情報は集められません。私も大学院生時代にアルバイトでずいぶんそういう業者さんの下請けをやりましたが、リサーチ専門の業者は、調査内容の具体的な枠組みを振られて、それに対応するためにアンケートを取るのが仕事です。

前提のないところから、社会でこんなことに困っている人がいるのではないか、というような抽象的な問いに応えられるマーケティングリサーチ会社などは、ほぼ絶対にありません。というのは、これはリサーチ技術の問題だけではなく、調べる側のビジョンとメンタリティの側の問題だからです。ですからリサーチ会社では、まだその正体はよくわからないけれど、世の中で何かに困っている人はいないか、というような話は、まずアンテナに引っかかりません。

何歳くらいの潜在消費者の誰が何人ぐらいどこにいるかということは、ある程度の調査でわかるかもしれませんが、それには莫大な費用がかかります。しかし、一度あのオッチャンにだったら、最近少し困っている、ということも打ち明けてみようというように、リサーチ会社に頼んだら何百万もするような情報が、向こうから頻繁に飛び込んでくるようになるのです。

なぜ、そうなるのでしょうか。私たち人間は何かをしようとするとき、どうしても、希望や期待を必要とする動物なのです。学生の勉強を見ていても如実にわかることですが、今やろうとしている課題がうまくいくかもと思っているときと、とてもうまくいかないと思っているときで、全くその人の観察力も行動力も変わってくるものです。

そもそも、新しい問題を設定しようというときに、端からその問題が解けそうにないという認識があると、その問題を問題として設定することさえ、無意識に避けてしまっているのではないでしょうか。ということは、多くの現場で経験を積み重ねてきた数々のベテランたちが街に出れば、私たちはまだ多くの新しい問題を開発する可能性があると考えます。

■混沌の持つ可能性

ただ、そうした人たちが果敢に社外に新たな問題開発の可能性を探しに行くということは、そう簡単なことではありません。というのは、新しい問題につながりそうな状況というのは、現象的にも概念的にも混乱した、混沌とした状態にあるからです。

会社の中の整然とした環境に比べれば、現場の問題はいかにも整理されていないし、それをどのような名前で呼ぶのかも混乱していて、誠に不効率で能率の上がらないのはこのうえありません。しかし、そうした混沌こそが、それを整理することで新しい可能性を生み出す母体なのです。物事がすでに整理されているというのは、そこからビジネス的旨味を産む可能性も減らされているということです。

本書で紹介した、フットマークの磯部さんのようなクリエイティブな商品開発者を見てきた私が確信していることがあります。

成功した商品開発者を見ていると、確かにさまざまな運や縁にも恵まれていることは否定しようがありません。しかし、その人たちが運や縁に恵まれるために、なすべきことをなしていたことは、もっと疑いようがないことです。

自分と違う考えの人、自分と立場が違う人、自分と違う欲求を持っている人、自分と違う技術や経営資源を持っている人と、他者と他者として真っ向から交流し情報を取ってきてこそ、未整理の混沌の中から良い偶然を必然として発生させることができる。それを社内に持って帰ってきて、取り込んで、新しい市場創造につなげる、そういう生き方が確かにあるのです。

悪い意味で「計画的」な組織、それに属している人は、得てしてその逆ばかりやっています。会う前からどんなことを言いそうか事前に予想できる人、会う前から会えばどういうメリットがあるかはっきり知れている人、つまり、目先の底の知れた打算の限りで、会いたくて会おうとしている人とばかり会うようになっています。

それと共通する土壌にあるのが、今日本中で流行している病だと思いますが、「何でも検索してわかったつもりになる」症候群です。意味を説明するまでもないでしょうが、あくまで予習の段階で補助的にしか使うべきでないインターネット上の情報にアクセスして、検索エンジンに水先案内を委ねているだけの人が何と多いことでしょう。

自分の貧弱な認識の時点で思いつく検索ワードから、数珠つなぎで量だけは豊富にヒットする「想定内の情報」ばかりが目に入ると、自分の「現時点でのものの見方」がどんどん強固になってしまうばかりです。今は人類の歴史上でも、自分があらかじめ興味を持っている分野の莫大な情報がこれだけ手軽に手に入る、という意味で前代未聞の環境ができた時代だと思いますが、その弊害に対する警戒はいまだ足りないのです。

つまり、「あらかじめ知りたいと思っていた情報に目を通すだけで日が暮れる」状態で、しかし、その「あらかじめ」の外へ出ない限りは、自分で手間をかけ、他者と交わってこそ手に入る種類の情報は手に入りません。いくらでも自分が今いる居心地の良いタコツボを探索してネタが尽きないので、統合がお留守になっています。何より統合の必要性を意識できる人材が、育ちにくくなっているのが問題ではないでしょうか。

しかし、そういう「未知への畏れ」を失った組織、世界をわかったつもりになった組織は、新しい価値の創造に取り組めなくなります。問題の設定そのものを、書き換えなくなります。

自分たちの組織が取り組んでいる問題こそが解決するべき問題であって、その問題をよりコストパフォーマンスよく解決しようとすることが、自分たちの組織が果たすべき役割であるとだけ思う。そういう認識が、あまりに組織にはびこりすぎると、問題の設定そのものを見直すことができなくなります。

■「まだ名前がない」存在の貴重さ

しかし、それでは成熟分野から新天地に視野を広げることができなくなります。だからこそ、ときには問題の設定から見直そうとしなければならないし、そのための社会の探索も行い、新しい問題に取り組まなければならないのです。しかしそれには、そうした行為は組織的な活動にうまくなじまないという障害があります。

組織はまだ名前が付いていない現象、いわば「未名」の対象について扱うことがきわめて不得手なのです。フットマークのアクアスーツの事例を思い出してください。今でこそ水中運動用水着というと、社会に通じるようになりましたが、まだ世の中にその概念が普及していないときは何とも名前を付けようがない、あやふやな概念から確かな商品をつくり出さなければなりませんでした。

そのプロセスで担当者間のコミュニケーションの混乱を避けるために、フットマークの磯部さんは「寿司屋の出前方式」と名付けた、一人の担当者が商品の開発から販売まで一貫して担当する制度を設けたのでした。そうでもしなければ、まだ世の中にない、概念化されていないあやふやな商品のたまごを孵化させることはできなかったでしょう。

しかし一度商品ができあがり、それを共通した名前で呼ぶことができるようになると、格段に組織で扱うことがやりやすくなります。その反面、できあがった名前や概念の存在は、思考のレベルからそれへの認識を固定化し、私たちの発想の展開を束縛します。その意味で、商品や概念に名前が付いているのはなんと便利で不便なことでしょうか。名前が付いてなければ、私たちは情報を共有することができません。しかし、一度名前を付けてしまうと、新しい現象に目を開くことが困難になってしまいます。

「何か」に貼ったシールが、その「何か」それ自体を見なくてもすむようにしてしまうからです。大きな組織や有名な老舗の大企業で文書で持って情報がやり取りされる。精緻な辞書ができている組織では、すこぶるその便利さを活かしているのはもちろんですが、まだ得体が知れない未名の存在・対象・現象についてどれほど扱いが苦手になっていることでしょう。そして、そのことにどれほど気づかなくなっていることでしょうか。

そんなことを考えていると私は、ある歌の歌詞を思い出します。

名前をつけて冷たすぎるように

シールで閉じて隠して
名前をつけて残酷なくらいに
さあ目を閉じて答えて[1]

私たちは何かに名前を付けてしまうと、それ自体を見る必要を感じなくなってしまうのです。そしてそれは、私たち自身が変われなくなることの始まりなのです。クリエイティブな中小企業の人と話していると、よく「言葉にしにくいが新しい面白そうなモノ」についての話題が展開するのですが、そういうときはたいてい傍らに試作品の現物があり、ともに現物を前にするので、なんとか意思の疎通ができるということがあります。

あまりに根こそぎの批判で申し訳ないと思うのですが、これに対して、大きい立派な組織に属していて、しかも、近年新しい価値を産み出せていないと嘆く人と話していると、製品開発についても諸分野にいろいろと詳しい方だなと思いますが、どれだけ話しても、まだこの「言葉が追いつかない」ような感覚が私に感じられにくいのです。「言葉にしにくいが新しい」存在に話題が至らないことが多いのです。この方は「まだ何と呼んでよいかわからないくらいの新しいネタ」を扱われた経験は乏しいのではないかと思わされることが、たびたびです。

私の研究に長年協力していただいている方に、神奈川県川崎市の産業振興財団の櫻井亨さんがいます。櫻井さんは、川崎界隈のたくさんの優れた技術を持った中堅企業に足繁く通って、縁をつないで十数年になるベテランの産業振興行政担当者です。

櫻井さんに伺った話ですが、川崎で化粧品メーカーに納める、口紅を固める用の粉体成型のメーカーがあったのですが、その会社に、ある有名食品メーカーが訪ねてきました。それは、従来よりも油脂分の配合が少ない、低カロリーのヘルシーなカレールゥを成型できる機械を探してのことでした。

そのマッチングを手がけた櫻井さんが、また別の出会いをつなぐことがありました。それは、そのカレールゥにも転用された口紅成形機を利用して、水拭きできれいに消せるという新しいマーカーである、「キットパス」という新商品の製造に応用されるものでした。それを開発した日本理化学工業という文具メーカーは、それまで炭酸カルシウムからチョークを製造していたので、パラフィン類を固める技術を持ち合わせていなかったのです。

もしいろんな業界に視野が及んでいる櫻井さんのような方がいないで、それぞれの会社がそれぞれの化粧品業界や食品業界、文具業界それぞれの内部ばかりだけ目を向けていたら、このような縁結びはありえたでしょうか。

たとえ各社があらかじめ自社の持っている技術やニーズについて、言語化、データベース化

（1）「青春はいちどだけ」。作詞は小沢健二・小山田圭吾。
日本音楽著作権協会（出）許諾第1212033－204号

しようとしていたにしても、それだけでこのような縁つなぎができると思うのは、あまりに非現実的です。それはちょうど、お見合いパーティの席であらかじめ準備してきた男女のプロフィール情報だけで、縁結びが可能だと思っているような無邪気さでしかありません。

実際には、このような産業間のニューマッチングには、それぞれの経営者の哲学や、微妙な技術的個性、そして取引先との関係などの膨大かつ詳細な情報をあらかじめ、言語情報ではなく実際の見聞を通して把握している人でなければ、絶妙な縁つなぎというものはできるものではありません。

そうした櫻井さんのような人や、フットマークの磯部さんのような人を見ていて、共通しているところがあると、私は思います。それは、自分が今知りえている知識や、自分が今持っている経営資源だけでも、なんとかもっと社会の誰かの問題を解決できないかと模索し続ける、新しい問題を設定しようという強い意欲と、そして新しい顧客への強い共感性です。

その共感性の背後には、ジェントルな優しさがあります。その優しさから由来する共感能力が、新しい問題を開発し、それが新しい文化の開発につながり、新しい市場をつくるような新しい商品になるのです。優しくなくては、新しい市場はつくれません。

■最後で最初の希望

テネシー・ウィリアムズの『ガラスの動物園』という戯曲にこんな一節があります。親の期待に背いてせっかく入ったビジネススクールを退学したローラが母親に問われて答えます。

「ローラ、ビジネススクールに通うふりをして出かけていたとき、あなたはどこへ行っていたの？」

「ただ歩き回っていたわ」

ビジネススクールにまだ学ぶことがあるうちは、そこを出てただ歩き回ることは徒労でしかないかもしれません。しかし、多くの人がビジネススクールで学んで、そこで得たことを活かして、一通り畑を耕し尽くしている時代には、歩き回ることこそが、あまりにも整備されすぎてしまった環境を乗り越えるための、明日を模索する試みなのです。

シュンペーターの言い方を借りるならば、価値を生み出すための結合を生み出すのならば、もう手持ちのカードの中ですべて試されてしまっているときに、どうすればよいのでしょうか。まだ自分たちが結合させたことのない、新しい要素新結合のパターンを、どこに見出すことができるでしょうか。それは会社の外の社会にしかありません。

そしてそのときに、誰か特別に才能あるクリエイティブな能力を自分の内部に抱えている人がいるわけではありません。偶然を必然として発生させる態度を取り続けながら、運や縁に恵まれるための積み重ねをたゆまず続けて、自分の中の引き出しにネタが溜まっていくうちに、やがて新しい価値を生むための、新結合の臨界値を越えるのです。

前章でも述べましたが、私は、それこそ日本の産業を支えてきたような老舗名門企業に頼まれて話をしに行くときに、最後のスライドで付け加える言葉があります。「知らない人と最後に仲良くなったのはいつですか？」

危機感を持っているはずの組織の人ですら、そう言われると虚を突かれた顔をするのはまだ良いほうで、この問いの意味に、にわかに気づけない人も少なくありません。しかし、自分の視野の外に、新しい新結合が存在する可能性があると思わない人に、何ができるでしょうか。

私は経営学の研究者として、たまたま従業員一ケタの会社とも五ケタの会社とも付き合うという珍しい立場に立ってきました。もちろん、小さくてパッとしない会社は世の中に山ほどあります。大きくて立派な会社も山ほどあります。ですから、小さい企業をただ褒めようという気も、大きい企業をただおとしめようという気も毛頭ありません。しかし、新しい問題の設定に基づいて新しい商品開発をしようというときには、ある種の小さい企業組織に勝るものはなかなかないことを痛感しています。

よくできた組織というのは、その組織の出来の良さゆえに、世界からみずからを隔離しても、しばらくは存続することができます。問題は、その組織にとっての「しばらく」がしばしば人間の組織人としての人生の多くを占めるくらい長く続いてしまうことです。歴史的にはほんの一時期にすぎない安定期が、自分の会社員としての人生のほとんどである人が組織の上層部にたくさんいるとどうなるでしょうか。それが一時期のある時期の状態であることさえわからなくなってしまうのです。しかし、それはただの錯覚にすぎません。

最後のまとめの章になって、いろいろと批判的な話もしましたが、私は日本の産業にそれほど悲観的ではありません。むしろ、楽天的に考えているその理由は、こういう話を企業の方にすると、多くの方が自分も何となくそんな気がしていたが、うまく言葉で表現できなかった、とおっしゃるからです。

私たちはしばしば、特にビジネス系自己啓発本を読むタイプの読者は、役に立つハウツーの知識を求めます。どのようにしたら成功するのか、どのようにしたら良い商品開発ができるのか、その方法を知りたがる人が少なくありません。

私もよく企業の人にどのようにしたらよいのだろうか、という問いの立て方で質問されることがあります。私はそのときにいつも答えます。問題はそこにはなく、取り組もうとする問題の設定そのものにあるのだ、と気づくべきだという点にあるのです。

そして、どのようにしたら、それに気づくことができるかと聞かれたら、読者の皆さんは、それに気づき始めているのではないでしょうか。あなたはもう、「問題設定の問題」から目を背けられなくなっていることでしょう。

これこそが問題設定というものの面白さなのです。そのことに気づいたら職場ばかりでなく、その人のふだんの暮らしにも多くのヒントが前から転がっていたことに気づきます。自分が変わることで世界も変わるのでさえなく、これまでもずっと変わり続けてきて、これからもずっと変わり続ける世界に、やっと気づくのです。

そのとき、世界は豊饒なのです。たとえこの本に書いてあることを全部忘れたとしても、その気づきはもう後戻りしない変化です。この本をここまで読まれた読者の方にはもう、この本さえ必要ではなくなるでしょう。

最後に、魯迅の『故郷』という短編のエピグラフを引用します。

　希望とはあるとは言えないし、ないとも言えない。それは道のようなものである。地上にもともと道はない。歩く人が多くなれば、それが道なのだ。

私は、新しい需要や市場や文化や商品といったものも、ここにある道のようなものではないかと思っています。荒野でも歩く人が多くなれば、もうそこはすでに道なのです。

この本が読者の皆さんにとって、新しい道を見つけるための道しるべとなりますように。

あとがき

本書は、東洋経済新報社発行のビジネストレーニング誌『Think!』に連載した「今日から始める企画発想の経営学」(二〇〇八〜〇九年)、「今日から始める明日のためのものづくり」(二〇〇九〜一一年)での内容をもとに、全面的に加筆・修正を施したものです。

本書を書き上げるまでに、さまざまなご縁に恵まれました。今こうして上梓に至って、お世話になった方々は、あまりにも大勢いらっしゃるので、あくまで謝辞を捧げるべき方々の一部であることを断りつつ、この場を借りてお礼申し上げます。

本書で取り上げた商品開発事例に関係された各企業・機関の皆さんが、快く調査取材にご協力くださったことに、心より感謝しております。ありがとうございました。また、本書で直接取り上げなくても、筆者のつたない理解を深める助けをくださった、これまでお話を伺えたすべての実務家の方々。議論を説明するうえで、特に語りやすい事例を本書で多く取り上げましたが、他にもたくさん興味深い事例を調べさせていただいたからこそ、本書をまとめられたと思っています。

さらには、本書の議論の切り口をいくらか新しくすることができたとすれば、それは私がこれまで少なくない「他流試合」の機会に恵まれたからでした。特に明治学院大学の稲葉振一郎先生や、社会学や文化人類学など人文系の優れた研究者の方々と交流した経験は、経営学の研究者として私は異様に多いと思います。フレームや価値観を異にすることもあり、いろいろと行き違ったり、隔たりを実感したりすることも多くありましたが、すべては私の未熟さが原因です。皆さんとまた議論できれば嬉しいです。

また、四〇以上も年の違う若輩の私に、たくさんの文化開発の歴史的事例や着眼の枠組みについて、さまざまな示唆をくださった日下公人先生と西尾忠久先生にお礼を申し上げます。人生の大先輩であるお二人からは、世の中についても多くを教えていただきました。西尾先生は、本書を校正中の二〇一二年七月二八日にご逝去されました。ご存命中に本書の完成を見ていただけなかったことは残念ですが、先生が荼毘に付されるときに、本書のゲラを先生の棺に入れていただきました。天国で読んでくだされればと思います。

そしてもちろん、経営学の分野の恩師に満腔の謝意を捧げます。生来の引っ込み思案で頭でっかちなくせに我を張って独りよがりな私を、町工場や商店街などたくさんの現場調査に連れ出して、いくらかでも圭角を丸めようとされた早稲田大学の鵜飼信一先生。そして、その不出来な私が長年にわたってゼミに居候するのを許し、ひいては、ものづくり経営研究センター研究員として研究の機会を与えてくださった、東京大学の藤本隆宏先生、そして私の青臭い議論の相手になってくださった、藤本門下の俊才の方々にも、どうすれば感謝の念を表せるのか、言葉もありません。

鵜飼先生と藤本先生、両先生の調査手法は、まるでファーブルとダーウィンのようにスタイルが違いますが、間近で拝見して、とてもしっかりと学べたとは不才の自分には言えませんが、それでも自分の中でお二人からの影響が何かしらの化学変化を起こして、今の自分のものの見方、語り方ができあがったと思っています。これは私の貴重な財産です。

「問題発明」とか「文化開発」とか、概念からいろいろと自分なりに工夫しようとしている間に、実は途中で何度も投げ出して、それどころか研究者志望をあきらめようとしたこともありましたが、意地を張ってやってきました。私が意固地になった理由は、経営学の研究者を志した最初のきっかけにあると思っています。

神戸出身の自分が大学三年生の年の一月に、阪神淡路大震災がありました。これが大学院に進学した最大の理由でした。故郷を目にして、どうすればこの街が復興するのか、それは地域の産業の繁栄以外にないと思って、そのために必要な研究ができればと思いました。

そう考えると、技術や資本などの経営資源に恵まれない、ほとんどの被災企業にとって、少しでも現実的な可能性を探るうえで、問題の開発から新しく手がけようとする商品開発手法は、むしろ避けえない選択肢だと考えたのです。そして実際には、そうしたカタストロフィに見舞われたわけではない、たいていの企業にとっても、この手法は取組みを検討すべき課題だと思うようになりました。つまり、本書の問題意識は、「弱者にとって妥当な戦略」の模索から始まったものです。

本書に書いたようなことをあれからずっと考え込んでいましたが、少なからぬ先生・先輩方から「こんなのは経営学の研究じゃない」と批判されたものでした。もちろん、これは自分の力不足や説明のつたなさによるものです。そういうときに、いろいろとかばってくださった鵜飼先生や藤本先生の励ましに支えられて、相変わらず意地を張り続けました。先生方には本当にご迷惑をかけました。

異分野の人には、「あなたは経営学の畑の人らしくない、むしろこちら側の人みたいだ」ともよく言われました。当人もなんとなくそう思ってはいましたが、やっぱり開き直って続ける他はなかったなと思います。そんな感じで、「畑」の真ん中には入っていけず、その周辺や境界をウロウロして、変な考えを練ってきましたが、そういう私の「ものの見方」を、いろいろ参考になる、面白いと評価してくれる企業の方が時にいらっしゃいました。そんな声が次第に増えてきたので、どうやらあきらめずにやってこられました。

本書の最終稿の大部分は、宮越屋珈琲町田店の隅のボックス席で書きました。同店のガテマラ・コーヒーの供給がなければ、原稿が大幅に遅れていたことは確実です。宮越屋の皆さん、ありがとうございます。

そして、東海大学政治経済学部の三宅ゼミと自主ゼミ参加学生の諸兄には、本書をまとめるうえで、資料の整理などいろいろと手伝ってもらいました。本当にありがとう。みんなはなかなか優秀なので、もし本書の読者の方々が勤められる企業に、彼らが就職活動で訪れることがあったら、どうか一つ、本気で試してやってください。きっと何か手応えがあると思います。

私のようなだらしない書き手を、雑誌連載のときから五年の長きにわたって、時におだて、時に励ましてくださった、東洋経済新報社出版局の佐藤敬さんに感謝申し上げます。駄馬には過ぎた伯楽です。佐藤さんが声をかけてくださらなければ、私はきっと経営学をあきらめていました。

最後に、この長い話につきあってくださった読者の皆さんに感謝します。皆さんのお仕事がうまくいきますように。また、どこかでご縁があることを願いつつ。

主要参考文献・資料

阿甘『中国モノマネ工場――世界ブランドを揺さぶる「山寨革命」の衝撃』生島大嗣監修、徐航明・永井麻生子訳、日経BP社、二〇一一年

アバナシー、ウィリアム／キム・クラーク『インダストリアルルネサンス――脱成熟化時代へ』日本興業銀行産業調査部訳、TBSブリタニカ、一九八四年

池田清彦『構造主義科学論の冒険』講談社学術文庫、一九九八年

伊丹十三・岸田秀『哺育器の中の大人――精神分析講義』文春文庫、一九九五年

稲垣京輔『イタリアの起業家ネットワーク――産業集積プロセスとしてのスピンオフの連鎖』白桃書房、二〇〇三年

岩井克人『会社はこれからどうなるのか』平凡社ライブラリー、二〇〇九年

ウィリアムズ、テネシー『ガラスの動物園』小田島雄志訳、新潮文庫、一九八八年

鵜飼信一『現代日本の製造業――変わる生産システムの構図』新評論、一九九四年

梅棹忠夫『文明の生態史観』中公文庫、一九九八年

――『情報の文明学』中央文庫、一九九九年

奥井俊史『巨像に勝ったハーレーダビットソンジャパンの信念』丸善、二〇〇八年

唐津一『日本のものづくりは世界一――マスコミにもの申す』PHP研究所、二〇〇六年

岸田秀『古希の雑考――唯幻論で読み解く政治・社会・性』文春文庫、二〇〇七年

日下公人『新・文化産業論』PHP文庫、一九八七年

――『闘え、本社――新しい日本よ、こんにちは〈PART2〉』PHP研究所、一九九五年

――『守るも攻めるも――ピンポイントソフト化論』バンガード社、一九九九年

――『新装版　組織に負けぬ人生。――不敗の名将・今村均大将に学ぶ』ＰＨＰ研究所、二〇〇一年
――『人事破壊――その後10年そして今から』ビジネス社、二〇〇五年
クリステンセン、クレイトン『増補改訂版　イノベーションのジレンマ――技術革新が巨大企業を滅ぼすとき』玉田俊平太監修、伊豆原弓訳、翔泳社、二〇〇一年
ゴース、ドナルド・Ｃ／Ｇ・Ｍ・ワインバーグ『ライト、ついてますか――問題発見の人間学』木村泉訳、共立出版、一九八七年
小関智宏『道具にヒミツあり』岩波ジュニア新書、二〇〇七年
小松真一『虜人日記』ちくま学芸文庫、二〇〇四年
さくまゆみこ『エンザロ村のかまど』沢田としき絵、福音館書店、二〇〇九年
島田紳助『ご飯を大盛りにするオバチャンの店は必ず繁盛する――絶対に失敗しないビジネス経営哲学』幻冬舎新書、二〇〇七年
鈴木謙介『サブカル・ニッポンの新自由主義――既得権批判が若者を追い込む』ちくま新書、二〇〇八年
ゾンバルト、ヴェルナー『恋愛と贅沢と資本主義』金森誠也訳、講談社学術文庫、二〇〇〇年
――『戦争と資本主義』金森誠也訳、講談社学術文庫、二〇一〇年
ダイアモンド、ジャレド『銃・病原菌・鉄――一万三〇〇〇年にわたる人類史の謎（上・下）』倉骨彰訳、草思社、二〇〇〇年
竹内宏編著『東京元気工場』小学館文庫、二〇〇三年
出口治明『ライフネット生命社長の常識破りの思考法――ビジネスマンは「旅」と「読書」で学びなさい！』日本能率協会マネジメントセンター、二〇一〇年
富沢木実『「新・職人」の時代』ＮＴＴ出版、一九九四年
ドラッカー、ピーター・Ｆ『創造する経営者（ドラッカー名著集　六）』上田惇生訳、ダイヤモンド社、二〇〇七年

中島誠之助『ニセモノ師たち』講談社文庫、二〇〇五年
西尾忠久『企画のお手本――VWビートルによる発想トレーニング副読本』ロングセラーズ、一九八六年
――ブログ「創造と環境」(http://d.hatena.ne.jp/chuukyuu/) 二〇〇七年〜
西堀栄三郎『新版 石橋を叩けば渡れない』生産性出版、一九九九年
博報堂ブランドデザイン『ビジネスは「非言語」で動く――合理主義思考が見落としたもの』アスキー新書、二〇一二年
橋爪大三郎『はじめての言語ゲーム』講談社現代新書、二〇〇九年
橋本治『「わからない」という方法』集英社新書、二〇〇一年
ハルバースタム、デイヴィッド『ベスト&ブライテスト――栄光と興奮に憑かれて(上・下)』浅野輔訳、朝日文庫、一九九九年
ピオリ、マイケル・J/チャールズ・F・セーブル『第二の産業分水嶺』山之内靖ほか訳、筑摩書房、一九八四年
フィッツジェラルド、スコット・F『グレート・ギャツビー』野崎孝訳、新潮文庫、一九八九年
フェラーロ、ゲーリー・P『異文化マネジメント――国際ビジネスと文化人類学』太田正孝・江夏健一監訳、同文舘出版、一九九二年
福永光司『荘子――古代中国の実存主義』中公新書、一九六四年
藤本隆宏『生産システムの進化論――トヨタ自動車にみる組織能力と創発プロセス』有斐閣、一九九七年
――『日本のもの造り哲学』日本経済新聞社、二〇〇四年
――/キム・クラーク『増補版 製品開発力――自動車産業の「組織能力」と「競争力」の研究』田村明比古訳、ダイヤモンド社、二〇〇九年
ベイトソン、グレゴリー『改訂第二版 精神の生態学』佐藤良明訳、新思索社、二〇〇〇年
ペトロフスキー、ヘンリー『フォークの歯はなぜ四本になったか――実用品の進化論』忠平美幸訳、平凡社、

一九九五年
ベルクソン、アンリ『思想と動くもの』河野与一訳、岩波文庫、一九九八年
細谷政夫・細谷文夫『改訂新版　花火の科学』東海大学出版会、一九九九年
ポランニー、マイケル『暗黙知の次元』高橋勇夫訳、ちくま学芸文庫、二〇〇三年
堀栄三『大本営参謀の情報戦記――情報なき国家の悲劇』文春文庫、一九九六年
本田宗一郎『夢を力に――私の履歴書』日経ビジネス人文庫、二〇〇一年
medtoolz『レジデント初期研修用資料――医療とコミュニケーションについて』オーム社、二〇一一年
森田敦郎『野生のエンジニアリング――タイ中小工業における人とモノの人類学』世界思想社、二〇一二年
山口昌男『道化の民俗学』岩波現代文庫、二〇〇七年
山本七平『私の中の日本軍（上・下）』文春文庫、一九八三年
――『ある異常体験者の偏見』文春文庫、一九八八年
――『「空気」の研究（山本七平ライブラリー）』文藝春秋、一九九七年
――『日本はなぜ敗れるのか――敗因21カ条』角川ワンテーマ21新書、二〇〇四年
養老孟司『唯脳論』ちくま学芸文庫、一九九八年
吉川弘之・富山哲男『設計学――ものづくりの理論』放送大学教育振興会、二〇〇〇年
吉村昭『海軍乙事件』文春文庫、二〇〇七年
レヴィ・ストロース、クロード『野生の思考』大橋保夫訳、みすず書房、一九七六年
魯迅『阿Q正伝・狂人日記他一二篇』竹内好訳、岩波文庫、一九八一年
渡部昇一『正義の時代』ＰＨＰ文庫、一九九二年

著者紹介

東海大学政治経済学部専任講師.
1973年生まれ. 神戸育ち. 1996年早稲田大学商学部卒業. 都市文化研究所, 東京都品川区産業振興課などを経て, 2007年早稲田大学大学院商学研究科博士後期課程単位取得退学. 東京大学大学院経済学研究科ものづくり経営研究センター特任研究員を経て, 2010年より現職.
専門は, 製品開発論, 中小・ベンチャー企業論. これまでに大小千社近くの事業組織を取材・研究. 現在, 企業・自治体・NPOとも共同で製品開発の調査, コンサルティングにも従事している.
Facebook　https://www.facebook.com/AtarashiiShijou

新しい市場のつくりかた

2012年10月25日 第1刷発行
2012年12月27日 第4刷発行

著　者　三《み》宅《やけ》秀《ひで》道《みち》
発行者　山縣裕一郎

発行所　〒103-8345 東京都中央区日本橋本石町1-2-1　東洋経済新報社
電話 東洋経済コールセンター03(5605)7021

印刷・製本　東港出版印刷

ISBN 978-4-492-52205-9　http://www.toyokeizai.net/